# 晚清澳门番摊赌博专营研究

## A Research on the Monopoly for the Gambling Fantan in Macao during the Late-Qing Dynasty

张廷茂　著

暨南大學出版社
JINAN UNIVERSITY PRESS
中国·广州

图书在版编目（CIP）数据

晚清澳门番摊赌博专营研究／张廷茂著. —广州：暨南大学出版社，2011.3
ISBN 978－7－81135－727－1

Ⅰ.①晚… Ⅱ.①张… Ⅲ.①赌博—研究—澳门—清后期
Ⅳ.①D676.598.8

中国版本图书馆 CIP 数据核字（2011）第 007853 号

出版发行：暨南大学出版社

地 址：中国广州暨南大学
电 话：总编室（8620）85221601
营销部（8620）85225284 85228291 85228292（邮购）
传 真：（8620）85221583（办公室） 85223774（营销部）
邮 编：510630
网 址：http：//www.jnupress.com http：//press.jnu.edu.cn

排 版：暨南大学出版社照排中心
印 刷：佛山市浩文彩色印刷有限公司

开 本：787mm×960mm 1/16
印 张：16.5
字 数：268 千
版 次：2011 年 3 月第 1 版
印 次：2011 年 3 月第 1 次
印 数：1—2000 册

定 价：38.00 元

# 目　录

# 导 论

## 一

今日澳门，已是世界闻名的赌城。然而，澳门并非自始就是一个依靠赌博等特种行业为生的地方。作为连接东西方的重要节点和贸易枢纽，澳门在相当长的历史时期内扮演了非常正面的角色，创造了辉煌的历史。

葡萄牙人租居澳门前，他们经营欧亚之间的直接贸易已达半个世纪；租居澳门后，将之纳入里斯本至长崎这条漫长的欧亚国际贸易航线，澳门遂上升为国际贸易枢纽，并因此很快繁荣起来。葡人经营的这条国际贸易航线成为大航海时代联系中国与西欧国家的主要通道。

随着商业活动的开展，澳门逐渐成为一个“华洋杂居”之地，而混合型的人口结构又使澳门在成为“华洋杂居”之地的同时，也成为东西方文化的荟萃之地。通过各种方式将西方的科技和文化带入中国，同时又将中国文化传向西方，从而促成了具有近代意义的西学东渐和中学西被运动。

以澳门为桥梁而实现的东西方文化交流，对中国社会的发展产生了积极而深远的影响。通过这个桥梁，中国的知识分子接触到西方的科学技术和文化，眼界大为开阔，出现了以徐光启等为代表的一批进步知识分子。他们积极钻研西法天算，注重吸收西方的科学技术，明末清初中国思想界形成了一股清新风气，这在一定程度上为后来的思想解放运动打下了基础。

1684 年清政府全面解除海禁，设立粤、闽、江、浙四大海关。澳门经济虽然受到一些不利影响，但也因享有一系列优待而得到恢复。随着清政府外贸政策的再度调整，澳门经济再度兴盛起来。就在澳门经济的复苏时期，居澳葡人暴露出扩大在澳权益的野心，于是清政府对澳门采取新举措，在前山设立海防同知，将香山县丞移驻望厦，并制定了新的管理条例。至18世纪中期，中国政府下令将澳门作为外商在广州贸易季节后的“住冬”地，澳门从此成为欧洲冒险家的“乐园”。

清政府解除南洋贸易禁令之后，澳门的复兴局面随之结束，澳门的海外贸易重新步入勉强维持的低潮时期。澳门商船队伍出乎意料地不断缩减，由原来清政府题定的25艘商船，至1750年减至10艘，1754年更减至7艘。

随着在澳葡萄牙人的日益减少，他们的很多房屋便空置而无人居住，只好出租给中国人或其他外国人居住，房租收入成了澳门葡人的一个生活来源。葡人的一些商船也因缺资购货而闲置，于是只好租借给别国商人，让他们享受葡人那25艘题定船号所享有的税收优待，而澳葡海关则向占了便宜的商船征收船税和货税。这样，出租被题定的船号成了澳门葡人的又一收入来源。

随着上述变化的发生，澳门也出现了一系列的社会问题。由于人口增多等原因，澳门市面的粮、菜等生活必需品的价格上涨，雇工们入不敷出，导致“拦街殴夺”等事件频发，影响社会安定。最为严重的是“淫乱”问题。越来越多的葡萄牙妇女因生活所迫出卖皮肉，以身体换取面包。如何治理“淫乱”很快成为令澳葡自治机构头痛的一大难题。他们曾于1791年设立专门拘禁“荡妇”的教养所，要她们在所中劳动，接受改造。但因所内积弊太多，于1800年被解散。这样，至19世纪初，澳门这个西方人在东亚最早的贸易据点已成为一块“光怪陆离”之地，一块世界上最“伤风败俗”的地方。于是，一些非法的经营活动开始蔓延。

18世纪初，进口鸦片成为葡萄牙人的牟利途径。1729年，葡萄牙人从印度果阿和达曼运销往澳门的鸦片为200箱，若以每箱50斤计算，则总量达万斤左右。至1767年（乾隆三十二年），入关的鸦片数量已达1 000箱，以后长时间保持这个数位。据统计，在澳门出售和由澳门运往广州出售的鸦片数量，1800—1811年平均为4 016箱，1811—1820年平均为4 494箱。由1820—1821年，澳门销售了入华鸦片总量的3/4。可见，昔日闻名于世的国际商埠已蜕变为鸦片贩子的巢穴。

在19世纪初的十多年里，数以万计的华工从内地偷偷聚集到澳门，由葡船偷运到槟榔屿、新加坡，再前往爪哇、西印度群岛等地。1810年，葡萄牙人贩运数百名中国苦力到巴西开拓茶园。这些苦力到巴西后不久即因不堪忍受酷热而全部死亡。据估计，在鸦片战争前的三百年间，葡萄牙殖民者从中国贩运出口的华人苦力不少于30万人。

在鸦片战争之前，这种苦力贸易的规模虽然还不大，但是，它的罪恶性和残酷性已经显露出来。起初，招募华工出洋的活动是比较文明地进行的。随着招雇工作越来越困难，英、葡奸商便开始勾结中国的人口贩子，采取诱骗甚至直接使用暴力进行掠夺。于是，广东地区便出现了令人谈虎色变的“卖猪仔”。

澳门葡人“贫于往昔”，不少葡萄牙男子因不肯去做工匠和农夫而沦为乞丐，甚至匪类。行乞的葡萄牙妇女人数更多，甚至有不少妇女因生活所迫而充当娼妓。

澳门赌博活动由来已久。早在18世纪，赌博现象即引起一些来澳和居澳人士的关注。18世纪上半期，在澳门生活的方济各修士马里亚曾描述：澳门是一个充满“纵欲、抢劫、赌博及其他罪恶的地方”。18世纪末、19世纪初期，赌博已经成为澳门社会生活中的突出现象（见图1）。

**图1 街头赌客**（1836、1842）

（《文化杂志》中文版第7—8期）

## 二

鸦片战争是中国与西方国家关系史的重要转折点，也是澳门历史的转折点。战后中国逐渐丧失了在对外事务中的主动权，《南京条约》规定开放五口通商，传统的广州独口通商贸易体制随之结束；同时，葡萄牙政府趁着中国在鸦片战争中的失败，改变了对华政策，确立了改变澳门政治地位、实现葡萄牙对澳门管理的政治目标。

1844 年 9 月 20 日，葡萄牙政府作出决定，将澳门与另外两个葡萄牙人的居留地帝汶与梭罗合并，组建澳门地扪梭罗省，作为葡萄牙的一个海外省。[①] 1845 年 11 月 30 日，葡萄牙女王擅自宣布澳门为“自由港”，允许各国商船自由进入澳门贸易。1846 年，哑马嘞总督到任后，按照葡国政府的授权，开始对澳门实施武力扩占，以摆脱中国政府的管理，将澳门地区纳入葡萄牙的直接管理之下。

澳葡当局要实现管治澳门的目标，必然需要足够的财政支持。因管治澳门的需要，澳葡当局按照海外省的编制将原来属于内部管理的自治机构组建为省政府，这必然带来大量的财政开销。自由港政策的实行使澳葡当局顿时损失了数万两的海关收入[②]；而日益衰落的葡萄牙帝国更无力为澳门提供一个可以使它在商业上获利的贸易网络。因此，能否开辟税源、扭转财政拮据的局面，成为葡萄牙当局在澳门扩占活动能否顺利推行的重要条件。

在此过程中，澳葡政府相继采取了一系列对澳门地区的历史发展进程产生重要影响的政策和措施。特种经营的合法化和专营承充制度（regime do exclusivo ou regime de monopólio）就是其中两项重要内容。

1847 年，澳葡当局对赌博活动发放经营许可证，赌税进入澳葡当局的财政收入账目，标志着赌博合法化的开始。1848 年，澳葡当局开始以公开竞投方式批给猪肉和牛肉销售专营权。1850 年，澳葡当局开始在番摊赌馆的开办和白鸽票[③]的销售方面实行竞投专营制度。从此，赌博这种特殊的经营活动就在专营体制下逐步发展起来，澳门这个曾经的“天主圣名之城”一步一步走上了“蒙特卡罗”之路，成为世界闻名的“赌城”。

此项制度既是澳葡当局解决财政赤字的手段，又是其管治澳门的显著特色，对澳门历史发展的影响可谓至深、至广。作为澳门历史的一部分，博彩专营的发展自然也为学术研究提供了一个颇具价值的研究领域。然

---

① *Boletim Official*, Vol. I, N. º 1, 08 - 01 - 1846, pp. 1 - 2. 参见文献辑录之 1。

② 1845 年 4 月 1 日到 12 月底，收入结算表中尚有海关收入 26 017 两。*Boletim Official*, Vol. I, N. º 8, 26 - 02 - 1846.

③ 关于番摊和白鸽票这两种赌博形式，论者多有述及，此处不拟赘述。参见郭双林、箫梅花：《中国赌博史》，台北：文津出版社，1996 年版，第 225—228、237—245 页。

而，正如澳门近现代史整体研究不足的现状一样，博彩专营的研究较晚才进入研究者的视野。

## 三

在20世纪早期葡萄牙学者的相关著作中，博彩专营虽然常被提及，但是一直未见专章论述①。直到1987年，才有一篇讨论澳门博彩专营的专题论文《澳门的博彩业》。该文在重点研究20世纪澳门博彩业发展的同时，还简略追述了晚清时期博彩专营的发展情况②。1992年，葡萄牙学者昆塔尔（Luís Quental）在《澳门》杂志第二系列第4号上发表了《十九世纪澳门的番摊赌博》一文。该文分别讨论了1850—1853年澳葡当局的财政状况、1849—1859年番摊赌博专营权投充、承充合同的特征以及1889年以后专营权投充新制度等。然而，囿于刊物的类型，文章太过简短，且没有材料注释③。葡国学者施白蒂所著《澳门编年史》第三卷对晚清时期的博彩专营制度有所涉及，但是，全部内容加起来仅有三页纸的篇幅，几乎没有论及博彩专营制度的实际内容④。葡国学者古万年（Custódio N. P. S. Cónim）和戴敏丽（Maria Fernanda Bragança Teixeira）在《澳门及其人口五百年》第20章"1875—1910年澳门公共账目"节下，讨论了晚清时期澳门的鸦片烟膏专营与赌博专营。其中肯定了专营制度对平衡澳门财政的重要性，提到了1874年氹仔番摊投充的情况，注意到1887年澳葡当局曾宣

---

① Álvaro de Melo Machado, *Coisas de Macau*, Fac-simile da 1.ª Edição de 1913, Macau, Editora Multimédia Lda. 1997, pp. 30－36; C. A. Montalto de Jesus, *Macau Histórico*, Macau: Primeira Edição Portuguesa de Versão Appreendida em 1926, Livros do Oriente, 1990, pp. 252－253; Eudore de Colomban, *Resumo da História de Macau*, Macau: Jacinto José do Nascimento Moura, 1927, p. 124; Jaime de Inso, *Macau: A Mais Antiga Colónia Europeia Extremo Oriente*, Macau: Escola Tipográfia do Orfanato, 1930; Luis Gonzaga Gomes, *Efemérides da História de Macau*, Macau: Colecção Notícias de Macau, 1954, pp. 100－101.

② A. Pinto, "Gambling in Macau", in D. Cremer (ed.), *Macau: City of Commerce and Cultura*, Hong Kong: UEA Press Ltd., 1987, pp. 155－157.

③ Luis Quental, "O Fantan em Macau no Século XIX", in *Macau*, II Série, N.º4, Agosto 1992, pp. 84－87.

④ Beatriz Basto da Silva, *Cronologia da História de Macau*, 3.º Volume, Século XIX, Macau: Direcção dos Serviços de Educação e Juvetude de Macau, 1995, pp. 129, 136, 150, 217, 228－229, 241, 247, 252, 253, 258, 270, 281, 313, 325, 344, 362－363; 4.º Volume, Século XX, Macau: Direcção dos Serviços de Educação e Juvetude de Macau, 1997, pp. 26, 27, 34, 35, 37, 40, 44, 45, 50, 53, 70, 77, 80, 82, 90.

布番摊赌博自由经营的事实，述及 1899 年国课衙门透过《澳门宪报》颁布承充合同，特别是利用了《1911 年政府报告》中的一份统计表，计算了番摊收入所占财政总收入的比重，并在附录卷内编制了“1875—1910 年鸦片烟膏与赌博税收统计表”①。

目前所见葡萄牙学者关于晚清时期澳门博彩专营较为全面的研究成果，见于 2000 年出版的由葡萄牙著名史学家奥立维拉·马尔克斯主编的《葡萄牙人在远东的历史》第三卷。除了在“英占香港之后的政局”（A Conjuntura Politica：depois de Hong Kong）和“社会与日常生活”（Sociedade e Quotidiano）两章中有所概述外②，较为具体的讨论集中在“经济的向量”（Os Vectores da Economia）一章中。在本章中，作者菲格莱多（Fernando Figueiredo）以“专营制：从生活品销售到赌馆承充”为题，较为全面地探讨了专营制度的相关问题，内容涉及猪肉专营、牛肉专营、盐货专营、渔业专营、鸦片烟膏专营、番摊赌博专营、闱姓票和白鸽票专营等。就番摊专营而言，作者引述了《澳门宪报》等资料，追述了番摊赌博专营的开始以及最初几年的承充收入，披露了《澳门宪报》刊布的两份各项专营（含番摊和白鸽票）承充收入统计表，概述了政府所确立的番摊赌博的运行规则，注意到了澳葡当局在 1877 年将澳门半岛番摊赌博由竞投专营承充改回领牌经营的许可证制度，引述了 1878 年开办澳门番摊馆的有关规定，指出了 1880 年澳门番摊赌博竞投专营制度的恢复，对比了 1900 年和 1910 年过路湾番摊投标的规则和价格等③。这是目前所见葡国学者关于晚清时期澳门番摊赌博专营论述最详细的文字。

在我国学术界，澳门近现代史一直是研究比较薄弱的领域。近年来，

---

① Custódio N. P. S. Cónim e Maria Fernanda Bragança Teixeira, *Macau e a Sua População 1500 - 2000: Aspectos Demográficos, Sociais e Económicos*. Macau, Direcção dos Serviços de Estatistica e Censos de Macau, 1999, pp. 430 - 433; Anexo, p. 279.

② A. H. de Oliveira Marques (dir.), *História dos Portugueses no Extremo Oriente*, 3.º Volume, Macau e Timor: Do Antigo Regime à República, Lisboa: Fundação Oriente, 2000, pp. 51 - 52, 435 - 438. 例如“社会与日常生活”一章内作者引述了时人关于番摊赌馆场景的描述、番摊赌博的机制，并且概述了 1880 年一份番摊承充合同的要点。

③ A. H. de Oliveira Marques (dir.), *História dos Portugueses no Extremo Oriente*, 3.º Volume, Macau e Timor: Do Antigo Regime à República, Lisboa: Fundação Oriente, 2000, pp. 196 - 205, 242 - 243.

随着《澳门宪报》中文资料的刊布[①]，澳门近代史开始成为研究的一个重点领域，越来越多的研究者投入到该领域的研究当中，对多个方面的课题展开了研究。此乃澳门回归祖国之后我国学术界在澳门历史研究方面的一大可喜变化。在众多的研究课题中，博彩专营备受关注，有关团体亦举行过与博彩业有关的史料发掘专题研讨会。就本书将要论述的番摊赌博而言，也有相关成果问世[②]。

然而，从目前所见公开发表的成果来看，要走的路似乎还很长，许多重要的，甚至是基本的史料尚未得到利用（例如，迄今为止似乎未见完整征引和研究过任何一份1880年以前的博彩专营承充合同或出投章程），以至关于这种制度运作的诸多环节尚有待理清。不论是已知史料的解读，还是新史料的进一步开拓，都尚有较大的发展空间。

有鉴于此，本书意在依据作者近两年来的所知所见，对晚清时期澳门番摊赌博专营的有关问题加以讨论，希望本书能够推进该项研究的发展。

## 四

本书由导论、正文（共七章）、结语、文献辑录和附录构成。导论部分勾勒了澳门赌博专营的缘起，综述了有关的学术史，概述了本书的主要内容。

第一章“澳门专营制度的开端”，利用较多首次征引的葡语文献，考证了专营制度的开端，着重论证了赌博合法化与博彩专营制度的区别，并将博彩专营的始点考订为1850—1851年。

第二章“番摊赌博专营制度的初建”，以《1858年番摊专营章程》为基础，钩稽相关文献，考察了番摊专营发展演变的轨迹，并阐述了早期承充的情况。

---

① 《澳门宪报》原为葡文刊物。1854—1855年间有少量的中译文，此后停止刊登中译文，直到1879年第5期方始恢复刊登中译文。中译文已经整理出版，参见汤开建、吴志良主编：《〈澳门宪报〉中文资料辑录（1850—1911）》，澳门：澳门基金会，2002年版。

② 赵利峰、胡根：《晚清澳门博彩业的兴起与发展》，吴志良、金国平、汤开建主编：《澳门史新编》（第三册），澳门：澳门基金会，2008年版，第715—767页；张廷茂：《晚清澳门专营制度探源》，《文化杂志》中文版第71期，澳门文化局2009年夏季刊，第1—20页；胡根：《澳门近代博彩业史》，广州：广东人民出版社，2009年版。

第三章“番摊赌博领牌经营制的恢复”，征引新见史料，考察了澳葡当局取消专营承充制度的原因，考述了领牌制度的运作及其被终止的过程。

第四章“番摊赌博专营制度的重建”，引用较多文献，再现了番摊专营承充恢复后，各项规则的重建与演变，考述了恢复之后各届承充的情况。

第五章“番摊赌博专营的稳步发展”，挖掘较多新见史料，以葡国政府干预下的澳门番摊赌博专营承充规则的演变为主线，从多个方面论述了番摊专营的稳步发展。

第六章“番摊赌博专营的若干问题”，严格依据原始文献，对公物会的保留权力、承充人的维权以及当局征收赌税等问题展开论述，力图澄清博彩专营研究中的几个疑难问题。

第七章“番摊赌博专营与澳葡财政”，在勾勒晚清澳葡财税制度的基础上，征引大量官方统计资料，构建了番摊专营收入与财政收入的系列数据，并参照澳葡当局财政支出的结构，量化分析了番摊专营对财政的贡献率。

结语部分对本书的研究作出总结，并提出有待研究的问题。

文献辑录部分收录了70篇与本书研究主题有关的原始文献。其中33篇系作者直接译自《澳门宪报》等葡文文本，16篇录自澳门历史档案馆藏财政局文献汉语文本，21篇录自《澳门宪报》中译文本。这些文献或为首次征引，或为首次全文披露，对本书主题的研究具有不可替代的支柱作用。对于辑录的原档中译文，参照葡语原文做了一些校注工作，希望对有关研究者有所裨益。

附录部分系作者依据有关资料统计和编制的10份统计表格，希望有助于相关研究的拓展。

# 第一章

# 澳门专营制度的开端

澳葡当局在管理澳门地区的过程中，逐步建立起对若干重要商品经营的专营制度。由政府公布招标告示，招人承充。承充者在规定期限内向政府交纳一定数额的承包费，即获得在合同规定之地域范围和期限内的专营权。承充专营主要涉及三个领域：主要生活品销售（如鱼、盐、牛肉、猪肉）、特种商品制作销售（鸦片）以及特种行业经营（博彩业）等。此项制度关涉晚清时期澳门历史的多个方面，理所当然成为研究澳门历史的重要课题。事实上，已有不少论著对此进行了不同程度的论述①。然而，关于这项制度于何时以及如何开始的问题，似乎尚未得到清楚的论述。

## 一、澳门专营制度的开端

关于专营制度的起源，费尔南多·菲格雷多（Fernanado Figueiredo）在其撰写的“经济的向量”（Os Vectores de Economia）一章中指出：

> 1849 年，开始对牛肉销售实行专营制度（regime de exclusivo）。拍卖在理事官署（Procuratura）进行，中标者（承充人）是一位华人。承充合同为期仅一年，他被授予在本地区出售牛肉的专卖权。该承充人承诺遵照下列条件：保证每日所需牛肉的数量；牛肉应该质量良好且未被浸水；价格以合同所附的价格表加以规定；承充人每六个月向政府预付承充费；牛肉可由其本人销售，亦可由其代理人零售。未列明承充价格②。

---

① A. H. de Oliveira Marques，(dir.)，*História dos Portugueses no Extremo Oriente*，3.º Volume，Macau e Timor - Do Antigo Regime à República. Lisboa：Fundação Oriente，2000，pp. 196 - 205. 莫世祥：《近代澳门贸易地位的变迁》，《中国社会科学》1999 年第 6 期，第 184—185 页；胡根：《澳门博彩业探源》，《澳门研究》第 36 期，澳门大学澳门研究中心，2006 年 10 月，第 72 页；赵利峰：《试论晚清时期粤港澳博彩业之互动》，《澳门历史研究》第 6 期，澳门历史文化研究会，2007 年 12 月，第 46、47 页。

② “Em 1849，a concessão，em regime de exclusivo，começou com a venda da carne de vaca. O leilão efectuava-se na Procuratura e o concessionàrio era um comerciante chinês. O contrato abrangia apenas um ano，sendo-lhe atribuída，em exclusividade，a venda de toda a carne de vaca no território. O concessionário comprometia-se a respeitar as seguintes condições：garantir a quantidade de carne necessária para o consumo diário；a carne devia ser boa e não metida em água；o preço era o taxado，constante em tabela anexa；o pagamento ao governo seria de seis em seis meses adiantado；a venda podia ser feita pelo concessionário ou seus agentes，a retalho. Não constava o preço da arrematação.” —Fernanado Figueiredo，“Os Vectores de Economia”，in A. H. de Oliveira Marques（dir.），*História dos Portugueses no Extremo Oriente*，3.º Volume：Macau e Timor - Do Antigo Regime à República. Lisboa：Fundação Oriente，2000，p. 197.

根据文后的注释并与我们所掌握的《澳门宪报》对照后获知，作者所据乃1849年3月20日《澳门宪报》所刊澳葡当局于1849年2月8日发布的出投牛肉专营权的公告及合同条款①。其实，根据我们所掌握的资料，专营制度并非始于1849年，而是1848年；亦并非始自牛肉销售，而是猪肉销售。

在1848年2月9日的《澳门宪报》上，我们读到了亚马嘞总督于同年2月1日发布的公告。其内容如下：

> 澳门总督亚马嘞通告：本总督经于去年12月18日下令发布了招投本市猪肉销售专营权的公告，据此已于本年1月22日在理事官处进行了拍卖，猪肉专营权（o privilegio exclusivo）由义利店的华人亚颂（China Asong da Loja Gui-Li）投得，承充期限一年，他承诺遵守下文所公布的合同条款。兹命令执行这些条款，违反者将受到该条款所列明的惩罚。特此布告，以免借口不知。亚马嘞1848年2月1日于澳门②。

由此公告可知，1848年1月22日，按照澳门总督事先发布的公告，由理事官主持，采用公开拍卖的方式进行了猪肉销售专营权的招投，结果由华人亚颂投得。承充人依照合同条款在合同期内享有排他性经营权，且受到政府保护。从合同条款（详见下文）可知，此次承充期限为一年，从当年2月10日起算。该合同未列明此次承充专营权的价格（即承充人应向政府交纳的承包费），但根据同期《澳门宪报》"非官方报道"栏内的文字，此次承充费用为2 000元（patacas）③。

同期《澳门宪报》之"非官方报道"还透露，牛肉销售专营权亦在这

---

① "Edital sobre a Arrematação da Venda da Carne da Vacca, 8 de Fevereiro de 1849", in *Boletim Official*, 4.º Anno, N.º LXII, 20-03-1849, pp. 11-12.

② "Edital sobre a Arrematação da Venda da Carne de Porco no dia 22 de Janeiro de 1848", *in Boletim Official*, Vol. III, N.º 1 [N.º 36], 09-02-1848, p. 144. 参见文献辑录之2。

③ *Boletim Official*, Vol. III, N.º 1 [N.º 36], 09-02-1848, p. 144. "Pataca"一般译为"帕塔卡"，为澳葡当局采用的货币单位之一。后来，《澳门宪报》中的汉译文将其译为"元"（有时写作"圆"）。1905年葡萄牙政府委托葡萄牙大西洋银行（Banco Nacional Ultramarino）在澳门发行货币，"Pataca"被定为"澳门币"，一直沿用至今。

一年以公开招投的方式由另一华人以465元（patacas）的价格投得[①]。哑马嘞于2月14日发布了有关此次牛肉承充的公告，并公布了有关合同条款，该公告指出：

澳门总督哑马嘞通告：本总督曾于去年12月18日下令发布招投牛肉销售专营权的告示，据此已在理事官处进行了公开拍卖，由联合店华人亚德（China Atac da Loja Lin-Hap）投得为期一年的牛肉专营权，他承诺遵守下文所公布的合同条款。兹命令执行这些条款，违令者将受到该条款所列明的惩罚。特此布告，以周知遵行。哑马嘞1848年2月14日于澳门[②]。

根据这份公告，澳葡当局继招投猪肉专营权之后，又按照同样的程序、以同样的条件进行了牛肉专营权的招标，结果，由另一华人承充。于是，专营制度首先在猪肉和牛肉两大生活必需品的销售方面得到实施。上述两份通告和两份合同，是目前我们所见关于专营制度的最早文献。那么，这是否就是专营制度的开端呢？回答是肯定的。此结论可从澳葡政府收支结算报表中的记载得到证明。

1845年4月，澳葡当局公物会（Junta da Fazenda Publica）[③] 开始运作，负责编制收支结算表，并在《澳门宪报》上予以公布（见图2）。我们查阅了从1845年4月到1847年6月澳门公物会收支统计报表，在收入

---

① Supplemento ao N.º 1 do *Boletim do Governo da Provincia de Macao*, *Timor e Solor*, Vol. III, p. 145.

② "Edital sobre a Arrematação da Venda da Carne de Vacca, 14 de Fevereiro de 1848", in *Boletim Official*, Vol. III, N.º 2 [N.º 37], 17-02-1848, p. 9. 参见文献辑录之3。

③ "Junta da Fazenda"，意为财政委员会，澳葡当局于1877年5月3日公布的政府机构名称表将其译为"公物会"，本文采用之。参见 *Boletim Official*, Vol. XXIII, N.º 19, 12-05-1877, p. 78.

项目中未见来自猪肉和牛肉销售的进项①。但是，在“1847—1848 财政年度收支表”（1847 年 7 月 1 日—1848 年 6 月 30 日）中，则有“6 个月猪肉营销许可证收入 720 两”和“6 个月牛肉营销许可证收入 167 两 4 钱”② 的记载。根据前文引述的承充合同规定，承充人须每六个月向政府预付承充费。显然，该表中所记来自猪肉和牛肉销售许可的收入，就是两位承充人所交纳的前六个月的承充费。由此我们相信，前文引述的两份澳门总督的通告，是关于晚清澳门专营制度开端的标志性文献，它们清楚地说明，澳门的专营制度始于 1848 年，由猪肉销售而及牛肉销售。

VOL. I.　**Macao, Quinta-feira 26 de Fevereiro de 1846.**　NUM. 8.

*Receita e Despesa da Fazenda Publica desde Abril, em que teve principio a gerencia da Junta da mesma Fazenda, até o fim de Dezembro de* 1845.

| *Receita.* | | *Despeza.* | |
|---|---|---|---|
| Nº. 1 Dinheiro existente no Cofre da Fasenda no dia 3 d' Abril de 1845. | 1761 499 | Nª. 1 *Folha Militar*: a saber: | |
| 2 Rendimentos da Alfandega desde o 1º. d'Abril até fim deDezembro. | 26,017 414 | Soldos pagos aos officiaes do Batalhão desde 1ª. deMarço até fim de Setembro | 4:957 429⅓ |
| Idem de fazendas despachadas por deposito. | 251 260 | Idem, e fardamento ás Praças de pret, de Março até 15 de Novembro. | 14:078 607 |
| Direitos de fasendas grossas em favor dos Consignatarios. | 674 244 | Azeite para luzes, no Quartel,-Guardas &c. | 69 960 |
| Dois terços do producto das tomadias. | 1,540 485 | Soldos pagos aos Commandantes e Inferiores das Fortalezas, | |

**图 2　澳门公物会建立至 1845 年 12 月底收支表**

（《澳门宪报》1846 年 2 月 26 日）

## 二、专营制度的运作规则

前部分依次讨论了澳葡当局在猪肉、牛肉销售等方面以拍卖方式招投

---

① “Receita e Despeza da Fazenda Publica desde Abril, em que teve principio a gerencia da Junta da mesma Fazenda, até o fim de Dezembro de 1845”, in *Boletim Official*, Vol. I, N. º 8, 26－02－1846; “Balanço em rezumo da Receita e Despeza da Junta da Fazenda Publicade Macao de 1. º Tremestre de 1846”, in *Boletim Official*, Vol. I, N. º 15, 16－04－1846; “Balanço em rezumo da Receita e Despeza da Junta da Fazenda Publicade Macao do Segundo Tremestre do anno de 1846”, in *Boletim Official*, Vol. I, N. º 30, 02－08－1846; “Balanço da Receita e Despeza em Resumo, do primeiro semestre do corrente Anno Economico a contar desde o 1. º de Julho até o Fim de Dezembro de 1846”, in *Boletim Official*, Vol. II, N. º 6, 11－02－1847, p. 23; “Balanço da Receita e Despeza em resumo do Segundo do corrente anno economico a contra desde o primeiro de Janeiro até o fim de Junho de 1847”, in *Boletim Official*, Vol. II, N. º 27 e 28, 12－08－1847, p. 106.

② “Balanço da Receita e Despeza em resumo do anno economico, a contra desde 1. º de Julho 1847 até o fim de Junho de 1848”, in *Boletim Official*, Vol. III, N. º 17 e 18, 23－09－1848, p. 67.

独占经营权制度的起始，该部分将通过考察合同条款来分析专营制度的具体运作规则。

如前所述，《澳门宪报》所刊澳门总督于1848年发布的两份公告，是涉及专营制度的最早文献，那么，随同公告所公布的有关承充合同，就是有关该项制度运作规则的最早文献。因此，要了解专营制度的基本运作规则，必须从考察这些合同的具体条款入手。

1848年2月9日《澳门宪报》刊布的《猪肉专营承充合同》，由七项条款和价格表组成。七项条款分别是：

> 第一条，该承充人（o arrematante）须足量供应由澳门以迄关闸界内消费所需的猪肉。第二条，猪肉零售价格以本合同所附之价格表加以规定；称量按照海关规定以16两为1斤。第三条，该承充人须每6个月分两次向政府预付承充费。第四条，承充期自本月10日起算，以一年为期；在此期间承充人须忠实遵行合同条款，且须有合适之担保。第五条，该承充人享有猪肉销售的专营权（o privilegio exclusivo），或本人自售或由其代理人零售；任何未经承充人同意而私自销售猪肉者，首次罚款10两，二次罚款20两，并处以30天监禁，以此累加；罚金之一半归检举人，另一半归公物会。第六条，进入澳门的所有生猪须经承充人之手，但承充人不得滥用特权限制他人携带猪肉销售；未经承充人之手而私自将猪肉带入澳门者，首次罚款10两，二次罚款20两，并处以30天监禁和没收猪肉，罚金之一半和罚没的猪肉归检举人，罚金之另一半归公物会。第七条，任何有意零售猪肉者须向承充人提出并得到其同意，否则将受到该合同第五条所规定之惩罚；附款：该承充人向零售商收取的手续费，每头猪不得超过白银2钱（mazes）。①

同年2月17日《澳门宪报》刊布的《牛肉专营承充合同》，由六项条款和价格表组成。六项条款分别是：

---

① “Condições para a Arrematação da Venda de Carne de Porco no dia 22 de Janeiro de 1848”, in *Boletim Official*, Vol. III, N.º 1 (N.º 36), 09-02-1848, p. 144. 参见文献辑录之2。

> 第一条，该承充人（o arrematante）须足量供应由澳门以迄关闸界内消费所需的牛肉；牛肉须质量合格且不得在水中浸泡。第二条，牛肉零售价格以本合同所附之价格表加以规定；称量按照海关规定以16两为1斤；废止官船士兵每斤收取24文铜钱的习惯做法。第三条，该承充人须每隔6个月向政府预付承充费。第四条，承充期自本月14日起算，以一年为期；在此期间承充人须忠实遵行合同条款，且须有合适之担保。第五条，该承充人享有牛肉销售的专营权（o privilegio exclusivo），或本人自售或由其代理人零售；任何未经承充人同意而私自销售牛肉者，首次罚款10两，二次罚款20两，并处以30天监禁，以此累加；罚金之一半归检举人，另一半归公物会。第六条，任何有意零售牛肉者须向承充人提出并得到其同意，否则将受到该合同第五条所规定之惩罚。①

这两份最早的专营合同，条款数虽略有不同，但其基本构架是一致的。大体上包含了五个方面的内容。一是专营权实施的地理范围和时间期限，两份合同一致规定以整个澳门半岛为界，以一年为期；二是确定承充人的责任，他必须遵行合同，足量、保质供货，遵守合同价格，并须按时交纳承充费；三是明确承充人的权利，授予他合同规定时间和范围内的专营权，并向零售商收取一定的手续费；四是规定违规行为的罚则；五是规定零售价格，两份合同均有一个分类明细的价格表。鉴于销售行业之不同，各要素的具体规定亦略有不同，例如为保证肉的质量，猪肉销售方面强调猪肉来源须经承充人之手，而牛肉方面则强调不得将肉浸水等。

作为专营制度最早的承充合同，这两份合同的各项条款确立了专营制度运作的基本规则。后继的合同在构架和要素方面与它们保持一致，只在具体细节上针对不同情况略有修补。1849年2月10日《澳门宪报》刊布的同年1月17日《猪肉专营承充合同》条款，与1848年的合同几乎完全一样。② 同年3月20日《澳门宪报》所刊布的该年2月8日《牛肉专营承

---

① “Condições para a Arrematação da Venda de Carne de Vacca no dia 14 de Fevereiro de 1848”, in *Boletim Official*, Vol. III, N.º 2 (N.º 37), 17-02-1848, p. 9. 参见文献辑录之3。

② “Edital sobre a Arrematação da Venda da Carne de Porco no dia 27 de Janeiro de 1849”, in *Boletim Official*, 4.º Anno, N.º LXI, 10-02-1849, pp. 7-8.

充合同》，内容与前一年的合同完全一样。①

鉴于盐的特殊重要性及其营销的复杂性，1851 年 5 月 9 日成交的《盐专营权承充合同》条款多达 17 条，但仍然延续了以前合同的基本构架，只在具体方面加以丰富和细化。除了规定承充专营权的期限和地域范围、重申承充人享有的专营权外，在涉及有关各方之责权以及罚则方面做了更加详细的规定。政府明确承诺保护承充人依据合同所享有的权利，并在反对侵权方面给予承充人必要的帮助；特别强调了承充人信誉担保的重要性并规定了违约罚则，增加了对承充人的限制性规定，并制定了相应的惩处规定；规定了盐货进口商和零售商的经营条件，违反合同规定者必受相应的惩罚；承充人不得强制改变事先商定的价格，只能与进口商协商评价交易等。②

1851 年 5 月 12 日的《煮买鸦片熟膏专营承充合同》共 12 条，大体上包含了前述五个方面的内容。③

1858 年 7 月 13 日的《番摊专营承充合同》④ 共 14 条，主要内容为：规定番摊专营权以澳门半岛为地理范围、以一年为期限；明确承充人的责任：每半个月预付承充费，提供担保人，向政府报告开办番摊馆的数量及其位置，负责番摊馆的内部治安；规定承充人的权利：依照合同享有合同期内的番摊专营权，可在规定范围内选择任何自认为合适的地点设立番摊馆；制定违规的罚则：承充人开设番摊馆若超过合同规定的 20 家，而又未向政府提出增加申请者，番摊馆营业时间超过午夜者，承充人须受相关惩罚；担保人违约须交纳罚金并接受其他惩罚，未经承充人批准而开办番摊馆者，根据所开番摊馆之数量处以 50～200 两罚金等。⑤ 鉴于番摊馆业务属于特种经营活动，该合同没有专门的价格规定，而其他方面大体上涵盖了其他专营承充合同的基本要素。

---

① “Edital sobre a Arrematação da Venda da Carne da Vacca de 8 de Fevereiro de 1849”, in *Boletim Official*, 4.º Anno, N.º LXII, 20-03-1849, pp. 11-12.

② “Edital sobre a Arrematação do Exclusivo do Sal no Porto de Taipa no dia 9 de Maio de 1851”, in *Boletim Official*, Nova Serie, Vol. 6, N.º 26, 17-05-1851, pp. 77-78. 参见文献辑录之4。

③ “Edital sobre a Arrematação do Exclusivo de Opio Cosido desde a Barra até a Porta do Cerco no dia 12 de Maio de 1851”, in *Boletim Official*, Nova Serie, Vol. VI, N.º 27, 24-05-1851, pp. 81-82. 参见文献辑录之5。

④ 不无遗憾的是，我们目前尚未找到更早的《番摊专营承充合同》。

⑤ “Avizo sobre a Arrematação do Exclusivo de Jogo China Denominado Fantan, no dia 13 de Julho de 1858”, in *Boletim Official*, Vol. IV, N.º 31, 29-05-1858, p. 121. 参见文献辑录之7。

## 三、赌博合法化与博彩专营承充制度

众所周知，赌博业的合法化是晚清时期澳葡当局在治理澳门的过程中一项影响极其深远的政策，而此项特种经营活动亦是专营制度的重要方面。那么，赌博业的合法化与专营制度是否同步实行的呢？

学术界普遍认为，1847 年是澳门赌博合法化进程中的一个重要年份。这一年，澳门政府对赌博活动开始征税，允许此项活动合法经营，从而标志着赌博的合法化。[①] 此说可以得到澳葡财政收支记录的印证。在 1845 年 4 月至 1846 年 12 月澳葡当局财政收支表中，未见来自赌博活动经营的收入。[②] 而在 1847 年 1—6 月的收支表中则明确写着“公共客栈与合法赌博许可证收入 60 两 4 钱 8 厘”和“5 个月开办中式彩票许可证收入 720 两”。[③] 从这一年开始，来自赌博的收入（即赌饷）成为澳葡财政收入中的常规进项，其重要性与年俱增。可见，将 1847 年视为澳门赌博合法化的开端之年，是有史料依据的。

那么，赌博的合法化与专营制度之间的关系如何呢？概括地说，赌博的合法化就是政府将赌博的经营活动纳入征税范围，对纳税经营者予以保护；而经营者则以交纳营业税作为获得许可的条件，并因此受到政府的保护。可见，它与前文所述由政府以招标形式招人承充、垄断经营的专营制度有着不同的运作规范。

关于赌博的合法化，人们已经注意到澳葡当局公物会在《澳门宪报》1888 年 3 月 21 日第 11 号附报上公布的一份“1887—1888 财政年度澳门帝

---

① 参见：邓开颂：《澳门历史（1840—1945）》，澳门：澳门历史学会，1995 年版，第 102 页；吴志良主编：《澳门百科全书》，澳门：澳门基金会，2005 年修订版，第 318 页。

② “Receita e Despeza da Fazenda Publica desde Abril, em que teve principio a gerencia da Junta da mesma Fazenda, até o fim de Dezembro de 1845”, in *Boletim Official*, Vol. I, N.º 8, 26 - 02 - 1846; “Balanço em rezumo da Receita e Despeza da Junta da Fazenda Publicade Macao de 1.º Tremestre de 1846”, in *Boletim Official*, Vol. I, N.º 15, 16 - 04 - 1846; “Balanço em rezumo da Receita e Despeza da Junta da Fazenda Publicade Macao do Segundo Tremestre do anno de 1846”, in *Boletim Official*, Vol. I, N.º 30, 02 - 08 - 1846; “Balanço da Receita e Despeza em Resumo, do primeiro semestre do corrente Anno Economico a contar desde o 1.º de Julho até o Fim de Dezembro de 1846”, in *Boletim Official*, Vol. II, N.º 6, 11 - 02 - 1847, p. 23.

③ “Balanço da Receita e Despeza em resumo do segundo do corrente anno economico a contar desde o primeiro de Janeiro até o fim de Junho de 1847”, in *Boletim Official*, Vol. II, N.º 27 e 28, 12 - 08 - 1847, p. 106.

汶省收入预算表”中的两条注释。在澳门收入项目中，在“中式彩票（闱姓）”和“番摊”项下分别有一个注释（h）和（i）。前者称：“应中国人请求，由澳门总督于1847年1月批准设立”；后者说：“根据1846年2月16日政府训令，1849年4月确立对番摊馆给予经营许可证。”① 从这两条注释的内容来看，制表人只是要说明该项财政收入的起始，并非强调专营制度。第一条注释是说由“总督批准设立”，第二条注释更明确说对番摊馆发放许可证（As licenças），而且用了复数形式。根据前文引述《澳门宪报》对专营制度的记述，承充人获得的是排他性专营权，其完整的表述是“privilegio exclusivo”，而且是通过公开拍卖（por arrematação em leilão publico或者 por arrematação em hasta publica）而成交的，因此得到专营权的人被称为“Arrematante”，即中标人。显然，上述财政收入预算表中那两条注释的内容并不具有这样的含义。换言之，这个收支预算表中的两条注释，并未揭示澳葡政府对彩票和番摊赌博开征赌饷时实行公开竞投、招人承充的专营制度。

此外，注释（h）似乎放错了位置。1851年7月19日《澳门宪报》刊登了澳葡理事官发布的招投彩票公告，其汉译文将中式彩票（Loteria Chineza）译为“白鸽票”②。可见，在此前各年财政收支表中，中式彩票实指白鸽票。而在另一份“1859/1860—1878/1879年诸项专营收入表”中，则将“Loteria pacapio”和“Vaiseng”分别列出③。因此，这个注释（h）应该放在下一行括注了白鸽票的中式彩票栏内。

关于赌博合法化与专营制度的关系，下列佐证可以补充我们的理解。其一，施白蒂在其《澳门编年史》第三卷中指出：

> 1849年：是澳门开办番摊赌博的大致日期，至少是由一位总督

---

① “Orçamento da Receita da Provincia de Macau e Timor do Anno Economico de 1887 - 1888”, in *Boletim Official*, Vol. XXXIV, Supplemento ao N.º 11, 21-03-1888, pp. 99, 100.

② “Edital sobre a Arrematação do Exclusivo da Loteria Chineza no dia de 15 de Julho de 1851”, in *Boletim Official*, Vol. VI, N.º 35, 19-07-1851, p. 115. 参见文献辑录之6。

③ “Mappa dos Rendimentos de Todos os Exclusivos e Contratos de Rendas do Estado em Macau nos Annos de 1859 a 1860 - 1878 a 1879”, in *Boletim Official*, Vol. XXV, N.º 35, 30-08-1879, p. 197. 参见文献辑录之26。

（即亚马喇）发放首个番摊经营许可证的时间。[①]

施书此论值得注意。前半句仅言“开办番摊赌博”，后半句则明言“由总督发放许可证”，并未言及“专营承充”（arrematação do exclusivo）。可见，在施白蒂看来，番摊赌博合法化时所实施的是许可证制度。

其二，在葡萄牙档案学家整理葡萄牙海外历史档案馆藏澳门史料所开列的清单中有这样一条：“1846［…］Determinação de competêncis para emitir licenças a tabernas, hospitarias, casas de jogo e lojas de venda.”[②] 显然，档案整理者们所看到的档案内容是说，1846年作出了法定安排，向酒吧、客栈、赌馆和商店发放许可证。此可得到进一步印证：“1847年1—6月公物会财政收入结算”中来自合法赌博的进项，就是发放许可证所得，“1887—1888财政年度澳门帝汶省收入预算表”之注释（i）中所谓“依据1846年训令批准设立”，也是指发放了番摊赌博许可证，而非言明番摊赌博实行了专营承充制度。

我们在《澳门宪报》找到的两份有关各种专营价格和收入的专项报表，有助于研判博彩业实行专营制度开始于何时。一个是“1851/1852—1858/1859年度澳门公物会出投专营权价格表”，其中在1851/1852年度列有“名为番摊的中式赌博12 000元，中式彩票6 000元”[③]。这说明，到这个年度，博彩业的确已经实行了专营制度，但是，仅此尚不能断定始于何年。二是“自实行专营权以来番摊招投成交价格表”[④]：

---

① “1849 - Data aproximada da criação do jogo do Fantan, em Macau ou, pelo menos, data da 1.ª licença para esse effeito, concedida por um governador - Ferreira do Amaral”, in Beatriz Basto da Silva, *Cronologia da História de Macau*, 3.º Volume, Século XIX, p. 129.

② Maria Luisa Abrantes, Miguel Rui Infante e José Sintra Martinheira (eds.), *Macau e o Oriente no Arquivo Histórico Ultramarino 1833 - 1911*, Macau: Instituto Cultural de Macau, 1999. p. 51.

③ “Mappa dos Preços porque se Arremataram na Junta da Fazenda Publica de Macao, em Leilão Publico, os Exclusivos abaixo Mencionados nos Annos Economicos de 1851 até 1859”, in *Boletim Official*, Vol. V, N.º 30, 21 - 05 - 1859, p. 117. 参见文献辑录之8。

④ “Mappa Demonstrativo das Arrematações do Jogo de Fantan desde a Creação do Exclusivo”, in *Boletim Official*, Vol. V, N.º 30, 21 - 05 - 1859, p. 117. 参见文献辑录之9。

**表 1-1　自实行专营权以来番摊招投成交价格表**

单位：元

| 年份 | 数量 | 承充人 | 说明 |
|---|---|---|---|
| 1849 | 80 | 一名华人 | 非经公开招投，而是由哑马嘞总督给予批准（pela licença concedida pelo Governador da Provincia）。 |
| 1849—1850 | 1 820 | 一名华人 | 非经招投，而是由总督公会（Conselho do Governo）予以批准。 |
| 1850—1851 | 11 900 | 一名华人 | 在理事官喽嚟哆署进行公开招投，以一年为期，每月承充费 1 000 元（patacas）。由一华人投得承充权，但此人未能履行合同，待合同到期时已经逃逸。 |
| 1851—1852 | 12 000 | 葡萄牙人 | 在公物公所进行公开招投，卡多佐（Cardoso）时任总督。 |
| 1852—1853 | 9 720 | 葡萄牙人 | 在公物公所进行公开招投，基马良斯（Guimarães）时任总督。经 7 月 6 日和 10 日两次出投而成交。 |

表中的记载显示，直到 1850—1851 年，番摊才真正实行专营制度。

那么，白鸽票的经营何时开始实行专营制度呢？要解决这个问题，需要分析前引 1851 年 7 月 19 日《澳门宪报》所刊澳门公物会在 1851 年 7 月 10 日发布的招投公告。文中有“白鸽票出投专营权（o Exclusivo d'arrematação da Loteria Chineza）”的字句，说明这份公告的确是见诸《澳门宪报》的首份招投博彩业专营的公告，但这并不意味着是首次出投白鸽票。既言“将于 8 月 20 日期满”和“将于本月 15 日再次出投（irá de novoá Praça）”，那么，一定是在上一年度（1850—1851 年度）已经进行过一次成功的招投，此次公告将要进行的招投已经是第二次招投。而前引“1851/1852—1858/1859 年度澳门公物会出投专营权价格表”在 1851—1852 年度所列出的中式彩票成交价格为 6 000 元，就是此次招投的结果。由此可见，白鸽票与番摊都在同一年度（1850—1851 年度）开始真正实行专营制度。

再从专营承充的语义来看。披览澳葡当局历次招投公告，频频出现的词汇是“arrematação do exclusivo”，即中文所说的“专营承充”。它是经过公开拍卖、竞投而达成的。有关承充专营的葡语文本对此有不同的表达形式，例如“o exclusivo foi arrematado”，“procedido o leilão”，“se hade arrematar”，“ir à praça a arrematação”，“arrematar em leilão publico”，“arrematar em hasta publica”等。《澳门宪报》中文翻译的多见译法有“承充……揽头生意”、“承充……合同生意”、“承充……生意”等。这里的核心词是“arrematar”，其英文释义是：“to bay（to sell）by auction”，中译为“拍卖；（在拍卖中）买到”。是否加上“em leilão publico”、“em hasta publica”等短语，都不改变其基本意思。相应地，其名词形式“arrematador”既是“拍卖者”，也是“中标者”。[①] 以澳葡当局推行的专营制度来说，对公物会而言，是“出投”，对参与者来说，是“竞标”。正是经过这样的出投和竞投过程，决定了专营权的归属者。所以，在拍卖中出价最高且获得专营权者被称为“承充人”（arrematante）。

总之，“arrematação do exclusivo”是个不可分割的短语。不管当时的汉译文本如何表达，其基本意思就是今日中文常说的“专营承充”。“专营承充”是通过竞拍而得到排他性经营权；承充的是专营权，而专营权则由竞投得来，二者不可分离，缺一则不成其为专营制度。

## 本章小结

本章利用了此前鲜有披露的澳葡官方文献，探讨了晚清澳门专营制度的起源。根据《澳门宪报》所刊布的澳葡当局的官方文告，并证之于澳门当局公物会的收支结算表，我们可以获知，澳门专营制度开始于1848年，由猪肉专营而及牛肉专营。此后，相继扩展到鱼类专营、盐货专营、煮买鸦片熟膏。早期的出投公告和专营承充合同显示，专营制度的基本程序为：由澳门总督发布招投公告，由理事官或公物会主持拍卖，由出价最高且有合适担保者承充，由承充人依照合同规定进行垄断经营。承充合同一般从专营权的时限和地域范围、承充人的责任、承充人的权利、有关的违规罚则以及价格规定五个方面规定了专营权的基本运行规则。这些规定实

---

① 参见：*Dicionário da Lingua Portuguesa*，Lisboa：Empresa Literaria Fluminense，Lda，2000，p. 101；*Dicionário de Português-Inglês*，Porto：Porto Editora，Lda，1998，p. 120.

际上构成了一套完整的管理体系，透过专营体系，澳葡当局不仅得到了客观的财政收入，而且将部分的商业监管职能转嫁给了承充人。专营体制调整了政府、承充人和其他经营者的关系，有效地维护了市场运作。1847 年澳葡政府开始以发放许可证的方式实行博彩合法化，经过三年多的发展，到 1850—1851 年度，在中式彩票白鸽票和中式赌博番摊的经营方面实行公开招人承充的做法，专营制度开始推及博彩业。

# 第二章

# 番摊赌博专营制度的初建

当时的一般做法是，在确定出投项目后，即以当局的名义（最初由总督，继而由华政理事官，后来由公物会）发布招投公告以及相关的竞投规条与合同条款。为了方便华人参与竞投，这些文件大都备有中文译本，贴在招投地点供人看阅。这些文献也部分地刊布于《澳门宪报》。最初仅刊登葡语文本，1851 年 1 月 11 日《澳门宪报》将牛肉和猪肉专营的出投公告以中葡双语刊布，但合同条款仍以葡语刊布；同年 7 月 19 日，该报刊布了中葡对照的白鸽票出投公告，但是省略了合同条款①。此后便不再刊登中文公告。1879 年 2 月《澳门宪报》开始恢复刊登有关专营承充的中译文献，然仅限于出投公告。直到 1880 年 8 月 19 日《澳门宪报》第 33 号附报才同时刊布了中葡双语的出投令与合同条款②。此后仍有不少有关博彩专营的出投章程和合同没有在《澳门宪报》上刊登。可见，搜求并研究那些未在《澳门宪报》上刊出中译文，甚至完全没有见诸《澳门宪报》报端的出投文告以及合同条款，就成为全面深入研究专营承充的一大难点，需要付出艰苦劳动方可有所收获。

## 一、1858 年番摊专营合同

笔者在阅读《澳门宪报》时，找到了 1858 年 7 月 13 日澳门中式赌博番摊馆专营权出投公告与合同条款③。这是目前所见最早的一份公告和章程俱全的博彩专营文献。虽然它不是事实上的第一份公告与合同，但是，它却是我们了解番摊赌博专营制度早期运作的重要依据。据此，我们可以获得以下几个方面的信息。

第一，文献开头作为出投公告，确定了此次出投的时间、参与竞投的基本规则，指明了承充依据的合同条款等：

> 兹告将于本年 7 月 13 日在公物会门前举行中式赌博番摊馆专营权公开出投；承充合同由下列条款构成；自公告发布以讫当日并在招投

---

① *Boletim Official*, Nova Serie, Vol. 6, N.º 8, 11-01-1851, pp. 5-6, N.º 35, 19-07-1851, p. 115.

② *Boletim Official*, Vol. XXV, N.º 6, 08-02-1879, p. 43; Vol. XXVI, Supplemento ao N.º 33, 19-08-1880, pp. 231-232.

③ *Boletim Official*, Vol. IV, N.º 31, 29-05-1858, p. 121. 参见文献辑录之7。

当场，公物会将接收并考虑任何书面申请；书面申请以中文或葡文书写均可；并以密封函递交公物会主席或公物会书记官。

据此可知，此次出投在确定日期公布后到开投时，公物会接受书面申请（即标书），且要密封函件（em carta fechada）递交。可见，后来中译文所说的"暗票出投"，至迟在1858年的番摊专营招投中已经开始；"出投夜冷"（arrematar em leilão publico）并非一定就是"明喊"。

第二，此次承充专营权的时限、范围与排他性。合同条款第一条规定："此项承充合同以一年为期，自本年9月11日起算。"第五条规定："该承充人享有在澳门市区，即从妈阁庙到关闸界内经营番摊馆之专营权，故依据前述合同规定，承充人可在此范围内任何自认为合适的地点开设番摊馆。"第十四条规定："除承充人及其授权者之外，任何人不得开设番摊馆，违者除交纳与所开赌馆间数相当之承充费用外，另科以50～200两不等的罚金；该项罚款之一半归公物会，另一半归承充人。"显然，作为专营承充的法律依据，确定此项承充的时限和范围并保护其独占性经营权，即成为承充合同的必备要素，也是专营承充制度区别于许可证制度的显著特点。

第三，开设番摊馆规模的规限。该合同第二、三、四条规定："按照番摊专营承充价格，该承充人开设番摊馆之数量以20间为限，每间番摊馆仅限一张赌台。""即使承充人开设番摊馆不足20间，也必须全额支付承充费用。""若承充人认为需要在前述条款规定之限额之外增开番摊馆，可向政府提出有关申请，该申请可能被拒绝，也可能获得批准；若获得批准，则承充人须为增开之番摊馆每间支付与原来承充20间番摊馆相等额的费用。"合同显示，当时的法定经营规模为20间赌馆，亦即20张赌台。然经过申请获准可以多开但要支付相应费用。可见，实际规模可能会大于20张赌台。

第四，承充规银之支付办法。第七条规定："承充人须每隔15天向政府预付番摊专营承充费。"此条规定显示，当时的规定较为简单，尚未明确制定对不能按时支付承充费用（即汉译的所谓"承充规银"）的处罚措施。

第五，承充人的规范与相关罚则。第六条规定："该承充人须向政府报告所开设番摊馆之数量及其位置。”第十一条规定：“若承充人超过本合同第二款所规定的限额增开任何一间番摊馆，并且未按照第四款之规定提出增开申请，除须补交所增开之番摊馆应纳费用外，还将以该项应付费用之半额科以罚金。”第十二条规定：“承充人应在政府监督之下任命一名内部保安，保持番摊馆内秩序良好；本澳政府将在情况需要时提供必要的警力支持。”第十三条规定：“番摊馆不得开放至午夜之后；若发现午夜后仍有人在馆内赌博，则承充人将被科以50两罚银。”合同规定了承充人应该遵守的经营规则和责任，同时须接受政府监管，并对违规行为规定了可操作的罚则。

第六，承充合同担保的规定。第八条规定：“承充人须在投标当场提供保证其履行合同之殷实担保。”第九条规定：“该担保系包括整个承充时期和全部承充费用；若承充人不能在本合同第七条所规定之期限内支付承充费，则须由该担保人以自己的财产全部支付。”第十条规定：“同样，若承充人不能按时支付因违反本合同之任一条款而引致的罚金和其他罚款，则须由担保人代为支付。”为履行合同提供担保，是承充合同自始就有的要素。从这里的规定来看，早期的担保仅仅是由承充人提出担保人，并由担保人作出承诺，尚无“按押”的规定。

得益于《澳门宪报》刊布的官方资料，我们对19世纪50年代澳门番摊赌博承充专营的运作情况有了较为具体的了解。如表2－1所示：

**表2－1　自实行专营权以来番摊招投成交价格表①**

单位：元

| 年份 | 数量 | 承充人 | 说明 |
|---|---|---|---|
| 1849 | 80 | 一名华人 | 非经公开招投，而是由哑马嘞总督给予批准（pela licença concedida pelo Governador da Provincia）。 |
| 1849—1850 | 1 820 | 一名华人 | 非经招投，而是由总督公会（Conselho do Governo）予以批准。 |

① *Boletim Official*, Vol. V, N.º 30, 21－05－1859, p. 117. 参见文献辑录之9。

（续上表）

| 年份 | 数量 | 承充人 | 说明 |
| --- | --- | --- | --- |
| 1850—1851 | 11 900 | 一名华人 | 在理事官喽嚟哆署进行公开招投，以一年为期，每月承充费1 000元（patacas）。由一华人投得承充权，但此人未能履行合同，待合同到期时已经逃逸。 |
| 1851—1852 | 12 000 | 尼古劳·托伦蒂诺·费尔南德斯 | 在公物公所进行公开招投，卡多佐（Cardoso）时任总督。 |
| 1852—1853 | 9 720 | 尼古劳·托伦蒂诺·费尔南德斯 | 在公物公所进行公开招投，基马良斯（Guimarães）时任总督。经7月6日和10日两次出投成交。 |
| 1853—1854 | 10 929 | 尼古劳·托伦蒂诺·费尔南德斯 | 在公物公所进行公开招投，基马良斯（Guimarães）时任总督。经6月28日、7月5日和11日三次出投成交。 |
| 1854—1855 | 10 200 | 尼古劳·托伦蒂诺·费尔南德斯 | 在公物公所进行公开招投，基马良斯（Guimarães）时任总督。经7月4日和8日两次出投成交。 |
| 1855—1856 | 12 060 | 尼古劳·托伦蒂诺·费尔南德斯 | 在公物公所进行公开招投，基马良斯（Guimarães）时任总督。承充以三年为期，每年12 060元，合计36 180元。在1854年12月13日公物会会议期间，华人常亚海提出愿以每月900元获得三年承充权。公物会遂发布公告，有出价高于900元者在12月30日前向本会投递申请。1855年1月2日进行了公开招投，结果该华人出价1 000元，而尼古劳·托伦蒂诺·费尔南德斯出价1 005元。 |
| 1856—1857 | 12 060 | | |
| 1857—1858 | 23 940 | | |
| 1858—1859 | 84 000 | 华人常亚海 | 在公物公所进行公开招投，基马良斯（Guimarães）时任总督。 |

由上表可知：第一，番摊赌博首次采用公开竞投方式始于1850—1851年度，最初由华政事务理事官在理事官署主持竞投过程，由华人投得。成交价格较前两个年度的领牌规银增长数倍，从而显示了竞投制度的好处：能给当局带来更多的收入。

第二，在番摊赌博专营的初始阶段，占据主导地位的是居住在澳门的葡萄牙人。表中记载，葡萄牙商人尼古劳·托伦蒂诺·费尔南德斯连续在七个年份（1851/1852—1857/1858）承充番摊赌博。

第三，早期的招投还有一定的灵活性。前面几次承充以一年为期，自1855—1856年度开始改为三年期，而且在已经成交的情况下又进行了重投。表中备注栏内称：在1854年12月13日公物会会议期间，华人常亚海提出愿以每月900元获得三年承充权。公物会遂发布公告，有出价高于900元者在12月30日前向本会投递申请。1855年1月2日进行了公开招投，结果该华人出价1 000元，而尼古劳·托伦蒂诺·费尔南德斯出价1 005元。于是，公物会与他订立了新的承充合约："按照1854年12月14日公告，尼古劳·托伦蒂诺·费尔南德斯（Nicolao Tolento Fernandes）出价最高，获得为期三年的番摊专营权，承充期自本年8月1日起至1858年7月31日止。承充费每月1 005元，每隔10日上期交纳（即预付）。遵照现行合同规定之条件与责任，由贝尔纳迪诺·德·赛纳·费尔南德斯（Bernardino de Sena Fernandes）担保。"①

第四，前引1858年承充合同规定，承充人可在成交限额之外申请增开番摊馆。其实，前一个年度就有过成例。该表格的注释称："该项专营权先以三年为期（1855/1856—1857/1858）出投成交，每年承充费12 060元；后因1857年9月22日公物会批示，授权承充人增开番摊馆，并支付增开番摊馆的承包费，故1857—1858年度该项收入增至23 940元。"由收

① "Copia sobre o Exclusivo do Jogo China Fantan do 3º. da Sessão da Junta de Fazenda de 2 de Janeiro de 1855"："Houve de se mandar lavrar o competente Termo, que Nicolão Tolentino Fernandes tem de assignar como arrematante da licença para o exclusivo do Jogo china Fantan, ou Lantán, por tempo de tres annos, a contar desde o 1º. de Agosto do corrente anno até o fim de Julho de 1858, á razão de mil e cinco patacas por mes pagas por adiantados de dez em dez dias em cada mes, com as mesmas condições e responsabilidades em vigor, sob a fiança de Bernardino de Sena Fernandes, por ser o maior preço que se offereceu, em consequencias do aviso de 14 de Dezembro de 1854. – Assinados. – Guimaraes. – Sequeira Pinto. – Santos. – Miguel Pereira Simons. – Rocha. – Está conforme. – Miguel Pereira Simons, Escrivão da Fazenda." in *Boletim Official*, Vol. V, N.º 30, 21 – 05 – 1859, p. 117. 参见文献辑录之10。

入增加近一倍的事实来看，承充人增开的摊馆间数亦应接近一倍。

第五，在表中所列的最后一个年度（1858—1859）中，专营承充成交价格猛增至84 000元。这在一定程度上反映了澳门经济形势的好转，也可能是受到了上一年度增开摊馆的影响。

关于这个时期澳门半岛番摊赌博专营承充的收入以及与其他专营项目的相对地位，《澳门宪报》为我们提供了宝贵的记录，如表2－2所示：

**表2－2　1851/1852—1858/1859年度澳门公物会出投专营权价格表①**

单位：元

| 专营权 | 1851—1852 | 1852—1853 | 1853—1854 | 1854—1855 | 1855—1856 | 1856—1857 | 1857—1858 | 1858—1859 |
|---|---|---|---|---|---|---|---|---|
| 中式赌博番摊 | 12 000 | 9 720 | 10 920 | 10 200 | 12 060 | 12 060 | *12 060 | 84 000 |
| 中式彩票 | 6 000 | 3 840 | 5 400 | 5 400 | 11 700 | 11 700 | 21 600 | 20 760 |
| 鱼类专营 | 1 200 | 1 200 | 1 612 | 1 612 | 1 900 | 1 900 | 2 000 | 2 000 |
| 猪肉牛肉 | 4 428 | 4 535 | 5 236 | 4 755 | 4 410 | 4 775 | 7 217 | 12 150 |
| 鸦片烟膏 | 2 400 | 2 400 | 2 400 | 4 080 | 6 000 | 5 520 | 10 800 | 12 060 |
| 盐类专卖 | 1 681 | 1 681 | 1 110 | 1 110 | 1 040 | 1 040 | 1 920 | 1 920 |
| 捕捞牡蛎 | 800 | 800 | 800 | 800 | 800 | 800 | 800 | 800 |
| 氹仔鸦片烟膏 | — | — | — | 815 | 300 | 815 | 815 | 815 |
| 路环鸦片烟膏 | — | — | — | — | — | 100 | 201 | 201 |
| 合计 | 28 509 | 24 176 | 27 478 | 28 772 | 38 210 | 38 710 | 57 413 | 134 706 |

*该项专营权先以三年为期出投成交，每年承充费12 060元；后因承充人获批增开番摊馆，并支付了增开番摊馆的承包费，故1857—1858年度该项收入增至23 940元。——米格尔·佩雷拉·西蒙斯，1858年11月15日于澳门公物会会计室。

该表显示，番摊赌博虽然不是最早实行专营承充的经营项目，但是一

① *Boletim Official*, Vol. V, N. º 30, 21－05－1859, p. 117. 参见文献辑录之8。

旦开始，即在各项承充收入当中遥遥领先，成为澳葡当局财政收入的最大进项。番摊专营收入占各项专营总收入的比重，最少年份为 31.15%，最多年份为 62.35%，平均达到 40.41%。可见，番摊专营收入自始就是博彩专营的最大项。

## 二、60 年代及 70 年代初番摊专营收入的变化

进入 19 世纪 60 年代及 70 年代初，《澳门宪报》仅刊登过部分年份的番摊赌博专营出投公告，而未见刊布一份番摊专营承充合同，因此，对于这个时期番摊赌博专营的运作情况，我们知之不详。目前，我们仅搜集到 1867 年、1869 年、1870 年、1871 年、1872 年等五个年份的出投公告。它们都有一个共同点，即指明“按照过去合同条款”（com as mesmas condições do contrato passado）进行①。由此推知，这个时期《澳门宪报》没有刊登番摊赌博承充合同，很可能就是因为运行规则本身并没有发生值得注意的变化。

另外，《澳门宪报》系统地刊登了澳葡公物会管数官（contador interino da junta de fazenda）所提供的各项专营承充收入统计表②。我们将该表简化如下：

① “Annuncio para se Arremattarem as Licenças para os Exclusivos de Cozer Opio e Vendel-o Cozido e do Jogo de Fantan, 24 de Julho de 1867”, in *Boletim Official*, Vol. XIII, N.º 30, 29 – 07 – 1867, p. 174; “Aviso para a Arrematação do Exclusivo de Jogo Fantan e da Venda de Peixe no dia 18 de Agosto de 1869”, in *Boletim Official*, Vol. XV, N.º 33, 16 – 08 – 1869, p. 156; “Aviso sobre a arrematação do exclusivo de jogo fantan no dia 27 de agosto de 1870”, in *Boletim Official*, Vol. XVI, N.º 34, 22 – 08 – 1870, p. 145; “Edital sobre a arrematação do exclusivo de jogo fantan no dia 2 de setembro de 1871”, in *Boletim Official*, Vol. XVII, N.º 34, 31 – 08 – 1871, p. 138; “Aviso sobre a arrematação do exclusivo do jogo ‘Fantan’ no dia 22 de julho de 1872”, in *Boletim Official*, Vol. XVIII, N.º 26, 22 – 06 – 1872, p. 114. N.º 28, 06 – 07 – 1872, p. 125.

② “Mappa dos rendimentos de todos os exclusivos e contratos de renda do estado em Macau nos annos abaixo mencionados (1859 a 1860 – 1878 a 1879)”, in *Boletim Official*, Vol. XXV, N.º 35, 30 – 08 – 1879, p. 197. 作者按：该表第八栏显示，澳门开办闱姓承充始于 1867—1868 年度。第九栏显示，氹仔和路环开办闱姓承充始于 1872—1873 年度，1875—1876 年度开始并入澳门闱姓，半岛和离岛三地闱姓一同承充。第十二栏显示，氹仔、路环猪肉承充始于 1878—1879 年度。参见文献辑录之 26。

表2－3　1859/1860—1872/1873年澳门专营承充收入统计表

单位：元

| 年度 | 白鸽票 | 番摊 | 鱼栏 | 猪肉 | 盐务 | 牛肉 | 澳门鸦片 | 澳门闱姓 | 氹仔鸦片番摊 | 路环鸦片番摊 | 总计 |
|---|---|---|---|---|---|---|---|---|---|---|---|
| 1859—1860 | 29 220 | 84 480 | 2 014 | 9 780 | 1 920 | 4 165 | 20 040 | — | 2 720 | 201 | 154 540 |
| 1860—1861 | 38 160 | 94 200 | 2 014 | 9 780 | 1 920 | 3 200 | 25 260 | — | 2 720 | 630 | 177 884 |
| 1861—1862 | 28 080 | 74 880 | 2 014 | 9 350 | 4 010 | 3 210 | 25 260 | — | 2 720 | 630 | 150 154 |
| 1862—1863 | 26 400 | 78 960 | 2 014 | 10 800 | 4 010 | 2 750 | 26 460 | — | 2 000 | 650 | 154 044 |
| 1863—1864 | 32 640 | 91 800 | 2 615 | 10 800 | 5 530 | 2 240 | 16 800 | — | 2 000 | 560 | 164 985 |
| 1864—1865 | 34 560 | 110 880 | 2 615 | 10 800 | 6 005 | 2 610 | 17 280 | — | 2 000 | 710 | 187 460 |
| 1865—1866 | 34 560 | 111 600 | 2 615 | 11 430 | 7 430 | 3 460 | 17 280 | — | 2 530 | 710 | 191 615 |
| 1866—1867 | 44 760 | 126 720 | 2 615 | 11 430 | 5 010 | 3 500 | 17 280 | — | 2 530 | 800 | 214 645 |
| 1867—1868 | 45 600 | 126 840 | 3 635 | 12 000 | 4 510 | 3 500 | 42 360 | 1 600 | 2 530 | 1 000 | 243 575 |
| 1868—1869 | 48 000 | 123 600 | 3 635 | 12 000 | 4 610 | 3 500 | 42 360 | 1 600 | 4 520 | 1 000 | 244 825 |
| 1869—1870 | 42 000 | 120 000 | 3 750 | 12 000 | 4 615 | 2 800 | 42 360 | 3 000 | 4 520 | 2 220 | 237 265 |
| 1870—1871 | 42 000 | 117 600 | 3 750 | 13 500 | 4 615 | 4 600 | 43 200 | 3 000 | 4 520 | 2 220 | 239 005 |
| 1871—1872 | 41 280 | 133 200 | 3 780 | 13 560 | 3 000 | 5 000 | 36 000 | 3 000 | 4 520 | 2 300 | 245 640 |
| 1872—1873 | 41 280 | 169 800 | 3 780 | 13 600 | 6 500 | 5 000 | 42 000 | 17 033 | 4 520 | 2 300 | 307 313 |

统计表显示，自从50年代末期番摊专营收入突破8万元大关以来，番摊赌博承充收入一直稳步上升，1864—1865年度超过11万元，1872—1873年度已接近18万元。其所占各项承充收入总额的比重，最少年份为49.86%，最多年份为59.12%，平均达到53.92%。可见，番摊赌博专营已经牢牢确立了绝对领先的地位。

此外，表中显示，氹仔和路环两个岛自1859—1860年度开始出投番摊专营承充，而且是与煮卖鸦片烟膏一并承充。起初，各项专营不仅分开承充，而且半岛和离岛各地也是分别出投承充的。因此，正如其他专营项目一样，番摊赌博专营也由澳门半岛渐次推及氹仔和路环两个离岛。关于两个离岛开办番摊的具体情况，迄今仍缺乏直接的文献说明，连这个时期的《澳门宪报》也未曾刊登过有关离岛开办番摊赌博的公告和章程。不过，从该表所记录的收入情况可以有一些大致的了解。第一，两个离岛初期的承充价格较低。氹仔岛番摊专营承充收入与鸦片合计仅有2 000多元，路环岛更少，仅有数百元。这可能与澳葡当局对离岛的扩占进程、当地的人口密度较小以及开发程度不高等因素有关。第二，承充期限相对较长，以两年和三年居多。第三，承充收入自进入70年代后迅速增加，这从一个侧面反映了澳葡当局对离岛扩占步伐的加快。第四，番摊承充与煮卖鸦片烟膏合并承充。这是专营承充制度在离岛实行的一个特色。

## 三、1873年澳门番摊承充合约

在澳门历史档案馆所藏的澳葡当局财政部档案第422号内，存有一份葡汉对照的《1873年承充澳门番摊合约》[①]。该文本由开头、结尾和14条款组成。先于1873年8月13日签字立约，后因承充人改变了抵押办法，公物会决定该将合约作废，于同年8月28日重新立约（参见图15）。重新签字订立的合约，主要改变了开头和结尾部分，而14条款的内容则保持不变。

与前引《1858年澳门番摊专营承充合同》相比，这个合约最显著的变化，在于加大了对承充人履行合同的约束力和对其违约行为的处罚力度，

---

① 参见文献辑录之12。

引入了抵押钱物作按的担保方式。1873 年 8 月 13 日签字的合同在开头部分除了言明出投成交时间、承充人姓名、合同期限、承充规银数额等要素外，还规定：

> 该承充三人（郑耀、刘越墀、锺超）有保险公司五十份，每份银五百两，交出作按，以为担保规银。另有香港商人和兴担保该三人遵照合同章程，公会大宪均准照行。该和兴看明本合约，应承遵照。该承充三人应承每月交上期规银一万式千五百元。如至期无规银交出，即将该合同销毁，另将番摊生意招投。如投价不足，要担保人和兴补足，并所欠规银亦均要担保人和兴填纳。今和兴愿将以上所言银数在公物会看守当按，并将现在及以后所有物业一同作按。

该合同结尾部分重申：

> 该三人应承遵照此约，是以将自己现在及将来所有物业作按。有担保人香港商人和兴在前，亦应承遵此约担纳规银，是以将已交出呵哒看守之保险公司五十份每份银五百两，并现在及后来所有物业交出作按，故立此合约。

接着，担保人又“交出现银壹万弍千伍百元贮在公物公所作按，以为担保交纳规项”。后来，鉴于承充人增加了现金担保押金，合同被重签，并对担保事宜的规定做了修改：

> 该承充人等有香港银行银纸三万一千五百元，系七一兑。另有现银六千元，七式兑，共三万七千五百元，系三个月规银，该银交出作按，以为担保合同规项。本月廿六日，大宪准其照此规矩担保。……该承充人郑耀、锺超、刘越墀等应承照本合同规矩而行，每月交上期规银壹万二千五百元。如至期无银交出，则将合同销毁，并将番摊生意另投喇呤（para ir novamente em praça o ditto exclusivo）。倘投价不足，系要承充人补足，并所欠规银亦系承充人填纳，是以该承充三人将银纸并规银共叁万七千五百元交出，及现在与后来所有之物业交出作按。

1874年订立的《澳门番摊承充合同》继续了加重担保约束力度的规定：

> 该担保人承应遵照合约章程担保。该承充人应承每一月交纳上期规银壹万三千零四元十六毛六。如有不照合约交规，即将该合约销废，将该生意另行出投。该担保人将本身并现在及后来所有物业作按，担保交纳规银。如另投此生意投价不足要担保人补足。
>
> 今承充人尤勉之、何连胜及担保人味哪哖奴·些嗲·肥难咃……均称愿遵此合约章程而行，承充人及担保人均愿将本身并现在与后来所有物业交出作按，是以立此。①

1875年订立的《澳门番摊承充合同》进一步明确了承充人不能依时交纳规银的处罚规定，并写入合同第六条：

> 所纳承充规银是每月十五日，过期三日交上期一次。如过期三日不纳则罚，即照欠纳之银及日子多少，要每年每百元行息八元算；另任公物会宪将次合约销废，如再投唎呤，其价不及原规价之多，仍要承充人（游德、何连胜）及担保人（味哪哖奴·先嗲·啡难咃）补足。②

至此我们看到，迟纳规银须交纳罚款，废约重投须补足投价差额，承充人与担保人须交出财产物业作按等，成为番摊专营承充的必备条件，表明了番摊专营承充规则的重要变化。作出这些调整的根本目的，就是要保证当局承充规银收入的稳定与可靠。

---

① "Termo do contrcto do exclusivo de jogo fantan em Macau [até 10 de Septembro de 1875] aos dia 27 do mez de junho de 1874", in A. H. M. / Finanças / N. º 422, fls. 26v–29. Mic. A0585. 参见文献辑录之13。

② "Termo da arremattacao do Jogo de fantan em Macau por $100, 100 por anno [até 10 de Setembro de 1876] aos vinte e oito dias do mez de junho de 1875", in A. H. M. / Finanças / N. º 422, fls. 37v–39v. Mic. A0586. 参见文献辑录之14。

## 四、1876 年《竞投总则》

1876 年 5 月 18 日，澳葡当局公物会出台了《竞投总则》，进一步就进入竞投程序的前提资格和履行合同的担保作出规定，其内容如下（见图 3）：

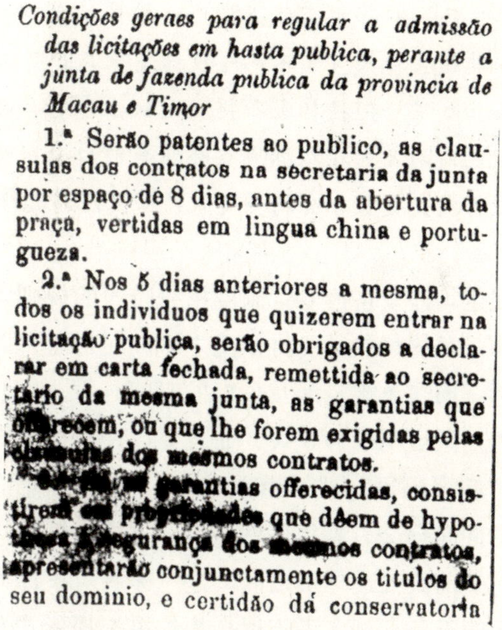

*Condições geraes para regular a admissão das licitações em hasta publica, perante a junta de fazenda publica da provincia de Macau e Timor*

1.ª Serão patentes ao publico, as clausulas dos contratos na secretaria da junta por espaço de 8 dias, antes da abertura da praça, vertidas em lingua china e portugueza.

2.ª Nos 5 dias anteriores a mesma, todos os individuos que quizerem entrar na licitação publica, serão obrigados a declarar em carta fechada, remettida ao secretario da mesma junta, as garantias que offerecem, ou que lhe forem exigidas pelas [illegible] dos mesmos contratos.

[illegible] garantias offerecidas, consistirem [illegible] que dêem de hypo[illegible] segurança dos [illegible] contratos, apresentarão conjunctamente os titulos do seu dominio, e certidão da conservatoria

图 3　1876 年《竞投总则》（局部）

（《澳门宪报》1876 年 5 月 20 日）

第一条，开投之前，应将合同条款以中葡两种文本在公物会门前公示 8 天。

第二条，所有有意投标者，须在开投之日前 5 天内，以密封标书提出竞投（serão obrigados a declarar em carta fechada），并将合同要求本人所应提交之保证送抵本公物会秘书处。

第三条，如果投标人所提交之保证系物产抵押，则须同时提交其产权证以及能表明其免除一切负担、其抵押可接受的登记局（注契局）证明。

第四条，如果所提交之保证系殷实担保人，须同时提交担保人可自由支配之财产证明与免除债务负担之证明，并且向公物会声明对承充人未履行之义务负责。

第五条，如果投标人提交的保证系存款，并且所出价格符合公物会之意，则该投标人优先获得专营承充权。

第六条，招投一经结束，为证明投标人担保所必须之证件以及存入公物会之款项，应如数交还投标人；投标结束前投标人不能领会那些东西，除非该投标人宣布不参与投标或者退出投标。

第七条，如果任何投标人所提交之保证不符合公物会之意，公物会将在开投之前两天内在招标地点公物会门口贴出告示加以公布，该投标人有权再提交更符合公物会要求的保证以期被接受。①

上述七项规定均涉及番摊专营制度招投阶段的规则。第一条规定涉及开投之前的准备，目的显然是要将招投之事广而告之，以使更多的人做好准备、参与投标。第二条规定涉及投标的时间与方式。照此规定，投标人投递标书的时间期限被明确为5天，而且要以密封标书提出竞投，即后来中译文所说的“暗票出投”或“落票暗投”。值得注意的是，该条规定要求在投递标书的同时提交有关担保的抵押。这样，抵押担保提交的时间由原来的成交之时提前到投递标书之时。这意味着对投标人的约束力度进一步加大。第三至第五条，规定了担保抵押的可选择形式及相关要求：若投标人以物产抵押为担保，要求交出有关物业的产权证明以及无负担证明；若由殷实担保人担保，需要交出担保人的财产支配证明以及无负担证明；若由投保人交出押金为担保，则有同等条件下获得承充权的优先权，可见，政府更愿意接受现金抵押这种担保形式，为的是保证政府的收入不落空。第六、七两条是对投标进程的进一步规范：前者规定担保抵押的产权证件和押金须当投标结束时方可领回；后者规定，如果投标人提交的标书不合规定，公物会就会提前两天张榜公布，以使该投标人有机会重新提出可被接受的条件，以增加出投成交的可能性。

1876年6月17日，公物会发布招投公告：本公物会决定于7月5日在

---

① 参见文献辑录之15。

本会出投澳门番摊、澳门鸦片烟膏、澳门卖盐三个专营权，竞投总章程已于本年5月20日在《澳门宪报》第21号刊出，上述专营权承充合同条款张贴于本会秘书处，每日10点至下午3点可以去看①。由此可见，1876年7月20日签订的《何桂承充澳门番摊合同》就是按照上述《竞标总则》而出投成交的。从该合同条款来看，主要涉及承充经营阶段的规则，其内容与往年合同的内容保持一致②。可见，这个时期专营承充制度的变化，主要是在出投成交的环节，即通过加强对进入竞投程序的资格控制和加大履行合同的担保力度来保证出投成功和政府收入的安全。

借助有关的公告和章程，我们不仅了解到番摊专营承充规则的某些变化，而且对这个时期的承充情况也有了较多的了解。依据有关的承充合同，我们整理得出了“1873/1874—1876/1877年度澳门番摊专营承充一览表”③：

**表2-4　1873/1874—1876/1877年度澳门番摊专营承充一览表**

单位：元

| 年度 | 承充规银 | 承充人 | 说明 |
|---|---|---|---|
| 1873—1874 | 150 000 | 郑耀（Cham-iu）、刘越墀（Jao-iut-chi）、钟超（Chong-chiu） | 由香港商人和兴（Vo-hang）担保。承充人每月上期交纳规银12 500元。限开摊馆26间。 |

① *Boletim Official*, Vol. XXII, N.º 26, 24-06-1876, p. 105.

② “Termo da arrematação do exclusivo do jogo fantan em Macau por 141, 000 ao anno a contar de 11 de Setembro de 1876 em diante, aos vinte um dias do mez de julho de mil oitocentos setenta e seis annos em Macau.” in A. H. M. / Finanças / N.º 422, fls. 51v-53v. Mic. A0586; *Boletim Official*, Vol. XXII, N.º 37, 09-09-1876, p. 148. 参见文献辑录之16。

③ “Termo do exclusivo do jogo fantan em Macau [até dez de Septembro de 1874] aos cinco dias do mez de agosto de 1873”, in A. H. M. / Finanças / N.º 422, fls. 1-7. Mic. A0585; “Termo do contrcto do exclusivo de jogo fantan em Macau [até 10 de Septembro de 1875] aos dia 27 do mez de junho de 1874”, in A. H. M. / Finanças / N.º 422, fls. 26v-29. Mic. A0585; “Termo da arremattacao do Jogo de fantan em Macau por $100, 100 por anno [até 10 de Setembro de 1876] aos vinte e oito dias do mez de junho de 1875”, in A. H. M. / Finanças / N.º 422, fls. 37v-39v. Mic. A0586; “Termo da arrematação do exclusivo do jogo fantan em Macau por $141, 000 ao anno a contar de 11 de Setembro de 1876 em diante, aos vinte um dias do mez de julho de mil oitocentos setenta e seis annos em Macau”, in A. H. M. / Finanças/ N.º 422, fls. 51v-53v. Mic. A0586; *Boletim Official*, Vol. XXII, N.º 37, 09-09-1876, p. 148.

（续上表）

| 年度 | 承充规银 | 承充人 | 说明 |
| --- | --- | --- | --- |
| 1874—1875 | 156 050 | 尤勉之（Jao-men-chi）、何连胜（Ho-lin-seng） | 由味哪哖奴·些嗱·啡难哋（Bernardino de Senna Fernandes）担保。承充人每月上期交纳规银13 004元。限开摊馆26间。 |
| 1875—1876 | 100 100 | 游德（Jao-tac）、何连胜（Ho-lin-seng） | 由味哪哖奴·些嗱·啡难哋（Bernardino de Senna Fernandes）担保。承充人每隔15日上期交纳规银。限开赌台26张。 |
| 1876—1877 | 141 000 | 何老桂（Ho-lo-quae） | 由味哪哖奴·些嗱·啡难哋（Bernardino de Senna Fernandes）担保。承充人每隔15日上期交纳规银。限开赌台26张。 |

统计表显示了若干值得注意的事实：这个时期的承充人以两三人合伙承充为主，而且全部是华人；葡萄牙人味哪哖奴·些嗱·啡难哋（Bernardino de Senna Fernandes）连续三个年度充当担保人，可能是由于葡萄牙人出面担保较易取得澳葡当局的信任，也反映出澳门华商与居澳葡人之间较为密切的合作关系。前两个年度的合同称限开“摊馆26间”，而后两个年份的合同则称限开“赌台26张”，查葡语原文皆为“mezas de jogo de fantan”。鉴于早在1858年的合同中即有“每间赌馆（casa de jogo）限设一张赌台（meza de fantan）”的规定，故“赌台26张”与“摊馆26间”实为同义语。可见，随着承充规银的增长，番摊赌博专营的规模也在增长。

关于这个时期番摊赌博专营收入与各种专营收入的相对地位，我们依据有关统计表，加工整理出统计表2-5[①]：

---

① “Mappa dos rendimentos de todos os exclusivos e contratos de rendas do estado em Macau nos annos abaixo mencionados”, in *Boletim Official*, Vol. XXV, N.º 35, 30-08-1879, p. 197. 参见文献辑录之26。

表 2－5　1873/1874—1876/1877 年度各项专营承充收入一览表

单位：元

| 年度 | 白鸽票 | 番摊 | 鱼栏 | 猪肉 | 盐务 | 牛肉 | 澳门鸦片 | 闱姓 | 氹仔鸦片番摊 | 路环鸦片番摊 | 总计 |
|---|---|---|---|---|---|---|---|---|---|---|---|
| 1873—1874 | 46 800 | 150 000 | 3 780 | 13 600 | 6 000 | 5 240 | 42 000 | 18 533 | 4 520 | 3 310 | 293 783 |
| 1874—1875 | 46 800 | 156 050 | 9 010 | 13 000 | 6 220 | 5 240 | 42 000 | 18 533 | 5 810 | 3 310 | 305 973 |
| 1875—1876 | 34 200 | 100 100 | 9 010 | 14 500 | 4 220 | 6 090 | 17 000 | 43 767 | 5 810 | 4 250 | 238 947 |
| 1876—1877 | 34 200 | 141 000 | 9 010 | 14 500 | 4 250 | 6 090 | 17 000 | 43 767 | 7 380 | 4 250 | 281 447 |

注释：保留整数，小数点部位四舍五入。

表中显示，这几年番摊成交收入虽然有一定的波动，但总体规模仍保持稳步上升。其间，1875—1876 年度成交规银下降幅度较大，减少 5 万多元，显然是受 1875 年台风灾害的影响。但随后即有所回升，是故平均进项仍高达 136 825 元。番摊成交收入占各项专营总收入之比重，四个年度分别为 51.06%、51.01%、41.89% 和 50.10%，平均为 48.52%。这个比例较前一时期有所下降，其原因来自两个方面：一是番摊收入本身的减少，二是其他专营收入（如渔业、猪肉、牛肉、闱姓以及氹仔鸦片番摊等）的增长。

从收入变化的趋势来看，1876 年何桂的承充规银虽有较大回升，达到 141 000 元，但距离最高年度的 169 800 元仍有较大差距。在看重收入多少的澳葡当局看来，现行办法造成了政府招投收入的减少。于是，澳葡当局对番摊赌博的运行规则做了一次大的调整。

## 本章小结

本章讨论的时期是澳门番摊赌博专营的初建阶段。借助于 1858 年的番摊承充合同，我们得以从多个方面了解早期专营承充的运作规则。其演变轨迹显示，属于经营阶段的规则相对稳定，而变化较大的是在竞投和担保环节，先后引入了以现金或者物业抵押担保的罚则，并作出了迟纳规银的罚款规定。1876 年的《竞投总则》则对投标和担保环节的规则做了全面规定。从竞投结果来看，承充规银有大幅上升，但是并不稳定。从收入变化的趋势来看，1876 年何桂的承充规银虽有较大回升，达到 141 000 元，但距离最高年度的 169 800 元仍有较大差距。在以获得财政收入为第一要务的澳葡当局看来，现行办法造成了政府收入的减少。于是，澳葡当局对番摊赌博的运行规则做了一次大的调整。

第三章

# 番摊赌博领牌经营制的恢复

何桂的专营合同于1877年9月10日到期。按照惯例，公物会于6月21日发布公告，定于7月21日进行澳门番摊专营权出投，并于同日发布修改过的《竞投总则》：

第一条，开投之前，合同条款应以中葡两种文本在公物会秘书处公示15天。

第二条，在公开竞投之日，所有意欲参与竞投者，应在公物会面前按照下列条款之规定，提供为完全履行即将签署的合同所必需的保证。

第三条，若投标人以向公物会抵押不动产提供担保，须提交能证明其为该财产的真正所有人之证件，除非本公物会认为可免除此项要求。

第四条，如果投标人提供担保人，则该担保人应是足够殷实之人，且应遵守民法典第824条以及本合同担保之相关规定。

第五条，若投标人以存款提供保证，且所出之价符合公物会之意，则该投标人优先获得承充权。①

该修改后的《竞投总则》将原章程简化为五条，并有一些细节上的改动，如将合同条款公示的时间延长至15天，将交出担保的时间改为招投当日等（见图4）。

尚未如期进行招投过程，公物会又于一个月之后的7月21日在《澳门宪报》上发布了新的招投公告，定于7月28日进行下一年度澳门番摊专营权的出投：

奉公物会命，兹定将于本月28日中午，在公物会前招人投充一年期澳门番摊馆专营权，为此，本公物会将接受密封标书，直至前定日期和时刻。

标书应包括投标人所出的价格，投标人之签名，确定之担保人；

① *Boletim Official*, Vol. XXIII, N.º 25, 23-06-1877, p. 104; N.º 26, 30-06-1877, p. 108. 参见文献辑录之17。

且应以中葡两种文字写明“澳门番摊馆专营权投标书”字样。

在上述确定之日期和时刻，当众开启所有标书，以最高价为底价竞投；承充权将被授予向公物会出价最高的投标人。

澳门，公物会秘书处，书记官亚宋生（J. C. Paes d' Assumpção），1877 年 7 月 21 日示。①

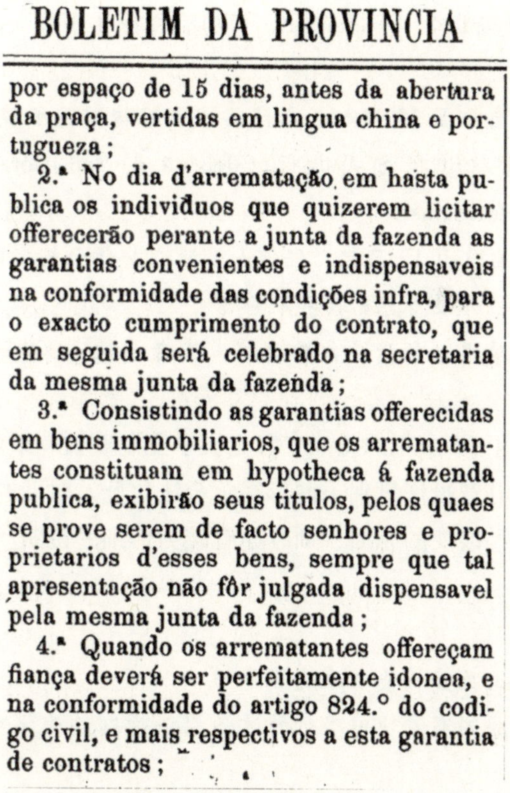

BOLETIM DA PROVINCIA

por espaço de 15 dias, antes da abertura da praça, vertidas em lingua china e portugueza;

2.ª No dia d'arrematação em hasta publica os individuos que quizerem licitar offerecerão perante a junta da fazenda as garantias convenientes e indispensaveis na conformidade das condições infra, para o exacto cumprimento do contrato, que em seguida será celebrado na secretaria da mesma junta da fazenda;

3.ª Consistindo as garantias offerecidas em bens immobiliarios, que os arrematantes constituam em hypotheca á fazenda publica, exibirão seus titulos, pelos quaes se prove serem de facto senhores e proprietarios d'esses bens, sempre que tal apresentação não fôr julgada dispensavel pela mesma junta da fazenda;

4.ª Quando os arrematantes offereçam fiança deverá ser perfeitamente idonea, e na conformidade do artigo 824.° do codigo civil, e mais respectivos a esta garantia de contratos;

图 4　1877 年改订后的《竞投总则》（局部）

（《澳门宪报》1877 年 6 月 30 日）

这份招投公告延续了本文前述的招投规则，但也有值得注意的变化：一是对标书的格式和内容提出了规范性要求；二是对投标方式做了修改：“在上述确定之日期和时刻，当众开启所有标书，以最高价为底价竞投。”

① *Boletim Official*, Vol. XXIII, N.º 29, 21 – 07 – 1877, p. 119. 参见文献辑录之 18。

这实际上将投标过程分为前后衔接的两部分，先以暗票竞投方式投出底价，再以明喊方式投出最后的出价最高者。

## 一、第77号政府训令的颁布与实施

到了1877年8月13日，《澳门宪报》却刊出了澳葡当局于8月11日发布的第77号政府训令（Portaria N.º 77），作出了下列三项决定：

> 第一，自9月12日起，本殖民地番摊赌馆及纸牌馆规银之征收，不再以专营权竞投方式进行（deixará de ser cobrada por meio de adjudicação de exclusivo）。
>
> 第二，自9月12日起，任何人皆可在公物会规定的地点并按照公物会所订章程开设番摊赌馆和纸牌馆。
>
> 第三，禁止私自开设番摊赌馆，违者罚款1 000元，并受到其他刑事处罚。①

于是，推行了20余年的番摊专营竞投承充制度被一纸政令取消了。番摊赌博经营由公开竞投恢复到了博彩经营合法化开始时期的领牌经营。

至于作出这种改变的原因，训令亦有较为详细的说明。第77号政府训令的开头部分说：

> 澳门地扪及其属地省政府鉴于：
>
> 急需按照国家管理中实行的政治经济原则的变化重组本殖民地的公共财政。
>
> 以专营竞投方式承充公共收入是一种错误的和有害的制度，它造成了一个多余的角色——承充人；他们为了获得其经营的利润，日益增加对公众收取费用，不仅对公众，也对国家造成了严重损失。
>
> 承充人对公共收入的竞投承充导致了严重的弊端，且这种程序使得国家收入依赖于大资本家的计策，从而被置于了极端不稳定的基础之上，任何一个简单的结果都能使之垮掉。

---

① *Boletim Official*, Vol. XXIII, Supplemento ao N.º 32, 13-08-1877, p. 137. 参见文献辑录之19。

本殖民地的商业在过去的几年间并未缩减，因此应该预见，资本和公共财富的汇聚应该同样在各个收入项目，尤其是番摊专营承充收入上显示出来。

与本殖民地工商业活动发展的实际状况相反，最近一次番摊赌博承充竞投所出的价格，不过是那些独能凭借自己的意志利用垄断的大资本家施展计策的结果。那些势力雄厚的资本家极力施展计策迫使其他竞投者放弃，将他们排斥出去，从而获得了自己的专营权。

这一年番摊承充招投的最高价格，比上一年的投标成交价格减少了三分之一；如此严重的缩减如果被接受的话，将严重扰乱本殖民地的财政，也就意味着毫无保留地认可了专营承充人的意志。

因此，本总督听取了公物会和总督公会的意见，他们一致表示赞同，故紧急宣布取消专营权（extincção do exclusivo）。①

由此训令可知，按照公物会的出投公告，依时于1877年7月28日进行了番摊馆专营承充的招投。结果，成交价格比上年何桂承充的价格减少了1/3，即只有9万余元，降到了1864年以来的最低点。可见，正是这个事实让澳葡当局的官员们改变了对番摊专营承充制度的看法，他们全面否定了专营承充人存在的必要性。在他们看来，保证政府收入的稳步增长是第一要务，不能达成这个结果的制度都是不可接受的。他们意识到，将政府财政置于少数资本家操纵的基础之上是危险的；番摊承充的收入应该与本澳工商业的发展保持同步增长。于是，他们一致赞成立刻取消番摊专营承充制度。

在第77号政府训令发布的次日，公物会按照训令的精神发布了招领开办16间番摊馆牌照的公告，内容如下：

第一，公物会准予在澳门城内开设16间番摊馆，其中草堆街（Rua das Estalagens）7间，沙栏仔（Tarrafeiro）1间，国王新街（Rua nova d'el-Rei）1间，西孟街（Rua do Simço）1间，营地街（Rua dos Mercadores）1间，福隆下街（Rua da Caldeira）1间，下环

① *Boletim Official*, Vol. XXIII, Supplemento ao N. º 32, 13－08－1877, p. 137. 参见文献辑录之19。

街（Praia Manduco）1 间，板樟堂前地（Largo de S. Domingos）1 间，新桥（San-kio）1 间，进教围（S. Lazaro）或水坑尾门（Porta do Campo）1 间。

第二，截至本月 18 日中午，本公物会接受承领上述赌馆牌照之密封申请书，每间赌馆分别领照。

第三，申请书应包括领牌人之姓名，欲开赌馆之位置，所出之月规银数等。

第四，报价最高，且符合公物会之意者，优先获得牌照。

第五，一旦申请书被接纳，将依照法律程序给予领牌者相应的赌馆经营权。

第六，未被接纳的申请书将被视为无效，且不必加以公布。

第七，所有未领牌的赌馆，将在 18 日同一天举行公开竞投（proceder-se-ha a licitação em praça publica）。

第八，已领取牌照的赌馆数至少达到 3/4，或者其数量符合公物会之意，合同即被视为最后决定。

第九，本公物会向承充人保证发牌不超过 16 间番摊赌馆，亦不允许改变番摊馆的位置，除了这些番摊赌馆外，只准另外开设 6 间纸牌馆。

第十，所发放的牌照为期一年，每月预付牌照规银；此外，领牌人须将与一个月规银等额的款项存于公物会作为担保，或者提交殷实担保人作保。

第十一，6 间纸牌会馆可以设在更符合领牌人之意的地方，同样接受领取牌照的密封申请书，或者在番摊之后，按照同样的条件进行公开竞投（irão á praça）。[①]

这份公告显示，澳葡当局已经全面取消了多年以来的竞投承充专营权的做法，仅在局部的环节上仍保留竞投的色彩。第一，番摊馆的具体位置和分布由官方决定，而非由承办人自由选择，并且在承领以后不得改变摊馆的位置。第二，每间赌馆分别发放牌照，从而经营权不再具备专营性

---

① *Boletim Official*, Vol. XXIII, Supplemento ao N. º 32, 13 – 08 – 1877, p. 137. 参见文献辑录之 20。

质。第三，报价最高，且符合公物会之意者，优先获得牌照。第四，未领牌的赌馆将在18日同一天举行公开竞投，这两条延续了竞投的规则。

六天之后的8月18日，公物会再次发布了关于16间番摊馆领牌的公告，对有关事宜做了更为细致的规定：

> 第一，4间一等赌馆设于草堆街二层楼房；每间月纳规银1 500元。
>
> 第二，9间二等赌馆设于地下（gudões），其中草堆街3间、沙栏仔1间、西孟街1间、营地街1间、福隆下街1间、下环街1间、国王新街1间；每间月纳规银700元。
>
> 第三，3间三等赌馆设于地下（gudões），其中板樟堂前地1间、水坑尾门1间、新桥1间；每间月纳规银200元。
>
> 第四，牌照即日起发放（as licenças são concedidas），每间赌馆单独发照，不用竞投（independente de licitação）；自9月11日起生效，有效期为一年。
>
> 第五，每隔15天预付牌照规银（o pagamento das licenças）。
>
> 第六，每间牌照须有一笔金额与月纳规银相等的存款，或者指出殷实担保人；若承充人未履行第五条之规定，这笔钱即归公物会所有，牌照亦将被注销。①

这份公告进一步将16间摊馆划分成三个等级，分别指定它们可以开办的具体位置，并将领牌的价格分别定为1 500元、700元和200元。公告明确指出“每间赌馆单独发照，不用竞投”。最后强调了对承办人违规行为的处罚。

同年10月13日，公物会书记房在《澳门宪报》上公布了16间番摊馆和6间纸牌馆发放牌照情况一览表。②

---

① *Boletim Official*, Vol. XXIII, N.º 33, 18 – 08 – 1877, p. 139. 参见文献辑录之21。

② *Boletim Official*, Vol. XXIII, N.º 41, 13 – 10 – 1877, p. 166. 参见文献辑录之22。

**表3-1 番摊馆牌照发放数量**

| 等级 | 街道名 | 门牌号 | 领牌人 | 备注 |
|---|---|---|---|---|
| 1 | 草堆街（左堂栏尾） | 3 | 何老桂 Ho-lo-quae | 从1877年9月11日起有效 |
| 1 | 草堆街（家冷里） | 18 | 何老桂 Ho-lo-quae | |
| 1 | 草堆街 Rua das Estalagens | 53 | 冯成 Francisco Xavier | |
| 2 | 草堆街 Rua das Estalagens | 4 | 冯成 Francisco Xavier | |
| 2 | 草堆街 Rua das Estalagens | 5 | 沈益信 San-iec-sun | |
| 2 | 草堆街 Rua das Estalagens | 60 | 冯成 Francisco Xavier | |
| 2 | 清平巷 Travessa do auto novo | 22 | 冯成 Francisco Xavier | |
| 2 | 国王新街 Rua do Simão (Rua nova d'el-Rei) | 85 | 陈耀 Chan-io、林连 Lam-lin | |
| 2 | 国王新街 Rua nova d'el-Rei | 175 | 卢合 Lu-ap | |
| 3 | 板樟堂街 Rua de S. Domingos | 2 | 何碧云 Ho-pec-van | |

**表3-2 纸牌馆（Carteados e de azar）牌照发放数量**

| 等级 | 街道名 | 门牌号 | 领牌人 | 备注 |
|---|---|---|---|---|
| 1 | 芦石塘街 Rua do Mastro | 20 | 王才 Vong-choi | 自1877年11月1日有效 |
| 1 | 木桥街 Rua do Pagode | 21 | 陈松 Chan-chiong | 自1877年10月15日有效 |
| 2 | 沙栏仔 Rua do Tarrafeiro | 25 | 杜连 To-lin | 自1877年9月21日有效 |
| 2 | 蓬莱新巷 Travessa da Caldeira | 2 | 冯义堂 Fong-ngui-tong | 自1877年9月23日有效 |
| 2 | 国王新街 Rua nova d'el-Rei | 87 | 李连 Lei-lin | 自1877年10月1日有效 |
| 2 | 下环街 Rua da Praia Manduco | 137 | 李连 Lei-lin | 自1877年10月1日有效 |

表中显示，截至发布资料时，共发出10间番摊赌馆的牌照，计有：一

等摊馆3间，分别由何老桂（2间）和冯成（1间）承领；二等摊馆6间，其中冯成3间、沈益信和卢合各1间，陈耀和林连合开1间；三等摊馆1间，由何碧云承领开办。6间纸牌馆牌照全部发放完毕。显然，原来计划的16间番摊馆有6间没有发出牌照，直到11月17日公物会仍在《澳门宪报》上发布招领剩余摊馆牌照的公告①。后来的情况我们不得而知，但从1878年8月的招领公告将摊馆间数减为12间来看，很可能最终没有完全发放出去。也就是说，1877—1878年度实际上没有开足16间番摊馆。

## 二、番摊经营领牌制度的修订

1878年8月1日，公物会按照第77号政府训令发布了新一年度的招领公告，批准在澳门开办12间番摊馆及3间纸牌馆，并发布了新的领牌章程，继续在番摊经营方面推行领牌制度。章程共有30条，主要内容分述如下：

### 1. 拟发放牌照的等级划分与价格

与前述章程不同的是，新章程将番摊馆减为12间，棋牌馆减为3间，并且将番摊馆划分为四个等级：一等馆3间，二等馆4间，三等馆3间，四等馆2间。各类牌照的每月价格为：一等摊馆每月2 000元，二等摊馆800元，三等摊馆400元，四等摊馆200元，牌馆皆为每月200元。

### 2. 番摊馆与纸牌馆的开设分布与要求

新章程取消了各个牌馆具体街道分布的规定，对于摊馆与牌馆的开办地点仅做了大致的范围限定，但是对各级摊馆、牌馆开设的楼层与设施有非常具体的规定。

一等番摊馆须设于房屋之首层。该层限设一张赌台，但可在其上面一层设开放回廊和看台，以便在该台下注参赌。此外，尚可为光顾者设立候厅或聊天室，最高可使用三层楼梯（第二条）。二等摊馆须设于地下层，位于木质地板之上，有一两个直接通向街道的门，门须装有挡风玻璃。该

① *Boletim Official*, Vol. XXIII, N.º 46, 17-11-1877, p. 182.

层限设一张赌台，但可向较高一层设看台，以便能参与该赌台的赌博（第三条）。三等摊馆与二等摊馆相同，唯不得设立面向其他楼层的开放回廊和看台（第四条）。四等摊馆须设于地下，限设一张赌台，有一个通向街道的门，位于夯土地面或砖铺地面或者石板地，亦不得开设回廊和看台（第五条）。

牌馆应设于建筑物的上层，厅和赌台的数目不限，但位于街上的入口不得超过三个；可以向光顾者提供食物和饮品（第六条）。一等摊馆和牌馆可设在澳门城内任何更合领牌人心意的地方。二等、三等摊馆只能设于大商业区（bazar grande）由花王堂—沙栏仔巷、夜姆街、议事亭前地、板樟堂前地直到麦草地巷所构成的范围内，以及水手西街（bazarinho）由海关前地（largo da Alfandega）、Ponta da Rede 和风顺堂到妈阁之间的街道所构成的范围内（第八、九条）。四等摊馆只能设于除了沙栏仔街角之外的妈阁、进教围、新桥、沙梨头等街区，但是，如果需要可在这些街区设立任何高一等的摊馆（第十条）。

### 3. 牌照的效期、规银的交纳与担保

各类赌馆之牌照自 9 月 11 日起开始生效，有效期为一年。

牌照规银须每隔 15 日预付；若逾期 3 日，自第四日起每天按每月应纳规银数额之 10% 处以罚款。

每间赌馆牌照之承领，须有一笔相当于月规银之存款，或者殷实担保人的保金。当领牌人不能交纳半个月规银或被取消牌照时，存款或保金将被充公。

本省政府保留在牌照人违反法律与治安行政规章时下令撤销牌照的权力（第十一至十四条）。

### 4. 摊馆与牌馆的经营规则

各摊馆必须接受本省政府的监管以及巡捕所和华政衙门的监督。领牌人必须保持馆内秩序良好与安静，遵守一切管理规章和与其有关的具体命令。

各牌馆可自定开馆和闭馆时间；而番摊馆的开馆时间不得早于早晨 6 点，闭馆时间不得晚于凌晨 2 点钟，一经闭馆，就不得在馆内继续赌博。

任何馆主欲将其 1 间赌馆改设别处，必须经公物会秘书处事先批准方可。

自 9 月 11 日起，绝对禁止一切二等或二等以下牌馆，同样禁止一切其他类型的赌馆，诸如骰宝（clú-clú）、棉羊（min-hiom）及类似的其他赌博等。

按照 1877 年 8 月 11 日第 77 号训令第三条之规定，一切私开赌馆须处以 1 000 元（patacas）罚款，并接受其他司法程序。

所有摊馆或牌馆必须将公物会秘书处所发放的牌照加上边框并完整地置于明眼之处。各番摊馆须在入馆门口外边放置门牌匾，分别以葡英中三种文字书写：某等番摊馆第某号牌照。这些门牌匾夜间应该有灯照明；牌馆无需外部标示牌（第十五至二十三条）。

5. **牌照发放与承领规则**

各番摊馆及牌馆牌照将于 8 月 14 日中午在公物会秘书处开始发放。在上定时日之前，所有意欲领牌之人以书面形式向公物会递交申请，该会秘书将在申请书上签字，写明递交日期和时刻，以便保证其优先权。申请人须写明其申请内容，并须完成有关存款，或者提交指定的殷实担保人。在上款所定时期，当公物会宪面，公开查看领牌申请书。

包含摊馆数较多或者出价较高的申请书，将优先获得牌照。如果有一个以上的申请书请领所有赌馆，或者同样数量的赌馆，或者请领同样等级的赌馆，则优先给予当时在场的申请人；如果申请内容相同的申请人都在场并且坚持自己的申请，则于当场进行竞投（posto em praça），并发牌给出价最高者。

鉴于番摊垄断制度（o monopolio do fantan）确已取消，按照前文宣布的条款，即使出现一个人或一家公司获得了大量甚至全部摊馆牌照，每间摊馆仍然单独发照。

在这一天如果未能发完所有牌照（todas as licenças），则由公物会秘书依照提交申请的比率并遵照本会命令给发（第二十四至三十条）[1]。

---

① "Annuncio da junta de fazenda para se conceder licenças para abertura de 12 casas com banca de jogo de fantan, e 3 clubs ou pai-cuns para jogo carteado em Macau no dia 14 de agosto, 1 de agosto de 1878", in *Boletim Official*, Vol. XXIV, N.º 31, 03-08-1878, pp. 123-124. 参见文献辑录之 23。

公告将计划发放的牌照数量减为番摊馆12间、纸牌馆3间，并详细规定了领牌和经营的规则。与前述公告的不同之处在于：第一，将12间番摊馆划分为四等，相应的规银价格调整为2 000元、800元、400元和200元。纸牌馆规银一律为200元。第二，各等摊馆的位置仅做了大致规定，没有逐一具体规定开办的地点。第三，领牌人过期三天不纳规银，每过期一天照月规银之10%处以罚款。第四，申请书中包括摊馆间数较多和出价高的申请书可能会被优先考虑（见图5）。

CONDIÇÕES TRANSITORIAS

24.° As licenças para casas de fantan e de pai-cun começarão a dar-se na secretaria da junta de fazenda, no dia 14 de agosto ao meio dia.

25.° Até esse dia e hora, todos os individuos que pretendam a concessão de alguma casa ou casas, farão as suas requisições por escripto e entregal-as-hão n'aquella repartição, onde serão rubricadas pelo secretario da junta, ou quem suas vezes fizer, mencionando-se o dia e hora da entrada para garantir as precedencias. Os requerentes assignarão as suas requisições e obrigar-se-hão a fazer os respectivos depositos, ou a prestar fiança idonea, logo que lhes seja indicado.

26.° N'esse dia e perante a ex.ma junta, em sessão publica serão examinados os pedidos de concessão.

27.° Serão preferidos os pedidos que abranjam maior numero de casas, ou de que a somma das rendas seja maior.

28.° Dando-se mais de um pedido á totalidade das casas, ou a um numero d'ellas igual e das mesmas classes, será preferido o requerente que estiver presente; ou quando estejam presentes todos e sustentem os seus pedidos, será em acto continuo tal lote posto em praça e concedido ao que mais der.

29.° Fica bem entendido, que tendo sido extincto o monopolio do fantan, embora se dê o caso de um só individuo, ou companhia ficar com grande numero de casas, ou com a totalidade d'ellas, cada uma das casas de per si representa uma concessão de licença isolada, sujeita em tudo ás condições acima declaradas.

30.° Se n'esse dia não forem concedidas todas as licenças, serão d'ahi por diante dadas pelo secretario da ex.ma junta, á proporção que se forem apresentado as requisições e segundo a ordem das mesmas.

Macau, sala das sessões da junta de fazenda, 1 de agosto de 1878.

O secretario da junta de fazenda,
*J. C. Paes d'Assumpção.*

图5　1878年番摊馆牌照招领章程（局部）

（《澳门宪报》1878年8月30日）

## 三、番摊赌博领牌经营的效果

1879年8月2日澳门公物会发布下一年度番摊领牌告示：

> 缘定西本月十一日，即光绪五年六月廿四日午后一点钟，在本公物会公所准人领照开番摊馆十二间并纸牌会馆三间，其大概章程，照上年款式样，在本写字房，

每日自十点钟至三点钟可以到看。①

由此可见，1879—1880 年度，也是按照第 77 号政府训令规定，并照上个年度的做法，对澳门番摊赌馆的经营实行了领牌制度。

如前所述，澳葡当局宣布取消专营承充，直接根源于承充收入的减少，决定改行领牌经营正是为了增加收入。那么，这三个年度澳门番摊赌博的收入情况如何呢？我们根据澳葡公物会书记房刊布在《澳门宪报》上的有关报表（参见图 17、图 23）整理出如下资料②：

**表 3-3　1877/1878—1879/1880 年度各项专营承充收入一览表**

单位：元

| 年度 | 白鸽票 | 番摊 | 鱼栏 | 猪肉 | 盐务 | 牛肉 | 澳门鸦片 | 澳门闱姓 | 氹仔鸦片番摊 | 路环鸦片番摊 | 总计 |
|---|---|---|---|---|---|---|---|---|---|---|---|
| 1877—1878 | 47 000 | 112 981 | 11 750 | 14 500 | 4 250 | 3 000 | 17 100 | 43 767 | 7 380 | 3 500 | 265 228 |
| 1878—1879 | 47 000 | 139 200 | 11 750 | 17 200 | 10 000 | 3 000 | 23 000 | 133 667 | 7 380 | 3 500 | 396 957 |
| 1879—1880 | 44 700 | 129 600 | 11 750 | 17 200 | 10 550 | 4 100 | 23 000 | 133 667 | 6 400 | 3 500 | 384 877 |

注释：①保留整数，小数点部位四舍五入。②1879—1880 年数据已按照 850 reis = 1 pataca 的比率换算为 pataca（元）。

从表中的统计来看，实行领牌经营的第一个年度（1877—1878），番摊收入的确较此前招投成交的价格有所回升，达到 112 981 元，第二年又增加到 139 200 元。当澳门总督将此情况报告葡国中央政府后，还得到海

① "Annuncio para se concederão licenças para 12 casas de jogo de fantan e 3 clubs para jogo carteado no dia 11 do corrente mez, 2 de agosto de 1879", in *Boletim Official*, Vol. XXV, N.º 31, 02-08-1879, p. 168. N.º 32, 09-08-1879, p. 175.

② "Mappa dos rendimentos de todos os exclusivos e contratos de rendas do estado em Macau nos annos abaixo mencionados", in *Boletim Official*, Vol. XXV, N.º 35, 30-08-1879, p. 197. "Mappa dos rendimentos de todos os exclusivos e contratos de rendas do estado em Macau nos annos abaixo mencionados", in *Boletim Official*, Vol. XXXII, N.º 32, 12-08-1886, p. 306. 参见文献辑录之 26 及文献辑录之 43。

事海外部的来函表扬。①然而，这个数字仍未达到1875年以前的水平。不仅如此，第三年的收入又回落到129 600元。显然，将专营承充制度改回领牌制度，并未能实现增加番摊赌饷收入的目的。于是，澳葡当局又一次对番摊赌博经营的制度进行了调整。

## 四、领牌制度的终止

在第三年领牌经营到期换领新照之前，澳葡公物会于1880年7月30日发布公告，定于8月18日（华历七月十三）一点钟，按照上一年度章程，在公物公所当公物会宪面前将澳门番摊馆12间并打纸牌公司3间招人领牌②。

然而，到了领牌那一天，情况却发生了变化，公物会随即改弦更张，恢复了以竞投获得专营权的做法，并得到了澳督的批准。澳督发布的第73号政府训令指出：

> 照得公物会曾经按照丁丑年七月初三日第七十七号札谕出示，将澳门番摊馆十二间出投领牌（concederia licenças），其章程则照戊寅年七月初五日第三十一号《宪报》刊刻，至今仍旧遵行。
>
> 查本月十三日乃是招人领牌之期（o dia destinado para a concessão de novas licenças），系自八月初七日起计。惟现日多有欲行全盘领取，是以公物会当众定其出投至高有益于该会者（se licitasse a favor da fazenda por quem mais vantagens offerecesse），但当时投者纷纷呈出章

---

① "Ill. mo e Ex. mo Sr. – S. ex. a o ministro e secretario d'estado dos negocios da marinha e ultramar, a quem foi presente o officio de V. Ex. a datado de 22 de agosto proximo passado, dando conhecimento de que o preço das licenças para abertura de casas de jogo de fantan subira 23, 000 patacas sobre o que vigorava anteriormente, encarrega-me de communicar a V. Ex. a, que lhe foi agradavel receber esta noticia, a qual affirma uma vez mais a crescente prosperidade da provincia sob o seu governo. Deus guarde a V. Ex. a – Secretaria d'estado dos negocios da marinha e ultramar, em 22 de outubro de 1878." in *Boletim Official*, Vol. XXIV, N.º 51, 21 – 12 – 1878, p. 201.

② "D'ordem da ex. ma junta da fazenda se annuncia que no dia 18 de agosto do corrente anno, a 1 hora da tarde na sala das sessões se concederão licenças para abertura de doze casas de jogo de fantan e tres clubs para jogo carteado. As condições geraes são as mesmas do anno passado e acham-se desde já patentes na secretaria da junta das 10 horas ás 3 da tarde." in *Boletim Official*, Vol. XXVI, N.º 31, 31 – 07 – 1880, p. 217; N.º 32, 07 – 08 – 1880, p. 222; N.º 33, 14 – 08 – 1880, p. 227.

> 程。本部堂查阅章程，虽属多有裨于该会，究与领牌之例（o systema da concessão）不符，因照旧领牌，不若承充竞取（um monopolio disputado）增益更多。本部堂谅将旧章更改，必于该会有裨，而库款入息更丰，故与该会妥商，亦经允协。兹特照下所列该会准行定章，将澳门番摊改期于本月十九日出投（arrematação do exclusivo），其章程由该会书记签名附刊本札谕后。①

这里有几点值得注意。其一，在领牌之时，有多人提出欲“全盘领取”，而他们所出的价格又可大大增加公物会的收入。可见，在经营者看来，总揽专营比分散经营更有利于经营者，所以他们愿意出更高的价格来“全盘领取”。这实际上就是要求恢复竞投专营承充制度。其二，不论是公物会的认识，还是总督的训令，都对两种经营方式作出明确的区分。指称现行做法用的词汇分别有“出投领牌”（concederia licenças）、“领牌之期”（o dia destinado para a concessão de novas licenças）和“领牌之例”（o systema da concessão）等；而指称拟改行的做法则用“出投”（arrematação do exclusivo）、“承充竞取”（um monopolio disputado）和“出投至高有益于该会者”（se licitasse a favor da fazenda por quem mais vantagens offerecesse）等词语。这再次证明，领牌制与专营承充制是两种不同的制度。其三，从实行领牌制三年来的收入看，当局并未实现增加收入的目标，加之多人愿出更高价格“全盘承领”，公物会官员们从现实中认识到，“照旧领牌不如承充竞取增益更多”，从而确信“将旧章更改，必于该会有裨，而库款入息更丰”。于是，他们决定终止现行的领牌制度，重新选择了已行之二十余年的专营承充制度。

## 本章小结

由于出投成交价格的大幅降低，澳葡当局对番摊专营承充制度产生了怀疑，改行多人领牌经营的制度，仅在若干细节上保留了专营竞投的特

① 参见文献辑录之27。

点。但是，从三个年度的运行结果来看，领牌制度增加税收的结果并不明显。所以，澳葡当局重新选择了竞投专营制。

这种由领牌到专营、专营到领牌、领牌再到专营的变化轨迹显示，就番摊赌博这种特殊行业而言，垄断性专营具有比领牌经营更多的优越性：对于经营者来说，具有较大的利润空间，因而更有吸引力；对于当局而言，也更能保证政府收入的稳步增加。这就是经营者和澳葡当局都选择专营承充制度的必然之所在。

第四章

# 番摊赌博专营制度的重建

## 一、专营承充招投规则的恢复

1880年8月18日，即在发布新决定的同日，澳葡当局公物会经过商讨发布了番摊专营的招投章程，并得到总督的批准而成为第73号政府训令的一部分，其内容如下：

一、承充番摊以一年为期，自本年九月十一日，即庚辰年八月初七日起计。

二、该承充人限开16间馆为止，如所开不足16间之数，亦要纳足16间之规。附款一：该番摊馆所设何处任承充人意见，但由妈阁起至关闸止。

三、该承充人应每月预先禀报华政衙门并巡捕兵营知悉，来月系在某街欲开馆若干。

四、所纳之规系每月十五日上期。倘逾期三日不纳，则罚银按每百员每月十大员算。

五、该承充人应承自行妥理馆内各事，亦可任本官随时稽察。倘馆中事有未妥，为承充人是问。如馆中有事，本官自当度其时势调兵助理。

六、所有式等牌馆，或下等牌馆，并掷骰子馆，及掷棉羊各款赌博，均仍旧严禁。

七、凡有私开赌馆，固有碍于公物会，亦有损于承充人，须按丁丑年七月初三日第七十七号札谕内第三款，罚银壹千员，另照例所定各款而办。

八、本合同内倘有争论之处，归公物会断明。如系犯有罪案，则归各应理之衙门办理。[1]

这是《澳门宪报》刊布的首份澳门博彩专营章程中译本。与1876年何桂承充澳门番摊生意的合同相比，恢复后的番摊招投章程有一些细节上

① 参见文献辑录之28。

的差别。

首先，将准开番摊馆的数量限额由原来的26间改为16间；取消了承充人可事先申请获批限额之外增开摊馆的条款。

其次，过期支付规银的罚款额度由原来的每百元罚8元改为每百元罚10元。

虽然有这些细节上的差别，但从全部章程条款来看，实际上已经全面恢复了1876年前的规则。这样，经过三年的领牌经营之后，澳门番摊经营又恢复了专营承充制度。

然而，这个章程仅涉及承充环节，并不包括竞投、担保的有关规定；同时发布的招投公告亦未说明竞投环节的规则。① 由于未见此次承充的完整合同，关于这次招投成交应用了怎样的竞投方式和担保规则，我们无从得知。目前，笔者在澳门历史档案馆仅找到了有关此次承充暂立合同（contrato provisorio）的葡语文本（见图19），其内容如下：

> 1880年8月24日，当澳门公物会宪面前，并遵照本年8月21日本省《宪报》第34号所刊布的法规，将澳门番摊专营权出投招人承充，由已入葡籍之华人冯成投得，以一年为期，应纳规银164 300元（cento seiscenta quarto mil trezentas patacas），由味哪哖呶·先嗱·啡难哋（并获及其夫人同意）担保，承充期自本年9月11日起算，并遵照投标当场向其呈现的合同条款。②

从这份简单的暂立合约来看，此次竞投按照前述第73号政府训令颁布的招投章程完成了竞投过程，采用的是以保人担保的做法。另外，在投标当场还有一个完整的合同向承充人呈现和宣读。从竞投的结果来看，成交价格达到164 300元，已经接近最高年度（1872—1873）169 800元的数字。澳葡当局对这个结果比较满意，澳督马上向里斯本呈递了关于这次番摊竞投结果的报告，并附有一份“1880年各项专营收入比较表”，将这次的成交价格与上一年度的收入进行了比较，发现这次成交价格比上一年的

---

① *Boletim Official*, Vol. XXVI, Supplemento ao N.º 33, 19-08-1880, p. 232. 参见文献辑录之29。

② A. H. M. / Finanças / N.º 434, Mic. A0589. 参见文献辑录之30。

收入(129 600 元)增加了 34 700 元。[①] 澳葡当局增加收入的措施可谓立竿见影。

## 二、竞投章程的修订

按照惯例，在承充期届满之前，澳葡当局公物会于 1881 年 7 月 1 日在《澳门宪报》上发布了下一个年度的招投公告，除了延续前述第 73 号政府训令所颁布的《投十六间番摊馆章程》第一至第八款外，在开头部分和后半部补充了新的内容[②]。但是，旋即将其中第四款和第十二款加以修改并重新刊布于 7 月 6 日的《澳门宪报》上（见图 20）。改订后的章程内容如下：

定于七月十二日一点钟，在本公会大堂，将澳门番摊承充生意出投，招人承充，以出价最高、合本公会宪意者方准承充。须先交贮银一万元，方准出声投价。其银或贮公物会库房，或贮香港之银行，但贮香港之银行要写明此银任公物会随时收取，其银单要交出公物会收贮，至投毕时，将银单交回其人。所有款式开列于后：

一、承充番摊以一年为期，自本年九月十一日，即辛巳年闰七月十八日起计。

二、该承充人限开馆十六间为止，如所开不足十六间之数，亦要纳足十六间之规。附款一：该番摊馆所设何处，任承充人意见，但由妈阁至关闸止。

三、该承充人应每月预先禀报华政衙门并巡捕兵营知悉，来月系在某街欲开馆若干。

四、所纳之规，系每月十五日上期。倘逾期三日不纳，则罚银按每百元每月二元算。

五、该承充人应承自行妥理，以致馆内平安无滋事端，亦可任澳

---

① AHU：Macau – Timor, SEMU/DGU/1R/002/Cx 0001. Expediente Geral, N.º 259. A. H. M. Mic. C0727.

② *Boletim Official*, Vol. XXVII, 2.º Supplemento ao N.º 26, 02 – 07 – 1881, pp. 171 – 172. 作者注：《〈澳门宪报〉中文资料辑录（1850—1911）》收录了 1881 年 7 月 1 日发布的章程，漏辑了修改之后于 7 月 5 日重新发布的章程。见该书第 48—49 页。

官随时稽察。倘馆中不平安，有事不妥，为承充人是问。如馆中有事，澳门官当度其时势，调兵助理。

六、所有式等牌馆，或下等牌馆，并掷骰子馆，及掷棉羊各款赌博，均仍旧严禁。

七、凡有私开赌馆，固有碍于公物会，亦有损于承充人，须按一千八百七十七年八月十一日，即丁丑年七月初三日第七十七号札谕内第三款，罚银一千元，另照例所定各款而办。

八、本合同内倘有争论款式之意，归公物会断明。如系有别项之案，归该管衙门办理。

九、承充人应出银二万五千元为担保遵守本合同，其章程列后：附款一：担保之银，或贮公物会银库，或贮香港之银行，其银写明是公物会名下之银。附款二：该担保之银或一半用香港各银行股份亦得，其余一半照上第一附款贮银。如用银行股份，本公物会只可照其原价作五成收。附款三：该担保银或一半，或不及一半，亦准用坐落澳门之屋业作按，其余亦要照上第一附款贮银，但此屋业要经买火烛保险方准作按。

十、如交出人担保，须查明殷实合例，亦准其担保。

十一、投毕之时，要立即交出所定之保据，或交现银，或照上款所定交出银单或屋业单等，方算投成为实。

十二、如有因承充人之事，或承充人之过处，将合同销废，另行再投。倘其价不及原价，则要承充人补足。如其不及原价之数多于担保之银，则要承充人将其物业填偿所欠之项，以至补足原价为止；如不及原价之数少于担保之银，则将所余之担保银给还；如有人担保，该保人算为首先有责，应问其交银为遵守本款之责，或别项之责。①

这个经过改订后发布的章程包含了竞投担保和专营承充营运的全部条款，对了解专营制度的重建意义重大。与1877年以前的章程相比，该章程有下列显著变化。

第一，首次引进了“压票银”的担保规则。虽然担保遵行合同是专营

---

① *Boletim Official*, Vol. XXVII, Supplemento ao N.º 27, 06-07-1881, pp. 180-181. 参见文献辑录之31。

制度自始就有的法则，但以前的规定仅涉及投成之后履行合同规定的环节。现行章程则规定“须先交贮银一万元，方准出声投价”，是为“压票银”。从此，交存“压票银”的规则相继延伸到1882年以后氹仔和路环两个岛屿的番摊鸦片烟膏专营[①]，从而成为竞标过程的必备环节。增加这一规则的目的，显然是为了增进竞投的规范化，以保证竞标过程的顺利进行。

第二，公物会增加了一项保留权力：“以出价最高、合本公会宪意者方准承充。”增加这项保留权力的目的，显然是为了避免成交价格过低而导致政府收入大幅减少[②]。

第三，迟纳规银所受的罚银力度有所减轻。1873—1877年间已有“迟纳规银须交纳罚款、废约重投须补足投价差额”的规则。当时的罚款额度为“每年每百元行息八元”，即按照年应纳规银的8%罚款。1880年第73号政府训令发布的《投十六间番摊馆章程》改为“每百元每月十大元”，即按照月纳规银的10%罚银。至新改订的章程则进一步减为“每百元每月二元”。可见，对迟纳规银所给予的处罚力度有所减轻。

第四，放宽了合同担保银抵押的可选择性范围。1876年出台的《竞投总则》规定了三种可选择的抵押方式。此次新章程则给予了更大的灵活性：或贮现银，或交银行存单，或半额银行股份、半额贮银，或半额以物业抵押、半额贮银。增加抵押方式的灵活性，有助于担保合同和竞投结果的落实。

第五，合同被废重投与担保银罚没的规定。1877年以前规定，如因承充人之故合同被销废重投，则原承充人或其担保人须补足重投后的差价。1881年7月1日公布的章程第12款却规定：

> 如有因承充人之事，或承充人之错处，将合同销废，所有担保之银二万五千元，不论何事，均不准交回，应归公物会充公。如有再投，其价不及原价，则要承充人补足。如有人担保，该保人算为首先

---

① *Boletim Official*, Vol. XXVIII, Supplemento ao N.º 7, 22-02-1882, p. 53; Vol. XXIX, Supplemento ao N.º 11, 19-03-1883, p. 87; Vol. XXX, N.º 6, 09-02-1884, p. 70; Vol. XXXI, N.º 8, 21-02-1885, p. 100.

② 详见本书第六章。

有责，应问其交银为遵守本款之责，或别项之责。[1]

按照这里的规定，若因承充人之故合同被销废，承充人不仅被罚没担保银，还须补足重投之后的差价。这样规定显然太过苛刻。于是澳葡当局很快将其修改，不仅取消了罚没担保银的规定，而且规定填偿重投差价后剩余的担保银可退还原承充人，从而重新肯定了以前的规则。

关于此次澳门番摊招投的结果，我们可透过一份葡文的暂立合约有所了解（参见图21）：

> 1881年8月6日，当澳门公物会宪面前，并遵照本年7月9日本省《宪报》第28号所刊布的法规，将澳门番摊专营权出投招人承充，由冯成投得，以一年为期，应纳规银147 000元（cento quarenta sete mil patacas），由味哪哞呶·先嗲·啡难哋（并获及其夫人同意）担保，承充期自本年9月11日起至1882年9月10止，遵照投标当场向其呈现的合同条款。[2]

这份合同显示，1881年的招投顺利完成，成交价格虽较上年有所降低，然而仍有147 000元之多。

1882年7月1日，公物会在《澳门宪报》发布下一年招投公告，定于8月5日以明喊方式出投澳门番摊专营权。该次招投章程延续了1881年的章程，仅在一个细节上有所增补，即以物业抵押担保的条件除了要求“经有买火烛保险”外，还增加“经注入注册衙门”的要求[3]。

与前两个年度的情况一样，在澳门历史档案馆藏中有此次招投的葡语暂立合同（参见图22）：

> 1882年8月5日，在澳门公物会大堂，遵照本年7月22日本省《宪报》第二十九号所刊布的法规，将澳门番摊专营权出投招人承充，由华人何连旺投得，以一年为期，应纳规银154 100元（cento cinco-

---

① *Boletim Official*, Vol. XXVII, 2.º Supplemento ao N.º 26, 02-07-1881, p. 172.

② A. H. M. / Finanças / N.º 432, Mic. A0589. 参见文献辑录之32。

③ 参见文献辑录之33。

enta quarto mil e cem patacas)，由味哪哖呶·先嚀·啡难哋（并获及其夫人同意）担保，承充期自本年9月11日起至1883年9月10止，遵照投标当场向其呈现的合同条款。①

这里提到的要素，与另一份正式合同完全一致。这份葡汉对照的合同除了确认遵行招投公告中的规定外，还有下列值得注意的内容：

承公物会大宪面谕谓：西纪本月初八日，招人出投承充澳门番摊生意。今有何连旺出价至高，每年规银壹十五万四千一百大元，并有担保人味哪哖呶·先嚀·啡难哋，其妻亦经允准。是以公物会议定，立实合同，准给该承充人生意。

承领合同人何连旺称说，已（以）上所列款式章程，俱经允肯。今担保遵守合同，交出担保人并首先交银人味哪哖呶·先嚀·啡难哋，其妻亦经允准。是以，将本合同算为立寔。……饬令立本合同，读与两造听悉。该两造及证人一并签名为据。②

由此可见，这份合同就是前述暂立合同中所言“投标当场向其呈现的合同条款”。由此我们观察到，番摊赌博专营恢复之后，在投充程序上有了新的变化：竞投结束即与出价至高者签订临时合同（contrato provisorio，旧译“暂立合同”），经公物会审查批准后，再签订正式合同（contrato defenitivo，旧译“寔立合同”）。前述1880—1881和1881—1882两个年度的澳门番摊投充，实际上也有一个最后签订的正式合同，只是我们目前尚未找到而已。此后几个年度的澳门番摊招投都签订了暂立合同和实立合同③。由此可见，这个时期的历届投充都签订临时合同并非因为“承充出现问题”，而是为保证投充顺利完成而作出的一个程序上的安排。这个安排在以后的番摊投充中不断被丰富，构成了番摊专营制度的必要组成部分④。

---

① A. H. M. / Finanças / N. º 432, Mic. A0589. 参见文献辑录之34。

② A. H. M. / Finanças / N. º 423, fls. 2, 3 -3v. Mic. A0586. 参见文献辑录之35。

③ A. H. M. / Finanças / N. º 432 e N. º 433, Mic. A0589; A. H. M. / Finanças / N. º 423. Mic. A0586.

④ 参见本书第五章。

## 三、竞投和担保规则的进一步调整

1883 年 8 月 18 日，澳葡公物会按照上一年的章程招投澳门番摊专营权[1]，由葡人美基和华人黄宏展合股承充，为期一年，应纳规银 140 000 元，合同担保银 25 000 元，承充人交出物业契券作按[2]。

澳门番摊赌博恢复竞投专营制度以来，一直采用明喊方式。1884 年 6 月 7 日公物会于《澳门宪报》发布了 1884—1885 年度澳门番摊招投公告，对竞投和担保环节的规则作出了调整。

第一，改用暗票出投，并对投票格式作出明确规定。新公告规定：

> 澳门番摊生意，兹特招人暗投承充，……但所投之票，须用信套加火漆封固，并盖该原人印章，其信面要写明递至公物会收，并书明投票之人姓名。……该票格式开列于后：某某求澳门、地扪公物会准给某某承充番摊生意，以一年为期，自西纪一千八百八十四年九月十一日起，某某愿出规银若干，为该一年之价，并现时在公物会公所所有颁看之番摊章程款式，某某应承一概遵守。澳门一千八百八十四年某月某日画押。[3]

显然，这是恢复并发展了 1876 年 5 月《竞投总则》第二条和 1877 年 7 月 28 日澳门番摊招投公告的规定。

第二，恢复了暗投与明投相结合的规定。1877 年 7 月 21 日发布的澳门番摊专营招投公告已有规定：“当众开启所有标书，以最高价为底价竞投，承充权将被给予出价最高的竞标人。”然而，这个规则未及实行，番摊赌博就废除竞投专营而改行多人领牌经营。本次公告部分地恢复这一规定：“若有两三票同价，并其价合公物会意者，即准该同票人另行明投，以价高者得。”

---

① *Boletim Official*, Vol. XXIX, N.º 31, 04-08-1883, p. 280. 参见文献辑录之 36。

② A. H. M. / Finanças / N.º 423, fls. 26-30. Mic. A0586. 参见文献辑录之 37。

③ *Boletim Official*, Vol. XXX, N.º 23, 07-06-1884, p. 206. 参见文献辑录之 39。

第三，首次引入罚没压票银的规定。公告中规定："如经公物会准其承充，要该承充人即刻交出银二万元，连压票银一万元，共成三万元，系依合同第二款内所定担保银三万元为准。如不遵守本款，即将所准承充销废，并将压票银一万元充公。"即是说，竞投中出价至高者经准承充，就必须进行下个程序，即办妥合同担保事宜，签订实立合约，否则将被取消承充资格，将压票银罚没。此项规定目的是进一步强调竞投的严肃性，防止有人"投而不充"，从而保证竞投过程的顺利衔接。

第四，合同担保办法的变通。公告中要求获准承充之人连同压票银交足三万元作为担保银，并要求交出现银存贮公物会银库。同时也规定了灵活措施："至于担保银三万元之项，准其交出屋业作按为替换担保，惟其屋业要坐落本澳，并无典押及经买有火烛保险者方可。"也就是说，承充人应先交足三万元担保银，待承充开始后，可用坐落于澳门、无典押并买过火烛保险的屋业交出作按，以换回现银。这样可在一定程度上缓解承充人的资金周转问题，从而保证承充合同的完整履行。

根据暂立合约和寔立合约，此次投标由华人黎才投得，成交价格为172 100元（cento setenta e duas mile cem patacas）①，比上个年度的收入增加了三万余元。这个结果显示，暗票竞投似乎有利于抬高竞拍的成交价格。

1885年8月8日，公物会按照与上年同样的章程进行了1885—1886年度澳门番摊馆专营权的招投②，结果由卢九和黎才两人合伙以独票投得，应纳规银130 000元（cento e trinta mil patacas）。值得注意的是，在最后签订的正式合同中，澳葡当局对原章程第二款中有关担保银的规定做了修改，增加了因承充人欠缴规银导致废约而罚没担保银的规定：

> 该规银应每十五日上期交纳。如该十五日内之首十日不能交出现银，任从公物会将合同销废，并承充人所交出之担保合同银三万元充公，归公物会收。③

---

① A. H. M. / Finanças / N. º 433, fls. 3 – 4. Mic. A0589; A. H. M. / Finanças / N. º 423, fls. 66 – 68v. Mic. A0586. 参见文献辑录之40。

② *Boletim Official*, Vol. XXXI, Supplemento ao N. º 31, 31 – 07 – 1885, p. 336.

③ A. H. M. / Finanças / N. º 423, fl. 88v. Mic. A0586. 参见文献辑录之42。

此前的章程只规定，投而不充者罚没压票银，因承充人之过而注销合同的，承充人只需以担保银补足再投差价；而这份合同则规定“十五日内之首十日不能交出现银”，就要注销合同，并将“承充人所交出之担保合同银三万元充公”。显然，这样的规定进一步加大了对承充人的约束力。

1886 年 7 月 29 日，公物会按照同样的招投章程进行了下一年度澳门番摊专营出投[①]，结果由卢九、林四（仕）二人以合股投得，年规银 125 000 元（cento vinte e cinco mil patacas）[②]。8 月 7 日，两人请求增加何连旺为第三承充人，获公物会批准并签订正式合同，其条款与上年完全相同[③]。

可能是考虑到连续两年成交价格不见回升、反而下降的缘故，澳门当局公物会在进行 1887—1888 年度澳门番摊招投时，虽然遵行了去年的章程，却将投票方式加以调整，改而采用明喊出投（por licitação verbal）的方式[④]。7 月 2 日举行招投，结果由卢九、林士（仕）、何连旺三人投得，年规银 134 100 元（cento trinta e quatro mil e cem patacas）。7 月 16 日经核准签订正式合同，其条款与上年完全相同[⑤]。

1888 年 8 月 11 日，公物会按照旧章程进行了新一年度澳门番摊馆专营出投，结果由卢九、林士（仕）、何连旺三人投得，年规银 125 000 元（cento vinte e cinco mil patacas）。8 月 17 日经核准签订正式合同，其条款与上年完全相同[⑥]。

## 本章小结

本章论及的九个财政年度，是澳门番摊赌博专营制度的恢复重建

---

① *Boletim Official*, Vol. XXXII, N.º 26, 01－07－1886, p. 236.

② A. H. M. / Finanças / N.º 433, fl. 96v－97v. Mic. A0589.

③ A. H. M. / Finanças / N.º 423, fls. 130v－133. Mic. A0586. 参见文献辑录之 45。

④ *Boletim Official*, Vol. XXXIII, N.º 22, 02－06－1887, p. 200. 参见文献辑录之 46。

⑤ A. H. M. / Finanças / N.º 433, fls. 137－138. Mic. A0589; A. H. M. / Finanças / N.º 423, fls. 161v－164. Mic. A0586. 参见文献辑录之 47。

⑥ A. H. M. / Finanças / N.º 423, fls. 200－203.

时期①。

第一，全面恢复了1877年前提出的或者实行过的竞投承充规则，并增加了新的规则，例如，竞投须交压票银，投而不充则没收压票银；因承充人之故而导致合约被废则罚没担保银；先签订暂立合约，经督宪核准后再立正式合约等，从而使得番摊赌博专营制度进一步完善。

第二，就竞投方式而言，仍有一定的灵活性，采用明喊与暗票交替使用的竞投方法：前四个年度采用明喊，中间三个年度改行暗票竞投，后两个年度又改回明投。改换竞拍方式，应该是当局出于增加成交价格的考虑。但从实际效果来看，似乎不能得出何者更有利于当局增加收入的结论。

第三，投充主体显示了多人合伙的趋势。九个年度中有五个年度由2~3人合股投充，而且自1885年开始四个年度连续由三人合股投充。参照成交价格较低的事实，这似乎显示了这个时期番摊赌博所处的不利经济环境。

第四，成交价格普遍较低。从竞投结果来看，除了1884—1885年度外，其余年度的成交价格普遍不高，且呈下降趋势。甚至还有两个年度（1885—1887）是独票成交，分别仅有13万元和125 000元。这种局面显然受到了澳门经济形势和粤省开办闱姓赌博的影响。

不过，从各个投充年度衔接顺畅的情况来看，虽然成交价格较低，但竞投及承充都能如约完成，似乎未出现因故废约重投等情况，从而保证了番摊赌博承充的恢复重建。

---

① 参见附录之3。

第五章

# 番摊赌博专营的稳步发展

经过几年的恢复重建，澳门番摊赌博专营自80年代末进入一个新的发展时期。此时，葡国政府加强了对海外省财政收支的控制，对澳门的专营承充制度施加了更多的影响。在此背景之下，番摊专营的规则有了进一步的变化，承充的期限拉长，成交价格上升，承充秩序井然。这一切都表明，清末二十年是澳门番摊赌博专营的稳定发展时期（见图6）。

## 一、卢九承充十二年期澳门番摊生意

按照惯例，在现行合同期满之前，公物会发布招投公告，进行下个年度的招标，结果由卢九投得承充权，并于1889年8月17日订立正式合同。

从《卢九承充六年期澳门番摊生意合同（1889—1895）》的内容来看（参见图24），除了在规银支付及其罚则以及经营规则方面延续前面的合同外，还有下列五点值得注意的变化①。

第一，在出席签约场面的人物中出现了新的官职“督查国课官”。合同开头部分写道：

> 西纪一千八百八十九年八月十七日，即华光绪十五年七月廿一日，在督宪衙门，我正书吏、署副督查国课官（sub-chefe da Repartição da Fazenda Provincial）罗嗟在前，有澳门督宪提督施为发给合同人，有华人卢九为领给合同人，并有署督查国课官亚宋生（o Senhor Inspector Provisorio da Fazenda Publica João Correia Paes d'Assumpção）、国家律师吧波沙·惠晏拿，及正翻译官伯多绿，并证人两名，一为罗沙，一为贾华路……

1888年12月20日，葡国政府作出决定（见图7），将各个海外省的“junta de fazenda publica”改为“Repartição da Fazenda Provincial”，澳门方面汉译为“督理国课衙门”②。于是，在新签订的合同中，原来的“公物会管数官罗嗟”变成了“署副督查国课官罗嗟”，“公物会书记亚宋生”变

① A. H. M. / Finanças / N.º 423, fls. 211v-214. Mic. A0586. 参见文献辑录之49。

② 参见本书第七章。

成了“署督查国课官亚宋生”。

PANGTANS

LUÍS QUENTAL

# O *FANTAN* EM MACAU NO SÉCULO XIX

*Notas sobre a concessão do exclusivo do Jogo, na década de 50 do século passado, e como esta medida inovadora se revelou, desde logo, um sucesso financeiro para o Território*

COM o estabelecimento dos ingleses em Hong Kong em 1841, a colónia de Macau viu-se confrontada com uma situação completamente nova. Os desafios que tal implicava fizeram-se sentir de imediato, quando Hong Kong, com o intuito de atrair mercadores para o seu território e alicerçar as bases do seu desenvolvimento futuro, se lançou numa política de livre comércio, apoiada nos privilégios e isenções comerciais conseguidos com o tratado de Nanquim.

Até então, Macau tinha desempenhado um papel significativo no comércio marítimo com a China, abrigando no seu território uma comunidade importante de mercadores europeus.

Pressentindo a ameaça, o governo português optou por estender a Macau o estatuto de porto franco, em 1845, medida algo controversa, que teve como consequência privar a cidade daquela que tinha sido a sua principal fonte de rendimento: os impostos alfandegários. A grave crise financeira que se seguiu obrigou as autoridades a procurar fontes alternativas de rendimento.

De salientar que os rendimentos da alfândega antes da abolição dos direitos aduaneiros chegaram

AGOSTO *92*

图6　澳门的番摊赌馆（约 1890 年）

（Macau，Ⅱ Série，N.° 4，1992）

Art. 15.° São extinctas as juntas de fazenda do ultramar e as suas contadorias, thesourarias, adjuntos e delegações.

Art. 16.° É creada em cada uma das provincias ultramarinas, subordinada directamente ao ministerio da marinha e ultramar e sob a immediata superintendencia do governador, uma repartição de fazenda, que se denominará " Repartição de fazenda provincial " e de que será dirigida por um inspector de fazenda do ultramar.

Ao chefe de repartição de fazenda compete:

1.° A administração superior da fazenda publica e fiscalisação geral e inspecção dos serviços respectivos quer das contribuições e impostos directos e indirectos, quer de todos os demais impostos e rendimentos publicos, incluindo o das alfandegas;

2.° A fiscalisação especial relativa ao pagamento das despezas publicas de qualquer ordem e natureza, nos termos d'este decreto e do respectivo regulamento.

Art. 17.° Compete tambem á repartição de fazenda provincial a centralisação da contabilidade da receita e despeza publicas provinciaes, o ajustamento de contas dos diversos cofres e dos respectivos responsaveis, a organisação do orçamento da receita e despeza provincial, o processo de expedição dos avisos de credito dentro dos limites das ordens de pagamento, e a remessa mensal para a setima repartição e para a séde da direcção geral da contabilidade publica das tabellas, contas, documentos e esclarecimentos necessarios para o desempenho do disposto no artigo 4.° d'este decreto.

Art. 18.° As ordens de pagamento a que se refere o artigo 5.° são sempre remettidas ao governador geral para este as fazer entregar ao inspector de fazenda da provincia que, depois de as mandar registar e de lhes pôr o seu visto, as entrega ao thesoureiro geral da mesma provincia.

§ 1.° Igualmente os avisos de pagamento de despezas publicas, fóra da séde do districto, bem como as respectivas requisições feitas pelo governador geral, dentro dos limites das despezas ordenadas, terão sempre o visto do inspector de fazenda.

图7 1888 年 12 月 20 日王室敕令（局部）

（《澳门宪报》1889 年 3 月 12 日）

第二，承充批准程序上的变化。合同开头部分接着指出：

> 兹督宪施（理华）称说："现奉到大西洋管理水师及外洋属地部尚书西纪七月十九日电报饬令（Por ordem superior, exarada na telegramma de dezenove de julho ultimo, de Sua Ex. a Ministro da Marinha e Ultramar）等因。本大臣议将澳门番摊生意准卢九承充，其规银每年十四万五千元，所有卢九应承遵守各款列后，等语。"

前章已经述及，番摊赌博恢复专营承充之后，程序上有了变化，即成交之后中标人与公物会先草签临时合同，待上报督宪核准后再签订正式合同，投充方算作实。1889年葡国政府作出规定，将承充的最后决定权收归里斯本①，由海事海外部大臣（澳门方面汉译为"大西洋管理水师及外洋属地部尚书"）核准，电令澳门总督，然后再签订正式承充合同②。本合同就是澳门总督"奉到大西洋管理水师及外洋属地部尚书西纪七月十九日电报饬令"而下令签订的。

第三，合约的承充期限大幅度延长。合同第一条规定：

> 承充澳门番摊生意以六年为期，系自西纪一千八百八十九年九月十一日，即华光绪十五年八月十七日起，至一千八百九十五年十一［九］月初十日止。

承充期限自始就是专营制度的必要因素。各项专营承充合同期限的长短多有不同，就澳门番摊赌博而言，早期曾有过三年期，但后来一直都是一年期。这次卢九承充澳门番摊一下子延长为六年，对后来产生了重要影响。随后，1894年出投成交的萧登承充氹仔番摊期限由两年延长为五年（1894—1899）③，1895年出投成交的路环番摊承充期限也由三年延长为五年（1895—1900）④。承充合约期限的加长，显示了番摊赌博专营稳定发展

---

① Luis Quental, "O Fantan em Macau no Século XIX", in *Macau*, II Série, N.º 4, Agosto 1992.

②③ A. H. M. / Finanças / N.º 425, fls. 16-19v. Mic. A0587.

④ A. H. M. / Finanças / N.º 425, fls. 29v-33. Mic. A0587.

的势头（见图8）。

64

中式茶樓及賭館(福隆新街? 約一八九零年)

Casa de chá chinesa e casino (Rua da Felicidade? por volta de 1890)

*The Chinese old tea-house and casino (Rua da Felicidade? approx. 1890)*

**图8 澳门中式茶楼及赌馆（约1890年）**

（《澳门老照片》）

第四，加大了对承充人违约的惩罚力度。此前已有迟纳规银处以罚款、废约重投罚没担保银的规定。卢九的承充合同则增加了新的处罚条款。合同第十条规定：

> 如该承充人有不遵守本合同章程，定罚令该承充人即刻要交出银三万元入国课银库充公（para a Fazenda Nacional）。其银三万元或由承充人缴出，或由担保人缴出。

也就是说，承充人除了因十五日内之前十日无银缴纳要被罚没担保银之外，违反合同内的其他经营规则，也同样要被处以此罚。那么，承充人失去担保银的几率就比以前大了许多，意味着承充人所受约束的力度进一步加大。

第五，对承充规银加抽2%的赌饷。合同第十一条规定：

> 该承充规银每百元加抽银弍元，即每年抽弍千九百元。其银该承充人或担保人应承，每年分十弍次，即每月赴国课银库交纳，拨交议事公局。

这是承充合同内首次规定政府向承充规银加抽税饷，意味着博彩专营制度发生了重要变化①。

卢九的承充合同得到顺利履行。在承充期满之前，他提出愿意继续承充。1894年5月18日，卢九与公物会订立展期合同，将承充期限延长六年，即由1895年9月1日至1901年9月10日，承充规银亦由原来的145 000元增加到150 000元。合同内容记录了此次澳门番摊展期六年的批准程序：

> 今督理国课官巴宣称："前经准西本年本月十七日辅政使司罗所来之第三百九十二号密札内开：澳门辅政使司罗为饬知事。照得现奉督宪谕：缘西纪本年三月廿九日，准外务部尚书第四十一号来文内

---

① 参见本书第六章。

开：前据督理澳门国课详报，是以准将该番摊合同展限等因。奉此，合行照知国课官，将澳门番摊合同期限展以六年，其规银每年一十五万元（prorogar por mais seis annos e pelo preço de cento e cincoenta mil patacas），为此饬行等情。奉此，今特按照该来文事例，将西纪一千八百八十九年八月十七日第六号承充合同簿内第二百十一页至二百十四页所载之澳门番摊生意合同展限六年，其期系由西纪一千八百九十五年九月初一日起计，但该规银系一十五万元，并非前合同所载之十四万五千元也。"①

合同内容显示，此次展期经过了这样的报批手续：先由澳门督理国课官向里斯本禀请，朝廷批准后，由海事海外部部长向澳门总督下达批准电文。澳督下谕辅政司署，再由辅政使司下文照知国课官，最后由国课官宣读来文决定，主持订立正式的展期合同。可见，这个时期，葡国朝廷对澳门番摊承充极为重视，管理也更加规范。

## 二、1891 年王室敕令的实施

葡国政府对澳门博彩专营承充的广泛干预，是这个时期澳门番摊赌博专营发展中的显著特色。继 1889 年将批准暂立合同的权力（即最终发包权）收归里斯本②之后，葡国政府又制定了新的管理措施。1891 年 12 月 11 日，葡萄牙王室透过海事海外部颁布了在澳门省增设专营竞拍公会的第 114 号王室敕令（N.º 114 portaria regia）（见图 9）：

为规范澳门地扪省税收专营承充程序，国王陛下决定：上述承充应该在一个委员会（uma commissão）的监督之下进行，并在竞投结束后接续签订正式合同（contrato definitivo 旧译"寔立合同"）；该委员会由该省总督（任主席）、王室代表（delegado do procurador da corôa e fazenda，澳葡当局汉译为"律政司"）、财政监督（inspector de fazen-

① A. H. M. Finanças, N.º 434, fls. 71v－75v. Mic. A0589. 参见文献辑录之 52。

② Luis Quental, "O Fantan em Macau no Século XIX", *in Macau*, Ⅱ Série, N.º 4, Agosto 1992.

da，澳葡当局汉译为“督理国课官”）组成。此令由海事海外部秘书照知该省总督，遵照执行。①

> ções de rendimentos provinciaes, em uso n'aquella provincia, Ha por bem Sua Magestade El-Rei determinar que as mencionadas arrematações sejam feitas perante uma commissão composta do Governador, que servirá de presidente, do delegado do procurador da corôa e fazenda e do inspector de fazenda, lavrando-se em seguida ao encerramento da praça o contrato definitivo. O que pela Secretaria d'Estado dos Negocios da Marinha e Ultramar se communica ao referido Governador da provincia de Macau e Timor para os devidos effeitos.
>
> Paço, em 11 de dezembro de 1891.—
> *Julio M. de Vilhena.*

图9　1891年王室敕令（局部）

（《澳门宪报》1892年1月28日）

澳葡当局接到王室敕令后，马上加以实施，将敕令的规定写进各类专营承充招投公告中。

1892年3月4日及3月21日发布的《过路湾番摊生意招投公告》中规定：

> 当一千八百九十一年十二月十一日上谕所定之公会面前，招人承充过路湾番摊生意。②

1892年3月15日发布的《澳门氹仔过路湾白鸽票生意出投公告》载明：

> 当一千八百九十一年十二月十一日第一百一十四号上谕所定之公

---

① *Boletim Official*, Vol. XXXVIII, N.º 4, 28-01-1892, pp. 33-34. 参见文献辑录之50。

② *Boletim Official*, Vol. XXXVIII, N.º 10, 10-03-1892, pp. 71-72; N.º 12, 24-03-1892, p. 85.

会面前，招人承充澳门氹仔过路湾白鸽票生意。①

1892年4月20日发布的《氹仔过路湾猪肉生意并氹仔番摊生意招投公告》中规定：

当一千八百九十一年十二月十一日第一百一十四号上谕所定之公会面前，将氹仔过路湾猪肉生意并氹仔番摊生意招人暗票承充。②

1892年11月23日发布的《澳门氹仔过路湾闱姓生意出投公告》规定：

当西纪一千八百九十一年十二月十一日第一百十四号之上谕所定之公会面前，招人暗票出投承充澳门氹仔过路湾闱姓生意。③

随着王室敕令的实施，澳门省的各项专营竞拍过程被置于一个依据王室敕令所组建的委员会的监督之下。从竞投过程到最后签订正式合约，皆有该委员会在场。1892年4月8日签立的《沈进、何汝华承充过路湾番摊生意合同》写道：

……在督理国课衙门，当我副督理国课官，并奉一千八百九十一年十二月十一日第（一百）十四号上谕所定之公会，即本澳督宪布（o Governador d'esta provincia, Custódio Miguel de Borja）、律师麻（Delegado do Procurador da Corôa e da Fazenda, Albano Pereira Pinto de Magalhães）、正督理国课官巴（Inspector de Fazenda, Arthur Tamagnini Barbosa），及华人沈进即沈泽英暨何汝华，并正翻译官伯（Chefe da Repartição do Expediente Sinico, Pedro Nalasco da Silva），及证人架多疎（Leonel Cardoso）、罗喳（Francisco de Paula Mendes da Rocha）……④

---

① *Boletim Official*, Vol. XXXVIII, N.º 10, 10-03-1892, pp. 71-72; N.º 12, 24-03-1892, p. 85.

② *Boletim Official*, Vol. XXXVIII, N.º 16, 21-04-1892, pp. 116-117.

③ *Boletim Official*, Vol. XXXVIII, N.º 47, 24-11-1892, p. 437.

④ A. H. M. / Finanças / N.º 424, fls. 123v, 126. Mic. A0586. 参见文献辑录之53。

又如1892年9月1日订立的《陈槐堂承充氹仔番摊生意合同》载：

> ……在澳门督理国课衙门，当我副督理国课官柯利威剌，并正督理国课官巴波沙，有华人陈槐堂，及正翻译官伯多禄，暨下签名之证人……兹有奉一千八百九十一年十二月十一日第（一百）十四号上谕所定公会内之员正督理国课官巴波沙称说：今日齐集该公会，定准承充氹仔番摊生意。①

此外，同年4月11日签订的《何广承充澳门氹仔过路湾白鸽票生意合同》②、12月22日签订的《非难地、巴路士承充澳门氹仔过路湾闱姓生意合同》③，也都有类似或相同的规定。可见，王室敕令在各项专营出投项目上得到了全面推行。这样，从宣布标书、明投喊价，到最后成交立约，专营承充竞拍的整个过程都在一个专门委员会的监督之下进行，操作规范、透明，杜绝任何个人意志操控或者猫腻，从而保证了竞拍结果的公正性。

## 三、专营权出投章程的新规则

卢九承充澳门番摊赌博的展期合同得到顺利履行。按照惯例，在现行承充期届满之前，澳葡当局于1901年3月9日发布新的招投公告和出投章程（参见图26），决定于3月27日举行新一届澳门番摊赌博竞拍。④ 公告和章程除延续已有规则外，做了如下调整：

第一，承充期限的调整。自实行专营承充制度以来，各项承充期不仅长短不一，其上下限也各异。1892年3月过路湾番摊出投将承充期截止日定为6月30日，至1894年起始日改为7月1日；1892年3月澳门氹仔过路湾白鸽票投充将截止日定为6月30日，1898年又将起始日定为7月1日；同年5月氹仔过路湾猪肉及氹仔番摊招投将起止日分别定为7月1日、

① A. H. M. / Finanças /N.º 424, fls. 159, 161v – 162. Mic. A0587. 参见文献辑录之54。

② A. H. M. / Finanças /N.º 424, fls. 128, 133. Mic. A0586.

③ A. H. M. / Finanças /N.º 424, fls. XXX. Mic. A0587; *Boletim Official*, Vol. XL, N.º 50, 15 – 12 – 1894, p. 598.

④ *Boletim Official*, Vol. I, N.º 10, 09 – 03 – 1901, p. 56. 参见文献辑录之56。

6月30日。照此做法，此次澳门番摊投充亦改变了整年承充的方式，将承充期的下限调整为6月30日，承充期限变为5年9个月20天。这样，除开闱姓赌博，澳门地区各项专营承充的年度皆与财政年度保持完全一致，有利于核算和管理。

第二，竞投底价的规定。澳门番摊赌博自实行竞投以来，一直未见设定竞投底价。1892年氹仔、路环两岛番摊专营的招投开始有竞投底价的规定。此次出投章程规定“暗票所出之规银不能少于二十四万元”，否则即被罚没压票银。可见，压票银损失的几率增大了，竞标人所受的约束力度也加大了。

第三，投标方式的改变。此次出投不仅规定了竞投底价，而且采用了以前曾一度实行过的暗票与明喊相结合的竞投方式，“即以暗票所出至高之价为底，再行当众明投”，并且要求“明投时所加之价，每次不能少于五百元”，否则投票无效。

第四，担保银（即按柜银）的新规定。竞拍成交后中标人须交合同担保银，早已成为专营承充必不可少的规则。但担保金的金额一直没有规定标准。1892年《何广承充澳门氹仔过路湾白鸽票生意合同》内有“以所投之价银交出三份一之银作为担保”的规定①。在1894年氹仔番摊出投公告和1895年过路湾番摊出投公告中，则有“交足一年投价银三份之一以为担保此合同”的规定②。此次澳门番摊竞投章程第八条亦规定“以一年承充规银三份之一作为担保合同”。

此次出投结果，居住在香港的华人刘展廷中标。按照规定，1901年3月27日订立暂订合同，3月28日获海事海外部电令准将暂合同作实，4月28日，当竞投委员会面签订正式合同，每年应纳规银为387 500元③。

经批准作实的合同内容有两点值得注意。其一，关于担保银，合同内载：“今为担保必须遵守本合同章程，经将现银一十二万九千一百六十六元交存银库，作为按柜银，特将银库收条呈请副国课官查验。”这个数正好是成交规银387 500元的三分之一。可见，以成交价格的三分之一来确

---

① A. H. M. / Finanças /N. º 424, fls. 129, 132v. Mic. A0586.

② *Boletim Official*, Vol. XL, N. º 16, 21-04-1894, p. 165; XLI, N. º 15, 13-04-1895, p. 123.

③ A. H. M. / Finanças / N. º 435, fls. 80-81. Mic. A0590; A. H. M. / Finanças / N. º 426, fls. 78-84. Mic. A0587. 参见文献辑录之57。

定按柜银的数额，已经成为合同正式条款。此后，以成交价三分之一交纳担保银之法经过王室敕令批准而成为定制。

其二，取消了准开番摊馆间数的规限。自实行番摊专营承充以来，澳门半岛的番摊承充一直有摊馆间数的限制，先后规定有 20 间、26 间和 16 间等；两个离岛的番摊承充则一直没有限定开办摊馆的间数。此次澳门番摊承充合同对此作出规定："任由承充人自关闸至妈阁无论何处均可开设摊馆，不限间数。但须将开设摊馆之处先行禀准督宪方可。"这是澳门番摊专营承充制度的重大变化。

## 四、1901 年海外省国课管理总章程

世纪之交，葡国政府进一步采取措施，全面加强对海外省的财政监控和管理。1901 年 10 月 3 日，葡萄牙王室透过海事海外部发布了新制定的《海外省国课管理总章程》（Regulamento geral da administração da fazenda, da sua fiscalização superior e da contabilidade publica nas provincias ultramarinas）①。章程分三大部分，由 14 章 294 条和 6 份表格组成。章程对葡属海外省的财政收入和管理作出全面的规范。其中第六章（即第 156、157 条）专论《竞投承充国课》（Arrematação de rendimentos publicos a adjudicar em hasta publica），对所有海外省以竞投专营方式承充国课的运作作出统一规定②。值得注意的是，这些条款有些是对澳门现行常规做法的肯定，有些是对澳门灵活做法的裁定，有些则是新的规范（参见图 27）。现分述于下：

该章程第 156 条规定：

> 国课专营投充须在该省督理国课衙门（repartição superior de fazenda）并当以省总督为主席的委员会面前进行；该委员会，在都会省即中级法院（relações judiciaes）所在地由国家律师（o procurador da

---

① *Boletim Official*, Vol. I, N.° 50, 1901, pp. 319 - 321; N.° 51, 1901, pp. 328 - 331; N.° 52, 1901, pp. 337 - 339; Vol. II, N.° 1, 1902, pp. 1 - 4; N.° 2, 1902, pp. 12 - 15; N.° 3, 1902, pp. 19 - 22; N.° 4, 1902, pp. 30 - 33; N.° 5, 1902, pp. 41 - 44; N.° 6, 1902, pp. 49 - 52; N.° 7, 1902, pp. 57 - 59; N.° 8, 1902, pp. 63 - 66.

② *Boletim Official*, Vol. II, N.° 4, 25 - 01 - 1902, pp. 32 - 33. 参见文献辑录之 58。

Corôa）和省国课官（o inspector de fazenda）组成，在其他省由省正国课官（o inspector de fazenda）和律政司（delegado do procurador da Corça）组成，由该省督理国课衙门官员任秘书，但没有表决权。

第一，这里规定了各省国课衙门为国课投充的组织机构，竞拍委员会为监督机构，并对该委员会的组成加以规定。显然，这是对 1891 年第 114 号王室敕令的确认与推广。

第 157 条由 14 款组成，全面地规定了海外省国课竞拍投充的规则。首先是竞拍的准备工作，即发布招投公告。该条 A 款规定：

由国课衙门并经总督事先批准，在《澳门宪报》或任何海外殖民地的报纸上发布招投公告，并将公告张贴于该省常贴告示之处；当第 156 条所定公会面进行竞拍，公告须指明投标将要进行的日期、时间和地点，标书的担保要求（即压票银），承充的条件与条款，合同的担保银与期限，标书的书写格式，开投之后提交标书的时限（不少于五分钟），并且声明：如果标书没有按照既定规则书写，或者竞投人在准予承充后拒绝完成担保签约程序，则其压票银归国课所有。

显然，这条规定全面肯定了澳门博彩专营竞投的常规做法，将它们加以推广，作为通行海外省的定规。

第二，关于竞投举行的时间、投票方式和底价。该条 B 款规定：

竞投应该在现行合同期满前 6 个月至一年间进行，按照每次估算的价格投价，竞投须以暗票方式进行，并以现行合同的价格作为首次竞投的底价。

澳门博彩专营竞投均在现行合同期满前举行，但并无具体的、一致的规定。该章程则统一规定为现行合同期满前 6 个月到一年内举行；以竞投方式而言，“明喊”、“暗票”两种方式曾交替使用，甚至合并使用，而新的章程则统一规定须以暗票方式竞投；此前已有竞投底价，或是以暗票投出底价，或是规定底价，此新章程统一规定以现行合同的承充价格为竞投底价。

第三，关于标书的书写与投递。以前的做法主要有两种，一是在开投之前议定的期限内投票；二是在竞投当场于限定的时间内递交。本章程 C 款则统一规定须在竞投当场递交标书，并要求“严格按照公告中既定的规格书写”。后来澳葡当局将这一规定具体化为“标书不按照公告中规定的书写格式书写者，将被罚没压票银”。

第四，关于压票银的规定。竞投者须先交压票银存入国课银库方可投价，早已是博彩专营竞拍中的成规，但对于压票银的数额并无具体规定。该章程 C 款规定“其数额不得低于承充底价的十分之一”，也就是上届承充价格的 10%。

第五，关于标书的拆阅与公示。章程 D 款规定：“开投后规定提交标书的时限一到，即不再接受任何标书；然后，由该委员会主席开启所收到的所有标书，由秘书高声宣读标书内容，并向所有竞标人展示。”

第六，贮存担保银与缮立合约。章程 D 款重申了“承充权将给予出价最高者”的原则，肯定了澳门博彩竞投的做法：该承充人须立刻完成存贮合同担保银的程序。其数额不得低于成交价格的三分之一；接下来将由委员会秘书缮写承充合同，由委员会成员、承充人和两名证人签名；合同条款应于竞标开投期间在国课衙门公示，并在开投当场宣读。值得注意的是，“以成交价三分之一交纳担保银”被确立为定制。

第七，关于明喊方式的使用。该章程确定了两种使用明喊方式的场合。D 款重申了“如果出现两个或者两个以上标书所出至高价相同（iguaes no preço superior），则由同价者再行明投”的原则；K 款规定“若在首次开投时无人投标，即发布公告于 30 天后再行出投，不限价格并以明喊方式竞投；如所出至高价合意即准其承充”。

第八，章程 K 款确立了澳门公物会的保留权力：“出投公告中须载明，如所出至高之价不合意，则该委员会有权不准承充。”

第九，关于合同担保银的缴存方法。该条 F 款规定：

> 投标当场提交的承充担保金可存入该委员会认为值得信任的任何一家银行，全由承充人承担责任并收取银行付给的利息；如果该银行无清偿能力或者宣布破产，承充人或其担保人必须在接到通知后 24 小

> 时内将相同金额的钱款存入国课银库（cofre geral da provincia）；该委员会有权从国课安全考虑决定将存款转入国课银库，而承充人或为其代存担保银的保人不得以利息损失或其他理由对此提出任何反对意见。

此款在肯定澳门现有做法的同时，有较多补充和增加，以保证国课免受损失。

第十，关于承充开始后可用物业替换部分现金担保银的程序。G 款规定：

> ①该物业必须事先依照合法程序进行价值评估，但不能按照注册的最高价格接受，而应该是担保银总额的三分之一。②该物业必须可自由支配，无任何负担，且买过火烛保险。③有关人提交了前面要求的证明文件后，第 156 条所指的委员会将评估这些文件的有效性与合法性，若认为能保证国课利益，即以公文批准申请人的请求。若对该委员会的决定有异议而向外洋属地部大臣上诉，则须将诉讼请求交给总督，连同所有卷宗和该委员会的信息一并寄往该部大臣（Ministro da Marinha e Ultramar）。④接下来将在国家律师（Ministerio Publico）在场的情况下缮写相应的抵押契约（escriptura da hypotheca），国课官将代表国课衙门在上面签字，该契约在契卷注记公所（conservatoria）完成登记后即交给国课官，并由国课官交给有关人，担保银替换即告完成。⑤如果该物业没有包含在注册中，则由国课衙门对其价进行评估，并且仅接受对其裁定的价格。⑥如果物业保险未在合适期限内更新，国课衙门将代表承充人办理续期。

第十一，关于承充期限的规定。如前所述，自实行博彩专营竞投以来，各项承充期限一直长短不一。该条 H 款则明确规定："承充合同的有效期不得超过 5 年，外洋属地部大臣事先批准者除外。"

第十二，关于合同的批准、延期与条款的修改。J 款规定：批准或在特殊情况下延长合同并批准对既定规则加以修改的权力专属于外洋属地部大臣。

第十三，废除保人作保的做法。澳门博彩专营一直以来的做法是，现银交存、物业抵押和殷实人担保兼而用之。该条I款则明确规定“国课承充合同不接受保人担保”，从而废除了保人作保的做法。

第十四，关于出投不能成交的补救措施。L款规定：如果出投没有成交，总督应适时采取必要措施以保证国课收入。M款规定：在第二次出投并且没有成交之后，向总督提交的任何承充专营的请求，只要价格被认为合宜都将予以接受；按照新一次明投规则，准予出价至高者承充，在同样条件下该申请人优先获得承充权。

第十五，为了加强对承充竞投过程的监管，该条N款规定：承充的案卷连同相关合同的复件都将被寄往国课检查总局（Inspecção Geral de Fazenda）。

第十六，针对澳门的特殊情况，该条N款附款制定了一些特殊规定：

> 在澳门，本条第4款（即D款）所指的标书可用汉字书写，因此，督理汉文译务局（repartição do expediente sinico）正翻译官须亲临出投现场，在其因故不能到场时则由其副手到场，以便在使用汉语进行的竞投当场宣读所提交的所有标书，并将它们翻译为葡萄牙语。
>
> 汉语翻译官负责竞投过程中的翻译工作，以使华人中标者对其所承担的责任有准确的了解，为此目的，出投公告与合同条款亦应翻译为汉语。
>
> 如该承充人提出要求，该合同也可用汉语书写，为此该承充人应支付相应的费用，此收入归汉文译务局收执。

从上述内容来看，新订章程主要涉及专营承充的竞投签约和担保环节，目的是更加严格地规范专营竞拍过程，加强对合同的担保，以便保证各省国课收入的稳定增长。而对于各项承充的具体经营规则，则给予各省较大的自主权，朝廷不做统一规定。

## 五、国课章程规范下的番摊专营

鉴于新章程颁布时，新一届澳门番摊赌博的承充刚刚开始，而迯仔和过路湾的番摊承充至1904年、1905年才到期，于是，新章程便率先在分别于1902和1903年到期的闱姓、白鸽票项目上得到落实。在分别于7月25日和10月15日发布的招投公告中，都规定了“当一千九百零一年十月初三日上谕第一百五十六款所定公会面前”出投，都采用暗票竞投方式，以上年价格为竞投底价，压票银分别是上届承充价的十分之一，合同担保银也分别是上年价格的三分之一，担保现银可用物业替换，宣读标书、订立草合同，待朝廷批准方为作实等。唯一不同的是，闱姓承充合同仍以三年为期。①

朝廷的新定章程在澳门地区番摊赌博专营中得到了更为全面的实施。1904年3月3日，澳葡当局发布氹仔番摊出投公告，其中明确规定：

> 按照一千九百零一年十月初三日所定之章程第一百五十七款附款A，……当第一百五十六款章程所定之公会面前，将氹仔番摊生意出投，招人暗票承充。其期系自西张一千九百零四年七月初一日起，至一千九百零九年六月三十日止。

同时比照上届承充规银之数确定出投底价为6 100元；压票银700元，则比6 100元规银数的十分之一略多，亦符合新订章程中“不低于十分之一”的规定。担保须用现银，不准用人担保；又据该章程第157条G款规定，担保现银在承充开始后可换产业作按②。

此次出投由胡达投得，于5月10日订立承充合同，承充期限为五年，每年应纳规银6 300元，并按照规银的三分之一交出2 100元作为担保合同银③。但1906年3月8日，澳门国课官宣布注销他的承充合同，并发布公告定于4月11日重新出投，承充期限调整为1906年5月1日至1911年6月30日，以胡达的承充规银6 300元为竞投底价，照该数的十分之一交出压票银630元，其余规定不变④。但因是日无人投票，国课官便决定，按照1901年章程第157条K款规定再行出投，采用明喊方式，而且不限底

---

① *Boletim Official*, Vol. II, N.º 30, 26-07-1902, p. 244; N.º 42, 18-10-1902, p. 357;

② *Boletim Official*, Vol. IV, N.º 10, 05-03-1904, pp. 92-93. 参见文献辑录之59。

③ *Boletim Official*, Vol. IV, N.º 28, 09-07-1904, p. 218; A. H. M. / Finanças / N.º 426, fls. 127v-132. Mic. A0587. 参见文献辑录之62。

④ *Boletim Official*, Vol. VI, N.º 10, 10-03-1906, pp. 129, 130-131. 参见文献辑录之63。

价，其余规定不变。[①] 结果，由杨一琴和洪照以 2 900 元的价格获得承充权。[②]

1901 年投成的澳门番摊承充期于 1907 年 6 月 30 日届满。依照新章程的规定，澳门国课官于 1906 年 12 月 20 日发布公告，定于 1907 年 1 月 21 日举行新一届澳门番摊竞投。招投公告及有关章程全面落实了新章程的规定。[③] 公告开头指出：

> 兹照西纪一千九百零一年十月初三日所定之章程内第一百五十七款之附款 A 所载事例，定于西一千九百零七年正月二十一日两点钟，在本署大堂，当该以上章程第一百五十六款所定之公会案前，将澳门番摊生意用封固之暗票出投，招人承充。其期系自西一千九百零七年七月初一日起，至一千九百一十二年六月三十日止。

按章程 H 款规定，此次承充期限被确定为五年。关于压票银，按照章程第 157 条 C 款规定，以上届承充价的十分之一即 38 750 元计交，并照 F 款规定，存于由“本澳西洋海外银行”（即现在所称的大西洋银行）所管之本国课银库，将收条（即存单）于开投时连同标书一同呈出。关于竞投底价，此次招投“准以银三十八万七千五百元为底，如出价至高之票有同票者，该同票者再行明投”，分别符合了章程中 B 款和 D 款的规定。关于合同担保，照 F 款规定须用现银，并照 I 款规定不得用人担保，但承充开办之后，可以据 G 款规定全额或部分用产业替换作按。

此次出投的结果，萧登与卢光裕合伙投成，以每年 450 000 元的成交价格获得为期五年的澳门番摊专营承充权（1907—1912）。在最后签订的正式合同中，第一条将承充期限按照新章程确定为五年，第十条因新章程规定不接受保人作保而删去了保人代交罚没担保银的内容。其余条款完全沿袭了 1901 年的合同。[④]

---

① *Boletim Official*, Vol. VI, N.º 15, 14-04-1906, p. 173. 参见文献辑录之 64。

② *Boletim Official*, Vol. VI, N.º 24, 16-06-1906, p. 268; Vol. XI, N.º 7, 18-02-1911, pp. 70, 73.

③ *Boletim Official*, Vol. VI, N.º 51, 22-12-1906, pp. 531-532. 参见文献辑录之 65。

④ *Boletim Official*, Vol. VII, N.º 11, 16-03-1907, pp. 71-72. 参见文献辑录之 66。

## 本章小结

得益于较为齐全的资料，我们对这个阶段澳门地区番摊赌博承充的发展有了较多的了解（参见附录之4）。

清末二十年间，澳门番摊赌博专营经历了一个稳定发展的时期。承充期限延长，承充价格大幅度攀升，而且各届投充衔接顺畅，既未出现出投不成，也未出现废约重投的情况。同期，葡国政府三次采取措施加强对博彩业的管理，特别是1901年《海外省国课管理总章程》的颁布，将番摊竞投承充纳入统一的规则之下。所以，正是在清末的二十年间，包括番摊赌博专营在内的博彩专营制度体系发展到了较为成熟的阶段。

# 第六章

# 番摊赌博专营的若干问题

## 一、公物会的保留权力："选择性开标"

本来，出价最高者成为中标人，并因此而获得专营权，是公开竞投程序的基本原则。在早期的博彩专营出投公告中，都有"出价最高者得"的规定。然而，若干年之后，在有关的出投公告中，却为公物会规定了一项保留权力："出价至高，不合公物会宪意者，不准承充。"那么，这项保留权力的真实含义究竟是什么？公物会为什么要作出这样的规定？为了揭示这个问题，我们需要了解这项规定出台的背景。

### 1. 公物会保留权力的提出

如本书第三章所述，1877 年，在已经约定的竞投时间到来前夕，澳门总督施理华（Carlos Eugenio Corrêa da Silva）却突然于 8 月 11 日发布第 77 号总督训令，宣布取消澳门番摊竞投专营制度，改行领牌开办。在总督对这一改变所作的说明中，有两条内容颇有助于我们理解公物会保留权力提出的缘起，值得注意。

> 与本殖民地工商业活动发展的实际状况相反，最近一次番摊赌博承充竞投所出的价格，不过是那些独能施展自己的意志并利用垄断优势的大资本家施展计策的结果。那些势力雄厚的资本家极力施展计策迫使其他竞投者放弃，将他们排斥出去，从而获得了自己的专营权。
>
> 这一年番摊承充招投的最高价格，比上一年的投标成交价格减少了三分之一（即不足 10 万元——作者注）；如此严重的缩减如果被接受的话，将严重扰乱本殖民地的财政，也就意味着毫无保留地认可了专营承充人的意志。①

很显然，正是这次招投成交价的大幅度减少，造成政府收入锐减，导致澳葡当局取消了竞投承充番摊赌博的做法。

为了防止竞标人设法压低成交价格造成政府岁入减少的可能性，澳葡当

---

① 参见文献辑录之 19。

局取消了澳门番摊赌博专营制度而改行领牌开办的做法。公物会在8月12日发布的招领公告第四条中作出规定："出价高者优先领牌，如果所出之价合公物会之意的话。"（serão preferidos os proponentes, que mais offereçam; caso os preços convenham á fazenda.）不仅如此，还在其他继续实行竞投承充的专营项目的招投章程中增加了新的条款。于是，从1878年开始，各类专营招投公告中就有了这样的规定：

> A ex.ma junta de fazenda reserva-se o direito de não conceder a arrematação se não lhe convier o maior preço offerecido.
>
> Reservando-se a mesma ex.ma junta o direito de só conceder tal licença quando lhe convenha o maior lanço offerecido.①

前者可译为："若所出至高之价不合公物会之意，本公物会有权不予承充。"后者可译为："本公物会有权只将专营权批给所出至高之价合公物会之意的竞标人。"

1880年8月18日，澳门总督颁布第73号训令宣布恢复竞投承充澳门番摊赌博的做法并颁布《投十六间番摊馆章程》，公物会亦于同日发布招投公告。公告中指出："A ex.ma junta da fazenda reserva-se o direito de não conceder a arrematação se não lhe convier o maior preço offerecido."同版刊出的中译文为："至于出价至高者，倘公物会不合意，不准其承充亦得。"②应该说，这个译文并不贴切。这样的译文让人觉得，公物会除了竞标者所出的价格以外，似乎还对别的因素感兴趣，还要求竞标人满足别的要求才能得到承充权，以致在有关论著中出现了所谓"并非高价者得"的"选择

① "Annuncio para se abrirá praça para a arrematação da venda da carne de porco [em Macau] no dia 27 de fevereiro de proximo, 26 de Janeiro de 1878", in *Boletim Official*, Vol. XXIV, N.º 5, 02-02-1878, p. 20; "Annuncio para se irão separadamente a praça a licença da venda de opio na povoação da Taipa e a de jogo de fantan na mesma povoação no dia 13 do correntemez", in *Boletim Official*, Vol. XXIV, N.º 14, 06-04-1878, p. 56; "Annuncio para se irá á praça a arrematação da renda da carne de porco nas povoações da Taipa e Coloan no dia 10 do proximo mez de maio, 27 de abril de 1878", in *Boletim Official*, Vol. XXIV, N.º 17, 27-04-1878, p. 68; "Annuncio para se hade ir a praça á arrematação da licença exclusiva para o estabelecimento da loteria Vaeseng em Macau, Taipa e Colowan no dia 18 do corrente mez, 4 de maio de 1878", in *Boletim Official*, Vol. XXIV, N.º 18, 04-05-1878, p. 70.

② *Boletim Official*, Vol. XXVI, Supplemento ao N.º 33, 19-08-1880, p. 232. 参见文献辑录之29。

性开标”之说。

2. **公物会保留权力的真实含义**

这里有一个方法论的问题需要指出：我们在利用《澳门宪报》以及其他中译文本资料时，应尽可能核对原文，否则可能会导致理解上的偏差。①关于公物会的这项保留权力，《澳门宪报》所刊出的中译文前后并不一致。事实上，几年之后，《澳门宪报》所刊登的招投公告中，就有了比较贴切的译文，可以帮助我们排除或者纠正理解上的偏差。请看下面几例：

澳门番摊生意一年期（1884—1885）招投公告：

> 又订于本年闰五月二十日一点钟，在本公会各宪面前，当堂将各人所投之票拆看，如该票所出至高之价合公物会意者，方准其承充（sendo a adjudicação feita a quem offerecer maior preço, se este convier á mesma junta）。如所出至高之价不合公物会意者，任从公物会酌量如何有裨于国课办理（se o maior preço offerecido não for acceitavel, a junta procederá como entender mais conveniente aos interesses da junta publica.）②。

氹仔番摊并煮熟鸦片烟生意（1885—1886）招投公告：

> 兹订于本年西历三月初十日，即华本年正月廿四日午后一点钟，在本公会各宪面前，当堂将各人所投之票开拆，如该票所出至高之价合公物会之意，方准其承充。如所出至高之价不合公物会意者，任从公物会酌量如何有裨国课办理（se o maior preço offerecido não for acceitavel, a junta procederá como entender mais conveniente aos interesses da fazenda publica）③。

---

① 例如，潘日明神父所著《殊途同归：澳门的文化交融》第18章“百年前的‘华人区’”中译本第174页有“万胜彩票”和“澳门万胜老板”之译文。其实，核对原文便可得知，“万胜彩票”就是闱姓票（A loteria do Vae-Seng），“澳门万胜老板”就是闱姓票承充人（o arrematante do Vae-Seng em Macau）。参见该书葡文本第195页。

② *Boletim Official*, Vol. XXX, N.º 23, 07-06-1884, p. 206. 参见文献辑录之39。

③ *Boletim Official*, Vol. XXXI, N.º 8, 21-02-1885, p. 100. 参见文献辑录之41。

澳门番摊生意一年期（1887—1888）招投公告：

> 定于华本年五月十二日一点钟，在公物会大堂，当大宪面前招人开声出投（por licitasção verbal）承充澳门番摊生意。［……］谁出价至高者得。如所出之高价不合公物会意者，不准其承充亦得（sendo a adjudicação feita a quem offerecer melhor preço, caso este convenha a ex.ma junta）。①

上述三份招投公告中的“所出至高之价”、“所出之高价”，分别是“o maior preço offerecido”、“offerecer maior preço”的准确译文。这样的译文明确告诉我们，不管“合意”、“不合意”，所指的都是竞标人所出的“至高之价”，而其中前两例更清楚地告诉我们，“不合意”就是公物会认为投标人所出的价格“不可接受”（não for acceitavel）。可见，公物会这项保留权力的真正含义是：一个竞标人要想成为承充人，他不仅要出价至高，而且要高到令公物会满意的价位。实际的情况往往是，虽然竞投当场投出了最高价，但这个高价实际上却比较低，甚至很低（例如 1877 年澳门番摊竞投成交价比上年度的承充价少三分之一——作者注）。因此，公物会认为不可接受，那么竞投也不能成交。所谓“不合意不准承充”之说，为的是得到一个更高的价位。

### 3. 正式承充合同的若干实例

为了更加清楚地表明我们的上述解读不误，再看几份成交之后签订并经督宪批准的正式合同。以下是几份合同中有关成交价格的内容：

何连旺承充一年期（1882—1883）澳门番摊生意合同：

> ……承公物会大宪面谕谓：西纪本月初五日，招人出投承充澳门番摊生意。今有何连旺出价至高，……并有担保人味哪哞奴·先拿·非难地……是以公物会议定立实合同，准给该承充生意。②

---

① *Boletim Official*, Vol. XXXIII, N.º 22, 02-06-1887, p. 200. 参见文献辑录之 46。

② A. H. M. / Finanças / N.º 423, fl. 2. Mic. A0586. 参见文献辑录之 35。

美基、黄宏展合股承充一年期（1883—1884）澳门番摊生意合同：

兹奉督宪罗面谕：因公历本月十八日有美基、黄宏展呈禀一纸，本公物会经已允准，其禀词列后："今日公物会所投之番摊生意，其出价至高者（o maior preço）黄宏展不过壹拾三万七千七百大元。因该价钱公物会未经允准（não tendo este preço sido acceite pela Excellentissima junta）。是以，我美基与黄宏展合股互商呈禀，如将该番摊生意准给我等，则愿出价银壹十四万元。……"

又言："……公物会因于本月十八日投价之时，经发出章程款式，缘是日所出之价不合（por não convir o preç offerecido），故未曾准人承充。今将该章程款式再行读过，照依该章程款式，将澳门番摊生意准给与合股人美基黄宏展承充，以一年为期，自西历本年九月十一日起计，其价银一十四万元，该价银照该章程款式交纳。……"①

黎才承充一年期（1884—1885）澳门番摊专营合同：

公物会主席督宪罗当众人面前谕云：……今有黎才投票出至高之价，即十七万弍千壹百元。是以，公物会议定准其承充。②

卢九、黎才承充一年期（1885—1886）澳门番摊生意合同：

……督宪罗当众面谕云：……今有卢九、黎才投票，并无别票，其出价十三万元。本公物会见其价合宜（julgando acceitavel）。是以准卢九、黎才两人承充。③

卢九、林四（仕）、何连旺承充一年期（1886—1887）澳门番摊生意合同：

① A. H. M. / Finanças / N.º 424, fls. 26v-27, 27v, 28. Mic. A0586. 参见文献辑录之37。

② A. H. M. / Finanças / N.º 423, fls. 66-66v. Mic. A0586. 参见文献辑录之40。

③ A. H. M. / Finanças / N.º 423, fls. 87-87v, 88. Mic. A0586. 参见文献辑录之42。

……督宪罗当众面谕云：……今有卢九、林四、何连旺投票，并无别票。其出价银十式万五千员。本公物会见其价合宜，是以准卢九、林四、何连旺承充。①

卢九、林士（仕）、何连旺承充一年期（1887—1888）澳门番摊生意合同：

……兹据督宪高称说：……今有华人卢九、林士、何连旺出至高之价，每年规银十三万四千一百元，是以本公物会议定准其承充。②

上述六份成交合同中，两例为独票投标；既为独票，当然就是最高价，公物会接受所出价格，故准予承充。另一例先由黄宏展出至高价137 700元，但公物会没有接受，然后美基与他合股，出价至14万元，公物会方接受该价，准予承充。其余三例明确指出“出至高之价”、“公物会议定准其承充”。

尽管并非所有承充合同都重复一遍“出价至高、准其承充”，但以上诸例足以说明，公物会对投标人所出至高价不合意，是为了得到更高的价位，断无“舍高取低”之理。公物会增加此项保留权力，目的非常明显，就是防止竞标人设法将成交价格压得太低，造成国课大幅度减少，从而导致澳葡当局出现财政危机。将这个保留权力写入出投章程，就是告诉竞标人，别指望过分压低成交价，因而在实际上起到了维持较高成交价的作用。正因为如此，葡国中央政府在1901年10月3日颁布的《海外省国课管理总章程》第157条K款明确规定：“出投公告中须载明，如所出至高之价不合意，则该委员会有权不准承充。”③

① A. H. M. / Finanças / N.º 423, fls. 131. Mic. A0586. 参见文献辑录之45。

② A. H. M. / Finanças / N.º 423, fls. 161v-162. Mic. A0586. 参见文献辑录之47。

③ *Boletim Official*, Vol. 2, N.º 4, 25-01-1902, pp. 32. 参见文献辑录之58。

## 二、理事官缘何丢了乌纱帽

按照前述各章所述专营承充制度的规则，专营权采取竞标方式，出价最高者与公物会订立承充合约。依照合同规定，承充人以交纳承充规银为条件，获得合同所定时段、范围及项目的专营权，未经承充人授权而经营此类业务者，须受到合同规定的处罚；同时，依照合同条款，政府必须在打击侵权方面给承充人以协助，对侵权者予以惩罚，以保护承充人的合法利益。承充人如果发现有人未经其许可而从事专营项目的经营活动，可向有关方面提出投诉，要求官员进行查处。巡捕所（Corpo de Policia）公布的治安事件记录中显示，经常有人因违约而遭到逮捕和处罚。然而，却有一位理事官因为不履行承充合同的约定、拒绝协助承充人打击侵权而引起一场风波，最后竟因此而丢了官职。对于这场事关专营承充制度的官司，有关论者对其缘起、过程、焦点等方面似乎并不清楚。现依据有关文献的记载，试作疏理如下。

### 1. 风波的缘起

1878 年，氹仔番摊及鸦片烟膏专营承充人发现有人未经许可私自出售鸦片熟膏，有损自己的专营权，即向当局提出投诉，要求对侵权者依照合同章程予以惩处。

按照当时澳葡当局的司法管理制度，华人之间的案件归华政衙门（Procuratura dos Negocios Sinicos de Macau）审理[①]。然而，时任华政衙门理事官（Procurador）的纳萨雷特（José Julio dos Santos Nazareth）却拒不“照约惩办”侵权者，驳回了承充人的诉求。此事顿时掀起一场轩然大波，澳门总督施理华（Carlos Corrêa da Silva）为此五次致函里斯本，澳门按察使（o juizo de direito da comarca de Macau）和该理事官也各有咨文到达里斯本，最后由里斯本裁定，结果理事官因此遭到了“撤任停俸”的处置。

---

① 参见张廷茂：《晚清澳门华政衙门源流考》，《“第二届珠澳文化论坛”论文集》，北京：社会科学文献出版社，2011 年版（待刊）。

2. **澳门总督训令的决定**

如前所述，澳门总督为此曾五次致函里斯本。我们在《澳门宪报》上查阅到澳督施理华于1878年8月14日上呈里斯本候批的第51号总督训令（参见图10）。其首段指出：

> 澳门华政衙门理事官（Procurador dos negocios sinicos）纳萨雷特（José Julio dos Santos Nazareth）于8月13日就氹仔番摊鸦片烟膏承充人控告违反条例私售烟膏案件作出批断，其批词违背本省利益、违反公物会专营承充之成例。

由此训令的首段可见，这原本是一件私售烟膏的侵权案，而理事官拒绝对侵权者照章处罚。显然，这里并未涉及番摊投充和"选择性开标"问题。总督认为理事官的批词"违背本省利益、违反公物会专营承充之成例"。可见，在总督看来，理事官的作为是十分严重的错误。

接下来，总督进一步解释说：

> 由其批词可见，该理事官藐视公物会，否定该会与公众订立法定义务合同的权力，拒不承认它们的法律效力，不对违法者进行审判，致使那些条规完全失效。
>
> 显然，这样一种对本省既定法律的扰乱，必将导致省财政的崩溃，因为本省收入的大半（na maior parte）来自公物会所立承充合同的规银。
>
> 这样的批词如果生效而成为判决的话，不仅会对承充人造成损害，还必将使公物会丧失信誉，使它所订立的合同失去效力。
>
> 根据1869年12月1日敕令的规定，公物会作出的决定只能向王室上控，所以，只要陛下政府没有下达相反的命令，该公物会所签立的合同条款对所有的人具有法律的强制性。

这里，总督强调了三点。其一，公物会的权威及其所立承充专营合同的法律效力：理事官藐视公物会的权威，拒不执行公物会的决定，实际上否定了公物会承充合约的法律效力，这是对本省久已形成的法律体系的破坏。其二，澳门地区的经济利益：本省收入的大半来自公物会专营合约的收入，否定公物会所作决定的法律效力，必将导致澳门省财政的破产。其三，华政衙门与公物会之间的权限关系：根据《华政衙门章程》等有关规定，华政衙门理事官无权更改公物会所作决定的法律效力。

N.° 51

O GOVERNADOR da provincia de Macau e Timor, e suas dependencias determina o seguinte:

Havendo ò Procurador dos negocios sinicos, José Julio dos Santos Nazareth proferido em 13 do corrente na causa de queixa do arrematante do jogo de fan-tan e venda de opio cozido na Taipa, contra um vendedor clandestino d'esse genero, um despacho no qual vae de encontro aos interesses da provincia e a tudo que de longa data se acha disposto a respeito de arrematações de fazenda;

Vendo-se do mesmo despacho, que n'elle o referido procurador desconsidera a junta de fazenda negando-lhe o direito de fazer contratos com condições obrigatorias para o publico, e, recusando-se a acceital-os como validos, o que equivale a tornal-os nullos e de nenhum valor, castigára o queixoso condemnando-o nas custas e não processára o delinquente defraudador;

Reconhecendo-se, que d'uma tal subversão do direito estabelecido na provincia resultaria a sua ruina financeira, porque são seus rendimentos, na maior parte, provenientes dos contratos feitos pela junta de fazenda:

图 10　1878 年澳督第 51 号训令（局部）

（《澳门宪报》（1878 年 8 月 17 日））

基于上述理由，总督作出了两项决定：

阅过该公物会刚刚呈递给我的陈述；听取了总督公会意见并按照其表决结果，现决定：华政衙门理事官之批词无效，并着令将其注销。

考虑到，该理事官此次批断以及此前在其他事情上的作为，显示了他蓄意对公物会不敬，拒绝执行其规定，已经给本省的行政管理造成了困难，故依照1869年12月1日敕令第3款及行政法典（o codigo administrativo）第11条授予我的权力，现决定并将呈请陛下政府批准，撤销上述华政衙门理事官纳萨雷特的职务并停止支付其薪俸。相关部门遵照执行。①

此后，澳门总督又四次呈文里斯本，理事官和按察使也分别上陈己见。葡国政府海外部咨询委员会（外洋属地商议局）讨论后提出处理意见，上陈国王。经批准，以王室敕令的形式作出最后的裁决，传令澳葡当局执行。

**3．葡国王室敕令（portaria regia）的裁决**

1878年12月10日，葡国政府透过海事海外部向澳门总督发出王室敕令，对理事官拒不执行公物会法规的行为作出最后的裁定。1879年2月1日，澳葡当局以葡中两种文本将此敕令刊布于《澳门宪报》上。敕令的主要内容分述如下：

敕令首先指出这次冲突的缘由并对理事官的行为予以明确的否定：

因查有卖熟洋烟之人违犯公物会与承充人所订合约条款，该承充人禀请照约惩办，该理事官批发不准，殊不合例。

然后进一步从“非其所宜”、“实违估议国课之例”和“有碍时宜”三个方面加以阐述：

查理事官职分暨华政衙门章程款式具有定制，凡公物会酌定事

① *Boletim Official*, Vol. XXIV, N.º 33, 17-08-1878, p. 130. 参见文献辑录之24。

宜，理事官应行遵照。乃该理事官越分擅将公物会酌定事宜检核合例与否，此更属非其所宜。该理事官未有奉命上居公物会之职。

又查估议国课例（a lei geral do orçamento）载，准承充熟洋烟在案，自应设法保护以资成事，而该理事官不允办理，实违估议国课之例。

又查承充番摊一款，为澳门饷项大宗（um dos melhores rendimentos do thesouro da provincia），其投充前一日，适该理事官批断不允办理此熟烟之案，真为有碍时宜，更加可恨。

与总督训令相比，虽然王室敕令的文字表述有所差异，但强调的事项则是完全一致的。"非其所宜"就是说，理事官无权改变公物会的决定，其拒绝照章惩处侵权者就是越权行为；"违估议国课之例"就是说，专营承充合约的收入构成政府预算的重要组成部分，而政府具有保护承充人利益的承诺，理事官拒绝为承充人维权，即是政府失信、违约。"有碍时宜"就是说，正当番摊投充前日，理事官拒不执行合同、履行政府义务，扰乱了专营投充秩序。

因此，王室批准外洋属地商议局的建议，作出了最后裁定：

今澳门地扪总督饬将该理事官批词更正，实符澳门应行定例及超显澳门政事紧要。兹据外洋属地商议局（a junta consultiva do ultramar）遵查覆奏情事，俱着照所议办理。澳门地扪总督一千八百七十八年八月十四日第五十一号札谕，着准照行。澳门理事官所禀，着不准行。①

至此，这场冲突以理事官的失败而结束。

通过以上梳理，我们得以确知：①这场冲突发生在华政衙门理事官纳萨雷特（José Julio dos Santos Nazareth）与澳门总督施理华（Carlos Corrêa da Silva）之间，而不是公物会理事官与总督贾拉沙（Joaquim Jozé da Graça）之间（公物会成员没有"理事官"之衔）；时间是1878年下半年，而非1879年2月，后者只是《澳门宪报》刊登王室敕令裁定结果的日期。

① *Boletim Official*, Vol. XXV, N.º 5, 01-02-1879, pp. 33-34. 参见文献辑录之25。

②冲突的起因是理事官拒绝受理氹仔番摊鸦片熟膏承充人的维权投诉，而非“番摊承充”的所谓“选择性开标”问题。③争论的实质是公物会与承充人所定承充合约的法律地位问题。承充合约对合同双方均有约束力，承充人交纳规银、遵行合约，而当局则应履行打击侵权、维护承充人合法利益的责任。[①] ④冲突的结果，理事官丢了“乌纱帽”，专营承充制度的法律效力得到肯定，法制精神得到了彰显。[②]

## 三、政府向赌商征收赌税问题

如前所述，澳葡当局在澳门实行赌博合法化，直接出于增加财政收入的需要。那么，澳葡政府以何种方式收取赌税，就是博彩专营研究的题内应有之义。

一般来说，经营行业店铺纳税就是领牌纳银，赌博合法化开始时也是如此。至1850—1851年度，番摊赌博和白鸽票的经营开始采用竞投承充的专营制度，竞投中出价最高者获得专营权，其所纳的承充规银就是向政府交纳的赌税。除此之外，对于专营承充的经营项目，不论是承充者本人开办，还是授权他人经办，政府再无别项抽收。查阅历年澳葡当局财政收支的预算表与决算表[③]可知，直到1889年之前，政府对博彩专营从无所谓“什一税”之项，承充规银及其相关罚银，就是政府得自博彩专营的所有收入。

---

① 继任的理事官梁绍奉大宪命于1879年5月发布禁止私开赌局的告示：“照得赌馆、赌台只系在公物会承充之人可能开设，除承充人外，如有开设，是为私开赌局，应即照例严拿究办。兹查有不法之徒，哄骗华人，私收银两，称言有权出牌开设赌馆赌台，及自称大宪弁差应承保护包庇此项私开赌局。查此等匪类，全无此权，尔华人慎勿受匪欺骗。该匪胆敢妄为，查出有凭，定当按律严惩不贷。合行通谕阖澳华人知悉，今将示贴在常贴告示之处，晓谕以冀周知。” in *Boletim Official*, Vol. XXV, N.º 21, 24-05-1879, p. 115.

② 1882年，发生一起盐货承充商投诉有人侵权而理事官拒绝照章行罚的事件，冯成、何桂、陈六、何德昌、黎才、林含莲、胡衮臣、卢九、何连旺等人联名上控。澳督贾拉沙（Joaquim José da Graça）于同年4月17日发布第30号总督训令，判定理事官的批词违背公物会的承充合同和1878年12月的王室敕令，强调了遵行合同规定、保护承充人利益的必要性，并为此制定了预备章程，重申违反承充合同必须照章行罚。详见 *Boletim Official*, Vol. XXVIII, Supplemento ao N.º 15, 20-04-1882, pp. 132-135.

③ 关于澳门财政收支预算与决算问题，参见本书第七章。

### 1.《1878年生意公钞及点街灯公钞章程》及其修订案的规定

澳葡当局的税收规定对专营承充规银与一般工商业税有明确的区分。1878年11月30日，澳门总督发布第98号总督训令，在《澳门宪报》上颁布了新制定的《澳门及所属地方各华人行铺生意公钞及点街灯公钞章程》，其中第27条第二附款明确规定：

> 番摊馆、闱姓厂、白鸽票厂、熟鸦片烟馆、猪肉台、牛肉栏、卖盐店等，如不经营别项货物，则不在本章程所定领新牌规矩之列，因该类铺店厂等所领之牌，是以与公物会所立合同为据的。[①]

这项规定对专营承充与一般工商业在税收上做了明确的区分：生意公钞的征收对象是经营一般项目的行业店铺，它们的经营者必须定期领换执照、缴纳公钞；而专营承充权则是从公物会竞拍而来的，承充者所纳合同规银即是政府税收。所以，专营者若不经营别项生意，则不受该章程规条约束。总督在批准该章程的训令中说：规范公钞征收的目的是，既要保证国课不受损失，又不可无端加重纳税人负担[②]。显然，作出这样的规定，是政府的税收政策安排，是为了不重复征税，而不是所谓公物会与总督的"矛盾"所致。

值得注意的是，1880年3月30日，葡萄牙海事海外部发来王室敕令，对总督上呈的1878年《澳门及所属地方各华人行铺生意公钞及点街灯公钞章程》稍作改订，着令澳门总督颁布实行，其中第27条第二附款的规定只字未改[③]。可见，专营承充不受生意公钞章程约束的规定，得到了葡

---

① "são exceptuados das presentes disposições pelo que diz respeito a novas licenças, os estabelecimentos de fan-tan, de vai-seng, de pacapio, de pio cozido; e as bancas de porqueiros, talhos de vaquetros e lojas de vendedores de Sal, quando não commerceiem n'outros generos, visto terem as suas licenças garantidas por contratos com a junta de fazenda", in *Boletim Official*, Vol. XXIV, Appendice N.º 48, 02-12-1878, p. 2.

② "Tendo em vista a necessidade de regular a cobrança das contribuições por fórma que não resulte prejuizo á fazenda publica e se attenda á maior vantagem, commodidade e segurança dos contribuintes para que não soffram inuteis vexames", in *Boletim Official*, Vol. XXIV, Appendice N.º 48, 02-12-1878, p. 1.

③ "são exceptuados das presentes disposições pelo que diz respeito a novas licenças, os estabelecimentos de fan-tan, de vai-seng, de pacapio, de pio cozido; e as bancas de porqueiros, talhos de vaquetros e lojas de vendedores de Sal, quando não commerceiem n'outros generos, visto terem as suas licenças garantidas por contratos com a junta de fazenda", in *Boletim Official*, Vol. XXVI, Supplemento ao N.º 28, 12-07-1880, p. 200.

国政府的认可。

2. 1884 年澳门公会的决定

然而，几年之后的1884 年，却发生了澳门议事公局向闱姓馆征收公局公钞而被澳门公会（Conselho de Provincia）否决的事件。据闱姓承充人前来上控禀称："议事公局咁麻喇经定向各闱姓馆抽收公局公钞（a contribuição municipal directa de repartição），前经具禀求免，而议事公局批不准所禀，是以特来上控。"澳门公会经过研究后作出决定，批断闱姓承充人上控胜诉，饬令议事公局将其征税决定撤销。那么，澳门公会为何否定议事公局向闱姓馆抽税呢？以下是该公会决议所作出的解释：

> 查议事公局向各闱姓馆抽收公钞，即是曲道而行，向承充人抽收无异（viria a recahir indirectamente no arrematante），因向各馆抽收，而该馆定必纳少规项与承充人，是承充人所赚必少也。
>
> 查该议事公局原本无权向承充人抽饷，如可向承充人抽收税饷，则该税饷即是归国课所出（incidir sobrc a fazcnda publica），便违国例（contra a expressas determinação das leis）。缘有律条明定，议事公局不得颁行告示议立章程或行别事，以致有损国课（fazenda）。兹查掌管政务律部第一百卅五款附款二之第四注解，并第一百四十二款附款二之注解，及一千八百四十三年十二月二十日之上谕，均有明文。……
>
> 是以本公会议定，准其上控合理，而饬令议事公局将向各闱姓馆抽收公钞之定款销废可也。①

可见，澳门公会制止议事公局向闱姓馆抽收公局公钞，主要是基于两个理由。其一，向闱姓馆抽收公钞，等于绕着弯间接向承充人重复征税，从而违反了专营承充合同的规定以及前述专营承充人不纳生意公钞的规定。其二，议事公局无权征收国课。文中"如可向承充人抽收税饷，则该税饷即是归国课所出"意思是说，向闱姓馆抽收赌饷，即属于国课税项。若允许议事公局抽收该税，便是违反国例。经核对葡语文本获知，文中的

① *Boletim Official*, Vol. XXX, N.º 11, 15-03-1884, p. 120. 参见文献辑录之38。

“便违国例”一语，是指违反了“政务律部第一百卅五款附款二之第四注解”、“第一百四十二款附款二之注解”以及“一千八百四十三年十二月二十日之上谕”中的明文规定，即“议事公局不得颁行告示议立章程或行别事，以致有损国课（fazenda）”，也就是说，已经降为市政机构的议事公局无权开征国课。

总之，澳门公会制止议事公局向闱姓馆抽收公局公钞，并非因为“生意公钞属于国课”，而博彩收入则是总督权限内的“地方收入”。事实上，博彩专营合同收入，早已构成经过葡国中央政府批准的海外省国课预算中的重要税项，更是澳葡当局国课收入的大宗。至1889年，连公物会本身也改名“国课衙门”，其官员则变成“督理国课官”。①

### 3. 澳门公会关于对专营规银加抽公局公钞的裁定

那么，澳葡政府究竟何时开始对包括博彩在内的专营承充者抽收税饷呢？我们在澳门议事公局若干年度的收支预算表与结算表中找到了答案。经查阅，在1888—1889年度之前历年的预算表和决算表中，一直未有来自专营承充价格的税项②；而在“1889—1890年度澳门议事公局收支一般预算表”中则有：“向专营承充人征收公局公钞，专用于发展教育：番摊专营承充人交纳规银125 000元，抽收2%，税款2 500元。”③

由决算表可知，这个年度只是向番摊承充规银和猪肉承充规银抽税④，从1890—1891年度起，扩大到鱼栏承充⑤。自1894—1895年度，延伸到盐

① 详见本书第七章。

② “Orçamento Geral da Receita e Despeza do Leal Senado da Camara relativo ao anno economico de 1888 a 1889”, in *Boletim Official*, Vol. XXXIV, N.º 26, 28-06-1888, p. 225; “Conta da Receita e Despeza do Leal Senado da Camara relativo ao anno economico de 1888 a 1889”, in *Boletim Official*, Vol. XXXV, N.º 49, 05-12-1889, p. 378.

③ “Contribuição directa de repartição lançado sobre os arrematantes dos impostos, para o fim exclusivo de instrucção: 2% sobre a quantia de $125, 000 paga pelo arrematante do imposto de fantan... $2 500.”, in *Boletim Official*, Vol. XXXV, N.º 26, 27-06-1889, p. 198.

④ “Conta da Receita e Despeza do Leal Senado da Camara relativo ao anno economico de 1889 a 1890”, in *Boletim Official*, Vol. XXXVI, N.º 48, 27-11-1890, p. 404.

⑤ “Conta da Receita e Despeza do Leal Senado da Camara relativo ao anno economico de 1890 a 1891”, in *Boletim Official*, Vol. XXXVII, N.º 49, 03-12-1891, p. 388.

货、白鸽票、鸦片熟膏、火水、料半酒、火药硝磺、闱姓等①，几乎囊括了所有的专营项目。

“1890—1891 年度澳门议事公局一般性收支预算表”中的一条注释，述及了该项公局公钞开征的缘起。表内直接收入之“公局公钞”(Contribuição directa de repartição) 条写道：

> 经 1889 年 5 月 3 日澳门公会决议 (Accordão) 批准，对澳门番摊专营承充年规银 (145 000 元) 和猪肉承充年规银 (19 200 元) 抽税 2%，用于市政组织发展公共教育②。

由此可知，对专营承充人抽收公局公钞，是由澳门公会决议批准的，乃是国课的一种。数年后的 1895 年，这个税项得到了王室敕令的核准 (参见图 11)。该敕令指出：

> 阅过澳门议事公局给我的陈请及本省总督提供的信息；听取外洋属地商议局 (a junta consultiva do ultramar e o conselho de ministros) 的意见；运用宪法第一补充案第 15 条第一附款授予我的权力，现颁布敕令如下：
>
> 第一条，依据海外省现行行政法典第 139 条的规定，在澳门省，于相应的国税 (contribuições do estado) 之外加征公局公钞 (a contribuição municipal directa，市政直接税)，并运用 1887 年 12 月 22 日章程的规定，按照 1889 年 5 月 3 日该省公会的批准，对专营收入 (sobre o preço dos exclusivos) 征收 2% 的公局公钞 (a contribuição municipal)。
>
> 第二条，所有其他税收和市政收入的征收按照 1886 年 4 月 21 日敕令和 5 月 31 日训令的规定进行。

---

① “Conta de Receita e Despeza do Leal Senado da Camara relativo ao anno economico de 1894 a 1895”, in *Boletim Official*, Vol. XLII, N.º 11, 14-03-1896, p. 96.

② “Contribuição directa de repartição, auctorisada pelo accordão do Conselho de Provincia de 3 de maio de 1889 para o fim exclusivo da instrucção publica, a saber: 2% sobre a quantia de $145, 000 que o arrematante de exclusivo do jogo de fantan paga annualmente á fazenda; 2% sobre $19, 200, preço annual do exclusivo da venda da carne de porco.”, in *Boletim Official*, Vol. XXXVI, N.º 27, 03-07-1890, p. 216.

第三条，废除与此相反的法令。①

至此，向包括博彩专营在内的各项专营承充规银加抽2%的公局公钞，专用于发展公共教育事业，成为经过葡国中央政府批准的一项税收政策。于是，向专营承充者抽税2%的规定，由澳门议事公局延伸到氹仔、路环政务厅（Commissão Municipal da Taipa e Colovane）。在“1895—1896年度氹仔、路环收支决算表”中的“一般收入”项下，有对氹仔番摊专营、路环番摊专营、氹仔及路环猪肉专营等抽税2%的记录②。

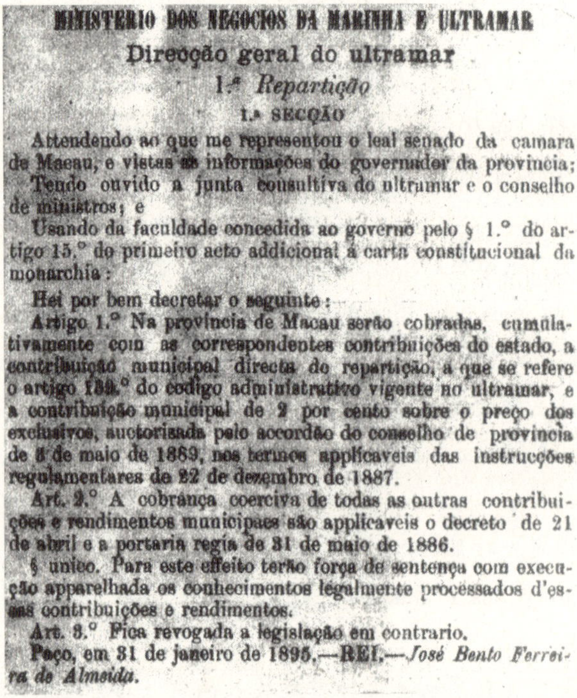
MINISTERIO DOS NEGOCIOS DA MARINHA E ULTRAMAR

Direcção geral do ultramar

1.ª *Repartição*

1.ª SECÇÃO

Attendendo ao que me representou o leal senado da camara de Macau, e vistas as informações do governador da provincia;

Tendo ouvido a junta consultiva do ultramar e o conselho de ministros; e

Usando da faculdade concedida ao governo pelo § 1.° do artigo 15.° do primeiro acto addicional á carta constitucional da monarchia:

Hei por bem decretar o seguinte:

Artigo 1.° Na provincia de Macau serão cobradas, cumulativamente com as correspondentes contribuições do estado, a contribuição municipal directa de repartição, a que se refere o artigo 189.° do codigo administrativo vigente no ultramar, e a contribuição municipal de 2 por cento sobre o preço dos exclusivos, auctorisada pelo accordão do conselho de provincia de 8 de maio de 1869, nos termos applicaveis das instrucções regulamentares de 22 de dezembro de 1887.

Art. 2.° A cobrança coerciva de todas as outras contribuições e rendimentos municipaes são applicaveis o decreto de 21 de abril e a portaria regia de 31 de maio de 1886.

§ unico. Para este effeito terão força de sentença com execução apparelhada os conhecimentos legalmente processados d'essas contribuições e rendimentos.

Art. 3.° Fica revogada a legislação em contrario.

Paço, em 31 de janeiro de 1895.—REI.—*José Bento Ferreira de Almeida.*

图11 1895年王室敕令

（《澳门宪报》1895年4月6日）

---

① *Boletim Official*, Vol. XLI, N.º 14, 06-04-1895, p. 111. 参见文献辑录之55。

② “Conda da receita e despeza da Commissão Municipal da Taipa e Colowan no anno economico de 1895 a 1896”, in *Boletim Official*, Vol. XLIII, N.º 2, 09-01-1897, p. 27.

至于这种公局公钞具体如何抽缴，1889 年《卢九承充六年期澳门番摊合同》的规定为我们提供了线索。鉴于是年 5 月 3 日澳门公会决定批准对专营收入抽收 2% 的公局公钞，卢九与公物会在 8 月 17 日签订的《承充澳门番摊合同》便成为第一个落实这项税收政策的合同。其中第十一条规定：

> 该承充规银每百元加抽银式元（dois por cento da totalidade da arrematação annual），即每年抽式千九百元。其银该承充人或担保人应承，每年分十式次，即每月赴国课银库（Thesouraria Geral）交纳，拨交议事公局。①

由此可以获知两点：其一，2% 的税款是由承充人或其保人直接付给国课银库，仍是“国课所出”，只是拨给议事公局，作为市政收入专款专用；其二，承充规银加抽 2% 的规定，已构成承充条件的一部分，一旦成交便构成承充合同的条款。故其仍可视为博彩专营法规的一种演变。

至此我们看到，在本书研究的时期内，澳门政府获得博彩专营税的方式主要有三种：承充规银、2% 的公局公钞②以及有关的违规罚款。

## 本章小结

本章属于专题研究，集中讨论了在博彩专营法规建立和运作进程中所出现的三个有争议的问题。关于公物会的保留权力：澳葡当局之所以作出“所出至高之价不合公物会意不准承充”的规定，是为了防止竞标人故意压低成交价，具有保证承充规银增长或避免大幅降低的作用，故得到了葡

---

① “Obriga-se mais o arrematante ou a seu fiador a pagar na mesma Thesouraria Geral dois por cento da totalidade da arrematação annual, ou seja duas mil e novecentas patacas, para serem entregues ao Leal Senado da Camara, pagar mensalmente por duadecimas”, in A. H. M. / Finanças / N.º 423, fls. 211v – 214. Mic. A0586. 参见文献辑录之 49。

② 参见附录之 10。

国政府有关法令的肯定。关于华政衙门理事官被撤职一事：他之所以被撤职，根本原因是其违反承充合同的规定，拒不履行协助承充人打击侵权、保护承充人合法利益的责任；澳葡当局通过对理事官的罢免处分，肯定了承充合同的法律地位，维护了专营承充制度的基本规则。关于政府如何对赌博专营抽税的问题：澳门公会之所以否决议事公局对赌商抽税，是因为按照葡国法令规定议事公局无权开征国课；直到1889年由澳门公会作出决定并经1895年葡国政府法令批准，澳门当局开始对各项专营规银开征2%的公局公钞，专用于发展公共教育，此外，并无政府向赌商十分抽一的税制记录。

# 第七章

# 番摊赌博专营与澳葡财政

番摊赌博收入对财政平衡的作用，很快就被人们所认识。早在番摊赌博专营开始不久，时任《澳门宪报》编辑的卡尔代拉（Carlos José Caldeira）在其于1852年出版的著作中就指出："海关收入自始就是该居留地唯一的收入来源。自从取消海关以来，公共收入来自什一税；房租、牌照费和一些小额进项；以及下列几项专营收入：猪肉销售、牛肉销售、鱼栏、卖盐（氹仔）、鸦片烟膏、养蚝、番摊及中式彩票。公共总收入在三四万两之间波动；而最后两项专营收入是最大的两个进项，因此，值得加以说明。"① 当代葡萄牙学者施白蒂（Beatriz Basto da Silva）在其《澳门编年史》中也认为："1849年是澳门开办番摊赌博的大致日期，至少是由一位总督（亚马喇）发放首个番摊经营许可证（1.ª licença）的日期。这种游戏活动，连同此后开始的白鸽票与闱姓票一道，在英国人定居香港所引起的经济萧条之后，成为澳门的一项生意和平衡澳门财政的重要力量。"② 那么，番摊赌博专营究竟在多大程度上对澳葡财政产生平衡作用呢？本章将以澳葡当局财政官员的有关统计为基础，通过计量方法对此加以论述。

## 一、澳葡政府财政运作的若干问题

要对番摊赌博专营对澳葡财政的贡献率加以研究，首先必须了解近代澳葡财政体制与运作的有关问题。根据本书的实际需要，拟对下列三个方面加以阐释。

### 1. 从"公物会"到"国课衙门"

自1583年澳门议事会建立以来，居澳葡人社区的公共财税事务一直由该会管理，由一个专门的理事官具体负责。

1844年9月20日，葡国政府颁布王室敕令，决定组建澳门地扪梭罗省。敕令对该省的主要机构做了安排，其中第六条涉及财政委员会：

---

① Carlos José Caldeira, "O Jogo do Latão, a Lotaria Chinesa, e os Edifícios Públicos em Macau", in Carlos Pinto Santos e Olando Neves (eds.), *De Longe à China: Macau na Historiografia e na Literatura Portuguesas*, Tomo II, Macau: Instituto Cultural de Macau, 1988, p. 449.

② Beatriz Basto da Silva, *Cronologia da História de Macau*, 3.º Volume, Século XIX, Macau: Direcção dos Serviços de Educação e Juvetude de Macau, 1995, pp. 129-130.

为管理公共财物，将按照1837年1月16日敕令在澳门设立一个财政委员会（澳葡当局汉译为“公物会”），并由该省总督任该委员会主席，其他委员有地区法官（o Juiz de Direito，澳葡当局汉译为“按察司”）、书记官（o Escrivão，澳葡当局汉译为“书吏”）、司库（o Thesoureiro，澳葡当局汉译为“管库官”）和会计（o Contador，澳葡当局汉译为“管数官”）。将制定一项法规来确定该公共机构（Corpo Collectivo）的权限和其他特性。

附款二：公物会一经建立，澳门议事公局（O Leal Senado de Macao）即将其所掌握的所有公共资金，所有账册、票证、账单、债务说明，以及有关公共财产的任何其他文件，转交给该公物会。[①]

按照上述规定，即将成立的公物会是一个独立于议事公局的政府财政部门；它将全面接手管理澳门葡人的公共财政事务。

1845年4月2日，澳门公物会正式开始运作。1846年2月26日，《澳门宪报》刊布了由公物会发布的“1845年4—12月收支结算表”，其表题文字在“4月”后面紧跟着说明“此月公物会开始运作”，而第一项收入就是“4月3日公物会银库库存现款1 761两4钱9分9厘”[②]。1879年10月8日，《澳门宪报》刊布了由公物会发布的“1845年4月2日以来澳门银库收支统计表”，其表题文字说“4月2日系根据1844年9月20日敕令在该市建立的公物会首次开会的日期”，第一项收入是“1845年4月2日结余2 446.526元”，而第一个财政年度是“从4月3日至1846年6月30日”[③]。

澳葡当局自1848年开始，分别对猪肉和牛肉销售实行竞投专营制度。起初，是由澳门总督发布出投公告，而竞拍过程则在理事官署（Cartorio da Procuratura）进行。自1851年度起，各项专营竞投开始由公物会发布招投

---

① *Boletim Official*, Vol. I, Num 1, 08-01-1846, pp. 1-2. 又见 Jorge Noronha e Silveira, *Subsídioa para a História do Direito Constitucional de Macau (1820-1974)*, Macau: Instituto Portugues Oriente, 1999, p. 81. 参见文献辑录之1。

② *Boletim Official*, Vol. I, Num 8, 26-02-1846, p. 1. 参见图2。

③ *Boletim Official*, Vol. XXV, Supplemento ao N.º 40, 08-10-1879, p. 243. 参见图28。

公告，由公物会主持进行出投，成交后由总督发布通告并颁布承充合同条款[①]。此后，主持和掌管各项专营竞投，成为澳门公物会的一项重要任务，而来自各项专营承充的收入，也逐渐成为公物会所掌管的财政收入的主要进项。

值得注意的是，按照葡国政府的规定，澳门公物会由澳门总督担任主席，另有书记官一名，管库官一名。专营出投公告常由公物会书记发布，竞投过程亦由其主持。文献中经常出现“当公物会宪面前”、“公物会主席督宪××”等，其中的“督宪”与“会宪”为同义语，均指澳门总督。

直到1888年12月20日，葡国政府采取新的措施，将各海外省的“Junta de Fazenda Publica”撤销，改设“Repartição de Fazenda Provincial”[②]。澳葡当局将其汉译为“督理国课衙门”，其正副头目“Inspector”和“Sub-chefe”则分别被译为“正督理国课官”和“副督理国课官”。于是，1890年以后的各项专营权的出投，都由国课官发布公告、主持竞投过程，并主持签约等。1891年，葡国政府颁布敕令，在澳门建立竞投委员会，监督各项专营权的竞投过程。该委员会仍由总督担任主席，正督理国课官成为该委员会的当然成员，而竞投过程和最后签约仍由国课衙门主持。[③]

那么，由公物会到国课衙门，究竟有何变化呢？从葡语原文来看，所作的改变是将原来的“Fazenda Publica”改为“Fazenda Provincial”，将“Junta”改为“Repartição”。“Fazenda Publica”一词本义为“公共财产”，可能因为“Junta”有“委员会”之意，澳葡当局将其译为“公物会”，而“Repartição”有“政府部门”之意，便将“Repartição de Fazenda Provincial”译为“国课衙门”。这样的改变，当然意味着该部门地位的提升，同时也预示着它将发挥更大的作用。后来，根据1901年《海外省国课管理总章程》的规定，又在“Repartição”之后加了“Superior”一词[④]。1903年4月6日王室敕令进一步确认了澳门国课衙门的人员编制[⑤]。但从

---

① 参见张廷茂：《晚清澳门专营制度探源》，《文化杂志》中文版第71期，澳门文化局2009年夏季刊，第1—20页。

② *Boletim Official*, Vol. XXXV, Supplemento ao N. º 10, 12-03-1889, p. 92. 参见图7。

③ 参见文献辑录之50。

④ *Boletim Official*, Vol. II, N. º 30, 26-07-1902, p. 244.

⑤ *Boletim Official*, Vol. III, N. º 31, 31-07-1903, p. 249.

“fazenda publica”到“Fazenda Provincial”，并无实质性的改变。从这一点来看，这个部门的工作性质没有因为名称的改变而发生实质性的改变；再从1889年前后公物会各财政年度收入的预算表和决算表来看，其构成也没有发生变化。也就是说，早期的“公物”与后来的“国课”实为同义语。因此，澳葡当局亦将葡国政府海事海外部的“Inspector Geral de Fazenda do Ultramar”译为“总管外洋属地国课事务衙门”，将1901年颁行的“Regulamento geral da administração da fazenda, da sua fiscalização superior e da contabilidade publica nas provincias ultramarinas”译为“国课章程”①。

总之，包括赌博专营在内的各项专营承充收入，自始至终都是澳葡政府的财政收入——国课的一个重要组成部分。

### 2. 财政预算与财政决算

研究近代澳门经济史，包括赌博专营在财政运作过程中的作用，不可避免地要遇到两种财政收支数据：财政预算与决算。财政预算系澳葡当局对于未来一个财政年度内收入与支出的估算与计划；而决算则是根据年度预算执行情况而编制的年度会计报告。

澳门公物会成立后，其负责编制预算报告和决算报告。第一个财政年度从1845年4月3日到1846年6月30日，此后便一直以7月1日到来年6月30日为一个财政年度。

起初，《澳门宪报》只刊登财政决算表（Balanço da Receita e Despeza，或者Conta de Receita e Despeza）；后来才逐渐刊登预算表（Orçamento da Receita e Despeza）。决算表由澳门公物会于财政年度结束时编制，刊布于《澳门宪报》。每份决算表包括本财政年度各项收入和支出的数额及收支总数。最初收入项目没有分类，自1850—1851年度起，收入栏内的项目分为直接税（Impostos Directos）、间接税（Impostos Indirectos）和财产及杂项收入（Proprio e Diversos Rendimentos）三大类（Capitulo）。② 开始时每个年度

① *Boletim Official*, Vol. X, N.º 21, 21-05-1910, p. 172.

② *Boletim Official*, Vol. III, N.º 26, 02-09-1853, p. 104.

单独刊布[①]，1853 年开始将多个年度汇总公布，并作简单的比较分析[②]。目前，我们共搜集到 49 个年度的收支决算表。另外，我们还找到了一份“1845/1846—1878/1879 年度澳门银库年度收支表”，内容包括每个年度的收支总额以及滚入下个年度的结存[③]。

起初并未刊布预算表。1853 年 9 月 2 日，《澳门宪报》刊登了公物会提供的四份财政收支表格，其中表 3 和表 4 分别对 1852/1853 年度各项收支做了预算和决算的比较[④]。后来，在 1857/1858—1862/1863 年度亦出现同样的情况[⑤]。由于这些年度的预算只是在与决算对照时被列出，我们尚不知道编制和发布的具体情况。

1866 年 12 月 1 日，《澳门宪报》第 48 号附报刊登了海事海外部于 1866 年 10 月 3 日发布的第 46 号公文，其中指出：

> 国王陛下命令，透过海事海外部秘书处，给澳门总督寄去一份 1866—1867 财政年度海外省预算收支表，以便该总督实施该表中有关澳门省的规定。

接着刊布了 9 月 8 日的王室敕令以及敕令所批准下达的澳门预算收支表。敕令由两章九条构成，其中第一条分四项估算了 1866—1867 年度海外省的税收及其总额；第四条分八项制定了 1866—1867 年度海外省的开支及其总额；第七条宣告批准 1864—1865 年度海外省预算案之 1864 年 6 月 28 日法令开始生效；第八条规定海外省政府须将本敕令批准的开支情况向朝廷报告[⑥]。由此我们可以得知，至迟在 1864 年，葡国朝廷就开始以王室敕

---

① *Boletim Official*, Vol. I, N.º 8, 26 - 02 - 1846; N.º 15, 16 - 04 - 1846; N.º 30, 02 - 08 - 1846; Vol. II, N.º 6, 11 - 02 - 1847, pp. 23 - 24; N.º 27 e 28, 12 - 08 - 1847, p. 106; Vol. III, N.º 17 e 18, 23 - 09 - 1848, pp. 67 - 68; IV Anno, N.º 77, 11 - 08 - 1849, p. 79; Vol. VI, N.º 16, 08 - 03 - 1851, p. 37.

② *Boletim Official*, Vol. III, N.º 26, 02 - 09 - 1853, pp. 104 - 105.

③ “Mappa das receitas e despezas do cofre de Macau desde 2 de abril de 1845”, in *Boletim Official*, Vol. XXV, Supplemento ao N.º 40, 08 - 10 - 1879, p. 243. 参见图 28。

④ *Boletim Official*, Vol. III, N.º 26, 02 - 09 - 1853, pp. 106 - 107.

⑤ *Boletim Official*, Vol. IV, N.º 42, 14 - 08 - 1858, p. 166; Vol. V, N.º 40, 30 - 07 - 1859, p. 158; VI, N.º 44, 06 - 10 - 1860, p. 174; VII, N.º 37, 17 - 08 - 1861, p. 147; VIII, N.º 44, 04 - 10 - 1862, p. 177; IX, N.º 45, 12 - 10 - 1863, p. 185.

⑥ *Boletim Official*, Vol. XII, Supplemento ao N.º 48, 01 - 12 - 1866, pp. 1 - 2. 参见文献辑录之 11。

令批准下达海外省（包括澳门）的财政预算。

在随敕令一同刊出的“1866—1867年度澳门收入表”中，各项预算收入被分为直接税（Impostos Directos）、间接税（Impostos Indirectos）和财产及杂项收入（Proprio e Diversos Rendimentos）三类。中式彩票（loteria china）和中式赌馆（casas de jogo chinas）被列入第一类，即直接税①。由此可见，至少从1864年起，澳门来自赌博专营的承充收入就是经过葡国朝廷批准的国课收入。

此后，各海外省的预算收支方案，皆由海事海外部代表朝廷以敕令的形式批准下达，并在各省的《宪报》上刊布。《澳门宪报》刊布的预算方案包括王室敕令、各省的预算总表、澳门省预算收支细目表。后来逐步增加了海事海外部大臣的预算报告，敕令的篇幅也加长了。例如，有关论者已经注意到的“1887—1888年澳门帝汶省收支表”就是经过葡国朝廷批准下达的预算方案，它实际上是一份长篇文献的一部分。文献开头是马赛多部长的预算报告，接下来依次是批准预算方案的王室敕令，“1887—1888财政年度各海外省预算总表”，最后是“1887—1888财政年度澳门地扪省预算收支一览表”，落款处皆由马赛多（Henriqu de Macedo）部长签字并签署日期（1887年12月29日）②（见图12）。

目前，我们已搜集到37个年度的预算方案。根据本书的研究主题，笔者对搜集到的预算表格进行了简化，绘制了由番摊赌博、白鸽票、闱姓票三项收入和财政总收入四栏组成的预算总表（参见附录之5），以为备考。

### 3. 核算所用的货币单位

晚清时期，澳葡当局财政运作中使用的核算单位主要有三种：中国“两”（Tael，复数为Taeis）、墨西哥“银元”（Patacas Mexicanas，亦称Pataca Hespanhola，澳葡当局汉译为“元”）和葡国“厘士”（Real，复数为Reis，澳葡当局汉译为“厘士”）。

---

① *Boletim Official*, Vol. XII, Supplemento ao N. º 48, 01-12-1866, p. 3.

② *Boletim Official*, Vol. XXXIV, Supplemento ao N. º 11, 21-03-1888, pp. 93-100.

BOLETIM DA PROVINCIA

| CAPITULOS | DESIGNAÇÃO DA RECEITA | | SOMMA Por artigos | Por capitulos |
|---|---|---|---|---|
| 3.° | *Transporte*... ... ...*Rs.* | ... ... ... | ... ... ... | 371:248$500 |
| | ARTIGO 6.° | | | |
| | Timor | | | |
| | Rendas das varzeas nacionaes | -$- | | |
| | Correio | 100$000 | | |
| | Licenças para casa de venda | 485$000 | | |
| | Medicamentos vendidos ao publico | 508$000 | | |
| | Licenças para casas de jogo | 1:341$000 | | |
| | Receita eventual | 1:060$000 | 3:489$000 | 44:129$000 |
| 4.° | RENDIMENTOS COM APPLICAÇÃO ESPECIAL | | | |
| | ARTIGO 7.° | | | |
| | Timor | | | |
| | Imposto para obras publicas (*r*) | ... ... ... | 2 400$000 | 2:400$000 |
| | | | | 417:777$500 |

(*a*) Estas e algumas outras verbas de receita, a que adiante se allude, foram estabelecidas pelo governo local quando ali faltou o rendimento da alfandega por ter sido declarado franco aquelle porto por decreto de 20 de novembro de 1845.
(*b*) Esta providencia, estabelecida do mesmo modo pelo governo da localidade, foi approvada por portaria de 21 de junho de 1847.
(*c*) Lei de 31 de dezembro de 1836 e portaria de 13 de fevereiro de 1837.—Vide lei de 20 de março de 1875.
(*d*) Lei e regulamento de 2 de abril e 18 de setembro de 1873, e decreto de 30 de março de 1874.—Vide carta de lei de 7 de maio e regulamento de 14 de novembro de 1878.
(*e*) Leis de 30 de junho e 11 de agosto de 1860 e 17 de agosto de 1861 e portarias de 14 de março e 9 de julho de 1862.
(*f*) Portaria de 21 de março de 1849.
(*g*) Estabelecida pelo governador em 1851.
(*h*) Estabelecida pelo governador, a requerimento dos chinas, em janeiro de 1847.
(*i*) As licenças para as casas de jogo foram estabelecidas em abril de 1849 em virtude da portaria de 16 de fevereiro de 1846.
(*j*) Estabelecida pelo governador em julho de 1851, em vista da portaria citada na nota precedente.
(*k*) Decreto de 3 de setembro de 1874.
(*l*) A cobrança d'este tributo (antigo) foi de novo regulada em 1844.
(*m*) Estabelecida pelo governador em junho de 1851.
(*n*) Estabelecida pelo conselho do governo em dezembro de 1850.
(*o*) (Ancoragem) estabelecica pelo governador em agosto de 1861.
(*p*) Decreto de 21 de outubro de 1880.
(*q*) Pauta decretada em 7 de dezembro de 1869.
(*r*) Decreto de 27 de dezembro de 1877.

Secretaria d'estado dos negocios da marinha e ultramar, 29 de dezembro de 1887.

*Henrique de Macedo.*

**图 12 1887—1888 年度澳门预算收入方案（局部）**

（《澳门宪报》1888 年 3 月 21 日）

在公物会成立后公布的决算收支表中，最早出现的货币单位是“两”。从 1846 年 2 月 26 日刊布的第一个收支表到 1852—1853 年度报表，都采用“两”作为核算单位，甚至公共工程的开支也是用“两”来进行核算的。1858 年 8 月 14 日《澳门宪报》刊布的“1857—1858 年度收支决算表”，同时列出了元和厘士，而同时刊布的“1854/1855—1857/1858 年度收入决算表”和“1854/1855—1857/1858 年度支出决算表”，则只使用“元”[1]。

---

① *Boletim Official*, Vol. IV, N.º 42, 14-08-1858, pp. 165, 167.

1879 年 10 月 8 日《澳门宪报》刊登的“1845 年以来澳门银库收支表”，则将表内各个年度的收支统一换算为“元”①。到 1886 年，《澳门宪报》先后在第 31 号和第 32 号两次刊布“1871/1872—1885/1886 年度澳门国课专营收入统计表”和“1871/1872—1885/1886 年度澳门国课非专营收入统计表”，核算单位改用“厘士”②。1892—1894 年间，《澳门宪报》刊出的“1886/1887—1892/1893 年度澳门地扪省实际收入表”，也是用“厘士”作为核算单位③。1912 年由澳门官印局出版的《1911 年澳门政府报告》中，插入了一份包含 16 个年度的收支表，所用的核算单位也是“厘士”④。

预算的情况稍有不同。如前文所述，较早几个年度的收支预算资料是与决算对照时被列出的，所以，1852—1853 年度的预算所用的货币单位是“两”，而 1857—1858 年度到 1862—1863 年度间的六个年度，用的则是“元”。自 1866 年起，《澳门宪报》开始刊登由葡国政府批准下达的海外省收支预算案。预算案针对所有海外省，统一使用葡萄牙“厘士”，澳门省也不例外，甚至政府职员薪水标准的规定和实际发放也都采用“厘士”核算。1894 年 10 月 1 日《澳门宪报》刊布的“1894—1895 年度预算案”，将预算单位改用“元”，并在旁边一栏标出对应的“厘士”金额⑤。

多种货币单位的交叉使用，给利用有关统计资料开展研究带来了一定的难度。首先是它们之间的转换问题。根据已经掌握的情况，“两”与“元”之间的换算较为简单。晚清时期，澳门当局的规定一直是“七二兑”，即 1 元等于七钱二分，或者 1 两等于 1.54 元。“元”与“厘士”的兑换较为复杂，在不同时段，兑换率是不同的。根据笔者掌握的资料，大体情况如下：从公物会开始公布决算报表的 1845—1846 年度至 1853—

---

① *Boletim Official*, Vol. XXV, Supplemento ao N. º 40, 08 - 10 - 1879, p. 243. 参见图 28。

② *Boletim Official*, Vol. XXXII, N. º 31, 05 - 08 - 1886, pp. 291 - 292; N. º 32, 12 - 08 - 1886, pp. 306 - 307. 参见图 23。

③ *Boletim Official*, Vol. XXXVIII, N. º 12, 24 - 03 - 1892, p. 86; Vol. XXXIX, N. º 48, 02 - 12 - 1893, p. 542; Vol. XL, N. º 1, 18 - 01 - 1894, p. 5. 参见图 25。

④ Provincia de Macau, *Relatorio do Governo de 1911*, Macau: Imprensa Official, 1912.

⑤ *Boletim Official*, Vol. XL, Supplemento ao N. º 39, 01 - 10 - 1894, p. 453.

1854 年度，1 元等于 720 厘士①；从 1854—1855 年度至 1892—1893 年度，1 元等于 850 厘士；1893—1994 年度至 1903—1904 年度，1 元等于 640 厘士；1904—1905 年度至 1911—1912 年度，1 元等于 540 厘士②。

不同货币在葡语资料中的表示方法也值得注意，稍有不慎，即会导致误差。中国"两"在澳葡财政决算中使用的时间不长，1853 年以后便不再出现于决算报告中，仅在有关专营承充违约的罚款规定中出现。其标示方法也较为简单，若在行文中，直接将"Taeis"放在钱数后面（例如 seis mil trezentos trinta e cinco taeis，即表示 3 635 两）；若在报表中，则将"Taeis"放在钱数的前面（例如：Taeis...40 189. 878，即表示 40 189 两 8 钱 7 分 8 厘）。"元"和"厘士"使用的时间最长，而且常常交替使用，它们的标示方法需要格外注意。行文中一般将"patacas"直接置于钱数后面（例如 244 903. 428 patacas，即表示 244 903 元，圆点后面的 428 为辅币），或者将货币代号"$"置于钱数之前（例如：$150 709. 492）；在报表中除了在表题或表头列明货币名称外，常见的方法是将货币代号"$"置于钱数之前（例如：$ 150 709. 492）。至于厘士，行文中常见的标注方法是，直接在钱数前面或后面加"Reis"，或者将"Reis"置于钱数之前，而将"$"置于百位与千位之间（例如 Reis 532：635 $567，即表示 532 635 567厘士）；表格中除了在表题或表头中注明货币名称外，常见的方法有：将"Reis"的缩写"Rs"置于钱数之前，将"$"置于百位与千

---

① "1853 - X - 12 - O câmbio da pataca ou peso duro espanhola foi fixado em 850 réis, sendo, anteriormente, de 720 réis, por ela pesar 720 milésimos do peso chines, denominada tael, e por se haver atribuido, erramamente, à pataca correspondente a este peso, o valor de 1000 réis." in Beatriz Basto da Silva, *Cronologia da História de Macau*, 3.º Volume, Século XIX, p. 158. 又见 A. H. de Oliveira (ed.), *História dos Portugueses no Extremo Oriente*, 2.º Volume, "Obs. do Quadro 28", p. 226.

② "Já em 1893 o Governo, por decreto de 19 de agosto e por circunstancias que então se davam, teve de reduzir de 850 réis a 640 reis o valor da pataca, que é a moeda corrente no Extremo Oriente. Pelos motivos que atrás ficam ditos, os cambios desde então mais subiram, a ponto de attingir a pataca, segundo o novo cambio official, valor ainda inferior a 450 réis; [...] Estas circunstancias, para que, de então para hoje, todos os governadores da provincia teem chamado a attenção do Governo, levou este a fixar, embora provisoriamente, no adjunto projecto de decreto, e emquanto se não modificarem as condições actuaes, o valor de 540 réis á pataca, ficando assim esta com a mesma equivalencia em réis, em Macau, como em Timor." "Art. 12.º É provisoriamente reduzido a 540 réis o valor official de 640 réis dado, por decreto com força de lei de 19 de agosto de 1889, á pataca em circulação na provincia de Macau. §1.º As arrematações dos rendimentos publicos provincia de Macau e bem assim as dos fornecimentos ao Estado continuam a ser feitos em relação a unidade - patacas." in *Boletim Official*, Vol. IV, Supplemento ao N.º 47, 23 - 11 - 1904, pp. 405, 407. 参见文献辑录之 60。

位之间（例如 Rs 532：635 $000，即表示 532 635 000 厘士）；或者只将“$”置于百位与千位之间（例如 532：635 $000，也表示 532 635 000 厘士）；也可以只用 Rs.（例如 Rs. 850）。值得注意的是，由于厘士币的值小，“$”后面的三位数不是小数；当这三位数为“0”时，不可将它们去掉而直接写为“元”，否则就等于按照 1 元 = 1 000 厘士的比率进行了换算，而这样计算出来的结果是错误的，因为晚清时期从未有过“1 元 = 1 000厘士”的情况。

## 二、番摊赌博专营与财政收入的统计数据

要考察博彩专营，特别是番摊专营在财政收入中的地位和作用，需要构建两套系列数据。根据上文所述，晚清时期澳葡当局公布的收入资料不仅有预算与决算的区别，还有不同货币单位的换算。因此，在构建系列数据时，需要做细致的搜求和统计工作。

获取财政收入资料主要靠澳葡公物会公布的财政报告；而获取番摊赌博收入则有三条途径，除了财政收入报告外，还有公物会所提交的有关专营承充收入的专项报表，以及博彩专营合同所载录的承充价格。

以财政收入而言，笔者认为最好使用决算报告，而且应该尽量使用原报表的货币，避免货币转换。经过认真搜求，我们已经掌握了晚清时期绝大多数年度的决算报告，仅有少数几个年度阙如。

如前所述，公物会开始运作后，先后在《澳门宪报》上刊布了 1845—1846 年度至 1852—1853 年度、1854—1855 年度至 1862—1863 年度的决算收支报告，而 1863—1878 年度未见刊布决算报表，仅刊登了几个年度的预算方案。幸而我们在 1879 年 10 月 8 日的《澳门宪报》上找到了澳门地扪省公物会发布的“1845 年 4 月 2 日以来澳门银库收支一览表”（参见图 28）。表中的数据一律换算为“元”，且由公物会发布，较为可靠实用，为我们提供了第一个数据系列。至于这个时期的番摊收入，由于财政年度报告有较多年份阙如，而专营合同更是分散难觅，依靠这两条途径获得所需要的系列数据难度较大。不过，公物会刊布在《澳门宪报》上的三份有关专营承充的专项报表，帮我们弥补了缺憾。一是“1851—1852 年度至 1858—1859 年度澳门公物会专营出投承充价格表”（参见图 14）；二是

“1849至1858—1859年度番摊赌博专营统计表”（参见图14）；三是“1859—1860年度至1878—1879年度澳门国课承充收入表”（参见图17）。这三个表内各项收入的货币单位统一采用“元”，与前述的财政收入表相一致。于是，我们综合利用这几个统计表编制出了“1850—1851年度至1878—1879年度澳门博彩收入与财政收入对照表”（参见附录之6），并进一步简化为表7-1：

**表7-1 1850—1851年度至1878—1879年度澳门番摊专营收入与财政总收入对照表**

| 财政年度 | 番摊专营收入（元） | 财政总收入（元） | 番摊收入占财政总收入的比重（%） |
|---|---|---|---|
| 1850—1851 | 11 900 | 131 589 | 9.04 |
| 1851—1852 | 12 000 | 119 515 | 10.04 |
| 1852—1853 | 9 720 | 95 839 | 10.14 |
| 1853—1854 | 10 920 | 109 115 | 10.01 |
| 1854—1855 | 10 200 | 134 330 | 7.59 |
| 1855—1856 | 12 060 | 148 500 | 8.12 |
| 1856—1857 | 12 060 | 123 118 | 9.80 |
| 1857—1858 | 23 940 | 176 934 | 13.53 |
| 1858—1859 | 84 000 | 226 433 | 37.10 |
| 1859—1860 | 84 480 | 249 214 | 33.90 |
| 1860—1861 | 94 200 | 244 886 | 38.47 |
| 1861—1862 | 74 880 | 231 892 | 32.29 |
| 1862—1863 | 78 960 | 223 384 | 35.35 |
| 1863—1864 | 91 800 | 238 318 | 38.52 |
| 1864—1865 | 110 880 | 285 008 | 38.90 |
| 1865—1866 | 111 600 | 307 153 | 36.33 |
| 1866—1867 | 126 720 | 326 471 | 38.82 |
| 1867—1868 | 126 840 | 375 502 | 33.78 |
| 1868—1869 | 123 600 | 366 029 | 33.77 |
| 1869—1870 | 120 000 | 385 875 | 31.10 |
| 1870—1871 | 117 600 | 394 059 | 29.84 |

**（续上表）**

| 财政年度 | 番摊专营收入（元） | 财政总收入（元） | 番摊收入占财政总收入的比重（%） |
|---|---|---|---|
| 1871—1872 | 133 200 | 407 932 | 32.65 |
| 1872—1873 | 169 800 | 487 209 | 34.85 |
| 1873—1874 | 150 000 | 434 033 | 34.56 |
| 1874—1875 | 156 050 | 373 806 | 41.75 |
| 1875—1876 | 100 100 | 464 795 | 21.54 |
| 1876—1877 | 141 000 | 378 462 | 37.26 |
| 1877—1878 | 112 981 | 502 100 | 22.50 |
| 1878—1879 | 139 200 | 405 926 | 34.29 |

译自 *Boletim Official*, Vol. V, N.º 30, 21-05-1859, p. 117; Vol. XXV, N.º 35, 30-08-1879, p. 197; Vol. XXV, Supplemento ao N.º 40, 08-10-1879, p. 243. 表内数据小数点部位四舍五入。

至于此后的时期，要获得相应的数据，需要对现存资料进行一定的加工处理。在1886年8月12日《澳门宪报》上，公物会发布了四份有关澳门财政收入的统计报表。其中前两份分别是“1872—1873年度至1885—1886年度澳门国课专营承充收入表”和“1872—1873年度至1884—1885年度澳门国课非专营承充项目收入表”（参见图23），表内的年度收入以“厘士”为单位。从第一份表可获得有关年度各项专营承充收入，将两份表内年度合数相加，可获得有关年度的财政总收入。

接下来，在1892年第12号、1893年第48号和1894年第1号《澳门宪报》上，我们分别找到了“1886—1887年度至1890—1891年度实征岁入表”、“1887—1888年度至1891—1892年度实征岁入表”和“1888—1889年度至1892—1893年度实征岁入表”（参见图25）。表内分四类分别列出有关年度澳门和帝汶的各项实际收入，单位采用“厘士”，将表内澳门各项收入相加，即可得到澳门财政年度总收入。1898年第46号《澳门宪报》有公物会1895年10月31日发布的“1894—1895年度澳门实征岁入表”，单位是“元”，以1元等于640厘士的比率换算为厘士，即可得到该年度澳门各项专营承充收入和财政总收入。此外，在《1911年澳门政府报告》的收支表中，有1893—1894和1898—1899两个年度的数据。对以上报表的数据进行加工处理，笔者编制了“1879—1880年度至1898—1899年度澳门各项博彩专营收入与财政总收入对照表”（参见附录之7），并将其简化为表7-2：

**表7-2 1879—1880年度至1898—1899年度澳门番摊专营收入与财政总收入对照表**

| 财政年度 | 番摊专营收入（厘士） | 财政总收入（厘士） | 番摊收入占财政总收入的比重（%） |
|---|---|---|---|
| 1879—1880 | 110 160 000 | 419 211 170 | 26.28 |
| 1880—1881 | 139 655 000 | 441 311 132 | 31.65 |
| 1881—1882 | 124 950 000 | 567 015 011 | 22.04 |
| 1882—1883 | 130 985 000 | 519 835 879 | 25.20 |
| 1883—1884 | 119 000 000 | 522 495 045 | 22.78 |
| 1884—1885 | 146 285 000 | 697 263 058 | 20.98 |
| 1885—1886 | 110 500 000 | 428 430 500※ | 25.79 |
| 1886—1887 | 106 958 324 | 321 859 497 | 33.23 |
| 1887—1888 | 112 695 832 | 355 754 558 | 31.68 |
| 1888—1889 | 107 539 160 | 357 550 433 | 30.08 |
| 1889—1890 | 120 416 651 | 355 577 600 | 33.87 |
| 1890—1891 | 123 250 078 | 377 387 500 | 32.66 |
| 1891—1892 | 123 249 984 | 383 377 113 | 32.15 |
| 1892—1893 | 123 249 984 | 427 318 477 | 28.84 |
| 1893—1894 | 123 000 000 | 530 545 000 | 23.18 |
| 1894—1895 | 92 800 000 | 473 158 400 | 19.61 |
| 1898—1899 | 96 000 000 | 433 575 000 | 22.14 |

译自 *Boletim Official*, Vol. XXXII, N.º 32. 12-08-1886, p. 306; Vol. XXXVIII, N.º 12. 24-03-1892, p. 86; Vol. XXXIX, N.º 48. 02-12-1893, p. 542; Vol. XL, N.º 1. 18-01-1894, p. 5; Vol. XLIV, N.º 46. 1898, p. 431; Provincia de Macau, *Relatorio do Governo de 1911*, *Macau: Imprensa Official*, 1912.

※为预算数据（*Boletim Official*, Vol. XXXII, Supplemento ao N.º 13. 01-04-1886, p. 107.）。

关于20世纪早期十多年间的财政收入，前引的《1911年澳门政府报告》载录了完整的报表，计算单位为“厘士”。这个报表出自政府报告，由总督签署发布，可直接引以为据。所不同的是，表中将各种中式彩票合为一项。笔者利用该表的数据，编制了“1900—1901 年度至 1910—1911 年度澳门各项博彩专营收入与财政总收入对照表”（参见附录之 8），并简化为表 7 - 3：

**表 7 - 3　1900—1901 年度至 1910—1911 年度澳门番摊专营收入与财政总收入对照表**

| 财政年度 | 番摊专营收入（厘士） | 财政总收入（厘士） | 番摊收入占财政总收入的比重（%） |
|---|---|---|---|
| 1900—1901 | 96 000 000 | 473 087 000 | 20. 29 |
| 1901—1902 | 222 666 000 | 599 356 561 | 37. 15 |
| 1902—1903 | 248 000 000 | 659 815 585 | 37. 59 |
| 1903—1904 | 214 415 000 | 695 481 000 | 30. 83 |
| 1904—1905 | 206 048 000 | 685 781 000 | 30. 04 |
| 1905—1906 | 221 078 000 | 632 000 000 | 34. 98 |
| 1906—1907 | 214 112 000 | 665 883 000 | 32. 15 |
| 1907—1908 | 236 330 000 | 711 091 000 | 33. 23 |
| 1908—1909 | 256 580 910 | 662 166 729 | 38. 75 |
| 1909—1910 | 243 001 910 | 599 902 804 | 40. 51 |
| 1910—1911 | 217 687 000 | 529 713 000 | 41. 10 |

录自 Provincia de Macau, *Relatorio do Governo de 1911*, Macau: Imprensa Official, 1912.

## 三、番摊赌博专营对财政收入贡献率的评估

通过上述三个统计表，我们掌握了自番摊赌博实行专营承充以来 57 个财政年度的财政收入和番摊收入的数据，虽仍有个别年度阙如，但已不足以影响研究的结论。这些数据来自澳葡政府财政机构官员的报表，系实际入账的税收，从而为我们考察番摊赌博专营对澳葡财政的贡献率提供了可靠的依据。

表中资料显示，在这 57 个财政年度中，番摊专营收入占财政收入的比

重，最低的年度为7.59%，最高的年度为43.91%，平均为28.77%。其中，四个年度在10%以下，五个年度在10%～20%之间，13个年度在20%～30%之间，32个年度在30%～40%之间，更有三个年度超过了40%。这组百分比数据显示，番摊赌博专营收入构成了澳葡当局财政收入的最大进项，澳葡当局的财政运作，已经形成三分天下番摊有其一的局面，番摊赌博专营作为财政收入的支柱地位已经牢固地确立起来。

如果我们进一步观察番摊收入与财政收入变动的过程，那么，番摊赌博专营平衡财政的作用会显得更加突出。

最初几个年度，番摊赌博处于起步阶段，其收入仅有万元上下，所占财政收入的比重也在10%上下波动，对财政的影响力尚不突出。至1857—1858年度，当番摊收入增到23 000元时，其占财政收入的比重达到13.5%以上。而在1858—1859年度，当番摊收入增至84 000元时，立刻使财政收入由176 000余元增至226 000余元，番摊所占的比重亦达到37.10%。1865—1866年度，番摊收入突破11万元，财政总收入随之达到285 000余元，番摊所占比重已接近四成。19世纪70年代早期（1871—1872年度至1874—1875年度），番摊收入保持着较高数位，财政收入的总体规模亦保持40万余元的高数位，特别是1874—1875年度，其他收入减少，而番摊收入增加，从而避免了财政总收入的大幅度锐减。19世纪70年代末期，番摊赌博取消了竞投专营，收入波动不定，所占财政收入的比重亦较低。80年代虽然恢复了番摊竞投专营制度，但由于成交价格没有显著回升，所占财政收入的比重也仅维持在四分之一的数位。进入90年代，番摊专营稳步发展，但承充价格在14万—15万元的数位上维持了12年，其对财政的贡献率未见明显回升。进入20世纪，随着新一届承充价格的大幅度提升，带动财政收入总规模维持较高数位，尽管受到价格变动因素的影响①，番摊收入占财政收入的平均比重仍高达34.15%。最后两个年度甚至高达四成以上。番摊赌博在澳葡财政运作过程中的支柱地位更加突出了。

那么，番摊赌税在财政收入中的支柱地位究竟意味着什么呢？我们认

---

① 各项专营承充一直以“元”来计算承充价格。在卢九承充展期六年间，官方汇率由原来的1元=850厘士降为640厘士，导致以厘士计算的番摊收入实际降低。1904年以来，该汇率进一步降为1元=540厘士，但由于承充价格成倍增长，以厘士为单位的番摊收入仍大幅度上升。

为，番摊作为一种历来被称为“贱业”的赌博活动，其对社会经济发展的作用是极为复杂的，需要作认真的分析。

为了说明番摊赌博专营对澳门财政收入的贡献，需要考察澳葡当局财政开支的结构。为此，我们根据搜集到的有关资料，整理编制了“1845—1911 年澳门财政支出主要结构分布表”（详见附录之 9）。按照澳葡当局财政支出统计的分类，我们统计了行政、财政、司法、军事、海事等五项开支合占财政支出的比重。从统计结果来看，在晚清时期，为实现管治澳门而支出的开销所占总支出的比重，最少的年份为 39.3%，最多的年份为 79.2%，平均为 58.3%；其中有 42 个年份的比重在一半以上。尤其是，包括海事在内的军事开支的比重大部分年份都在一半以上。这样的财政开支分布，是典型的“海外飞地”政府的开支模式。这样的分布，与晚清时期澳葡当局夺取澳门管治权的根本方向是一致的。所以，以番摊赌博为主体的博彩业在澳葡财政运作中的支柱地位，首先是保证了在澳殖民管治的推行。从某种意义上说，博彩专营实为澳葡当局对澳实现殖民管治的有效途径和手段。

博彩专营的利弊是显而易见的。离任澳督马沙度对番摊专营利弊的分析是中肯的，然而算不上全面。事实上，博彩业在对经济产生一定拉动作用的同时，也对经济发展具有严重的阻碍作用。这一点不应因为其对财政的重要贡献而被忽略。

1868 年 5 月，香港西商会曾开会讨论港英当局在港开赌对香港前途的影响问题。会议一致认为，公开赌博令商业萎缩。会后上书港府，要求立即下令禁赌。他们陈述了下列事实：

> 当开赌甫及一年，南北行的生意亦大受影响，有不少客商原本携款来港购买洋货，都在赌馆把货款输光了。有些运土货来港的商人，卖出土货之后，原可办运洋货回内地，也将货款输光了。①

显然，在西商会看来，赌博对商业的发展是有害的，它会导致商业的萎缩。

---

① 鲁言：《香港赌博史》，香港：广角镜出版社，1978 年版，第 20 页。

与此不同的是，1889年9月27日，一个受命研究澳门经济且有著名赌商卢九参与的委员会，在其报告中曾这样归纳导致1884—1887年间澳门商业衰退的因素：

> 第一，资本缺乏。当闱姓票在澳门兴旺时，大量资本从外面流入澳门以购买这种彩票，所有这些钱未被作为彩金重新分配掉的部分，就留在了中国的钱庄里，给商人带来利息，从而方便并推动交易的发展。由于彩票相继不断，总是有廉价的资本用于刺激商业的发展。然而，由于闱姓票于1884年在广东省各城市开放，华人不再来澳门购买这种彩票。于是，澳门开始缺乏资本，这对商业产生了普遍的影响，从这里可以部分地解释1885—1887年间统计资料所显示的贸易下降。①

在这个委员会看来，是广东省开闱姓引起的澳门闱姓生意不佳，造成了资金的缺乏，从而导致1884—1887年间澳门商业的衰退。

1909年广东省香洲开埠期间，曾有人于《香山旬报》撰文论述澳门与香洲之不同：

> 澳门实无所谓商务，所恃以支持目前者，惟妓院与赌博二者耳。然此二者故所谓不正当之营业也。故香洲开埠，首以禁赌为先。良以赌风一盛，人多嗜好，咸薄于储蓄之愿望，而商务受莫大之影响也。此澳门之不及香洲者二也。②

这些看似相互抵牾的记述，其实恰好反映了赌博业对社会经济影响的复杂性。如上述委员会所述，赌博确有调动资金的作用。但它作为非生产性行业，同时又是占用资本的大项。赌博所调动起来的资本，不会自动转为社会性投资，它需要相应的配套措施。人们不能看到某个赌商还有两间店铺或是作坊，便轻言赌博促进了经济的发展。

---

① *Boletim Official*, Vol. XXXV, Supplemento ao N.º 45, 12-11-1889, p. 344.

② 黄鸿钊编辑：《香洲开埠史料辑录》，珠海：珠海出版社，2010年版，第38页。

以番摊赌博为主体的博彩业在澳葡财政运作中的支柱地位，首先是保证了葡国在澳殖民管治的推行。从某种意义上说，博彩专营实为澳葡当局对澳实现殖民管治的有效途径和手段。在本书研究的时期，澳门博彩法规体系的建立明显仅限于经营环节本身，除了从1889年开始对承充规银加抽2%的市政公钞用于发展教育外，几乎未涉及博彩业的社会层面，甚至连禁止儿童和公务员进入赌场的规定都没有[①]，更未对经营者得自博彩收入的用途作出规限。作为博彩法规的一部分，以专门的规则来规范博彩收入的用途，强调博彩经营与其他行业（如旅游等）的捆绑式发展，尽量减少其负面影响等，都还是多年以后的事情。

① 连当过澳门总督的马沙度也对此感到遗憾。参见文献辑录之70。

# 文献辑录

## 前　言

这里收录的70篇文献主要由三部分构成。一是笔者译自《澳门宪报》[①]和档案馆馆藏手稿的葡语文献，共33篇，占收录文献总篇数的47%。这部分文献我国学者尚未利用过，葡国学者也仅征引过其中的少数几篇，然该部分文献对本课题的研究具有不可或缺的支柱作用。二是录自澳门历史档案馆所藏澳门财政局档案[②]中的中文档案，共16篇，占收录文献总篇数的23%。这些文献在以往的有关论著中虽有征引，但少有以全文公布者。三是录自《澳门宪报》的汉译文本。鉴于已有《〈澳门宪报〉中文资料辑录（1850—1911）》一书出版，这部分资料的搜求并不困难，故这里仅收录了一些为前书所漏辑或本书有不同解读的文献，共计21篇，占收录文献总篇数的30%。为了避免因为拘泥于中文翻译而导致文献理解上的误差，我们在所录中译文献的关键部分括注了葡语原文，并依照葡语原文订正了档案在中文缮写过程中的一些笔误。为了节省书稿篇幅，这里仅收录了本书中实际引用到的文献。文献中出现的有关资料，凡录自原档译文者，数字保留原来的汉字书写法；凡今译文献，皆用阿拉伯数字表示。1873年以前的文献中的华人姓名，只是葡文翻译，未能与真实汉语姓名核对。

---

① 《澳门宪报》为澳葡当局编辑出版之政府公报，葡文名称前后多有变化（参见本书参考文献），但行文中常简称为"*Boletim Official*"，1880年第一期始有报头汉译名《澳门地打宪报》，澳门与帝汶分离后则称《澳门宪报》。本文凡引用该报资料，皆简称 *Boletim Official*，跟进标注卷次、期号、日期和页码。原报藏于澳门历史档案馆，备有全套缩微胶卷，其中1858年10月以后各卷在中央图书馆澳门室、民政总署大楼图书馆以及何东图书馆有复制卷，可供阅读，并可随机打印，很是方便。

② 澳门历史档案馆藏：A. H. M. , Finanças / N.$^{os}$ 422 - 435. Mic. A0585 - 0590.

## 01. 关于组建澳门帝汶梭罗省的敕令（1844 年 9 月 20 日）

[……]

听取了部长会议（Conselho de Ministros）及国务会议（Conselho de Estado）的意见，并根据 1843 年 5 月 2 日法令，现颁布敕令如下：

第一条，葡萄牙王室拥有的澳门市、帝汶、梭罗以及它们的所属之地（A Cidade de Macao; e os Estabelicimentos de Timor, e Solor, com todas as suas Dependencias, e territorios a que tem Direito a Corôa Portuguesa），联合组成一个省，命名为"澳门地扪梭罗省"（Provincia de Macao, Timor, e Solor），并独立于印度国政府（Estado da India）。

第二条，该省总督将被视为与 1836 年 12 月 7 日敕令规定之圣托美—普林西比省的总督同一级别。

第三条，上面提到的总督将常驻澳门，并在地扪和梭罗设一位副总督（Governador Subalterno）。

第四条，与该总督一道，将有一个 Conselho de Governo（澳葡当局中译为"总督公会"）。该公会由司法、军事、财税、教会等部门的首领以及议事公局主席（Presidente do Leal Senado）和城市理事官（Procurador da Cidade）组成，拥有 12 月敕令授予总督委员会（Concelhos dos Governadores Geraes）的权限。

第五条，按照 1836 年 12 月 7 日敕令及 1838 年 9 月 28 日敕令的规定，该省总督和副总督必须执行现行法令的规定以及有关权限部门给予这两位总督的命令和指示，前提是这些命令和指示不违反该敕令。

附款，目前的澳门总督和帝汶总督继续履行其职责，前者的地位等同于该独立省的总督，后者按照 1836 年 12 月 7 日敕令第 18 条的规定执行。

第六条，为管理公共财物，将按照 1837 年 1 月 16 日敕令在澳门设立一个财政委员会（澳葡当局汉译为"公物会"），并由该省总督任该委员会主席，其他委员有地区法官（o Juiz de Direito，澳葡当局汉译为"按察司"）、书记官（o Escrivão，澳葡当局汉译为"书吏"）、司库（o Thesoureiro，澳葡当局汉译为"管库官"）和会计（o Contador，澳葡当局汉译为"管数官"）。将制定一项法规来确定该公共机构（Corpo Collectivo）的权限和其他特性。

附款一：该委员会将在帝汶设一代理处，或称助理机构，由该副总督任主席，另有一名书吏和一名司库。

附款二：公物会一经建立，澳门议事公局（o Leal Senado de Macao）即将其所掌握的所有公共资金，所有账册、票证、账单、债务说明，以及有关公共财产的任何其他文件，转交给该公物会。

附款三：同样，须将有关公共财物，所有账册、票证、账单转交给帝汶的代理处。

第七条，澳门议事公局继续享有本敕令未加改变的属于它的一切特权，并拥有行政法典（Codigo Administrativo）授予市政机构的所有权限，城市理事官（Procurador da Cidad）继续享有维系与中国当局的关系所必需的权限。

第八条，澳门地方法官（Juiz de Direito de Macáo，澳葡当局中译为"按察司"）享有古代王室大法官（Antigos Ouvidores）的权限（与海关监督有关者除外），对包括帝汶和梭罗在内的整个法区（toda a Comarca）的一切判决有决定权，而在帝汶和梭罗则设有初级法官（Juizes Ordinario）。

附款，澳门按察司继续担任孤仔（Orfaons）法官，参与其银库的管理，掌握该银库的一把锁匙；另一位管理者是管库，此人必须始终是可靠可信之人；第三位是法庭书吏，即来自孤仔中的专门书吏。

第九条，按照1836年12月7日敕令对好望角以东各海外省（Provincias Ultramarinas）司法管理的规定，澳门地扪梭罗省继续属于果阿的大法院（Direito da Relação），在澳门继续设有一个司法委员会（Junta de Justiça）。

第十条，废除与本敕令相反的法令。

海事海外部大臣遵照执行。

贝林宫，女王，1844年9月20日。若阿金·若瑟·法尔康（Joaquim José Falcon），海事海外部秘书处，1844年9月28日。

——译自 *Boletim Official*, Vol. I, Num 1, 08-01-1846, pp. 1-2.

### 02. 1848年1月22日猪肉专营权招投公告与合同

澳门总督亚马嘞通告：本总督经于去年12月18日下令发布了招投本市猪肉销售专营权的公告，据此已于本年1月22日在理事官署进行了拍卖，猪肉专营权（o privilegio exclusivo）由义利店的华人亚颂（China Asong da Loja Gui-Li）投得，承充期限为一年，他承诺遵守下文所公布的合同条款。兹命令执行这些条款，违反者将受到该条款所列明的惩罚。特此布告，以周知遵行。哑马嘞 1848 年 2 月 1 日于澳门。

**合同条款**

第一条，该承充人（o arrematante）须足量供应由澳门以迄关闸界内消费所需的猪肉。

第二条，猪肉零售价格以本合同所附之价格表加以规定；称量按照海关规定以 16 两为 1 斤。

第三条，该承充人须每 6 个月分两次向政府预付承充费。

第四条，承充期自本月 10 日起算，以一年为期；在此期间承充人须忠实遵行合同条款，且须有殷实之担保。

第五条，该承充人享有猪肉销售专营权（o privilegio exclusivo），或本人自售或由其代理人零售；任何未经承充人同意而私售猪肉者，首犯罚银 10 两，再犯罚银 20 两，并处以 30 天监禁，以此累加；该项罚金之一半归检举人，另 半归公物会。

第六条，运入澳门的所有生猪须经承充人之手，但承充人不得滥用此特权限制他人携带猪肉销售；未经承充人之手而私将猪肉带入澳门者，首次罚银 10 两，二次罚银 20 两，并处以 30 天监禁和没收猪肉，此项罚金之一半和罚没的猪肉归检举人，罚金之另一半归公物会。

第七条，任何有意零售猪肉者须向承充人提出申请并得到其同意，否则将受到该合同第五条所规定之惩罚。附款，该承充人向零售商收取的手续费，每头猪不得超过白银 2 钱（mazes）。

本合同第二条所提到之价格表（略）。

——译自 *Boletim Official*, Vol. III, N.º 1（N.º 36）, 09 - 02 - 1848, p. 144.

### 03. 1848 年 2 月 14 日牛肉专营招投公告与合同

澳门总督哑马嘞通告：本总督曾于去年 12 月 18 日下令发布招投牛肉销售专营权的告示，据此已在理事官署进行了公开拍卖，由联合店的华人亚德（China Atac da Loja Lin-Hap）投得为期一年的牛肉专营权，他承诺遵守下文所公布的合同条款。兹命令执行这些条款，违令者将受到该条款所列明的惩罚。特此布告，以周知遵行。哑马嘞1848年2月14日于澳门。

合同条款

第一条，该承充人（o arrematante）须足量供应由澳门以迄关闸界内消费所需的牛肉；牛肉须质量合格且不得在水中浸泡。

第二条，牛肉零售价格以本合同所附之价格表加以规定；称量按照海关规定以16两为1斤；废止官船士兵每斤收取24文铜钱的习惯做法。

第三条，该承充人须每隔6个月向政府预付承充费。

第四条，承充期自本月14日起算，以一年为期；在此期间承充人须忠实遵行合同条款，且须有合适之担保。

第五条，该承充人享有牛肉销售专营权（o privilegio exclusivo），或本人自售或由其代理人零售；任何未经承充人同意而私售牛肉者，首次罚银10两，二次罚银20两，并处以30天监禁，以此累加；罚金之一半归检举人，另一半归公物会。

第六条，任何有意零售牛肉者须向承充人提出申请并得到其同意，否则将受到该合同第五条所规定之惩罚。

本合同第二条所提到之价格表（略）。

——译自 *Boletim Official*, Vol. III, N.º 2 (N.º 37), 17-02-1848, p. 9.

**04. 1851年5月9日氹仔港口卖盐专营权出投公告及合同**

澳门总督卡多佐通告：根据总督公会（Conselho do Governo）决定，已于昨日在公物会（Junta da Fazenda）将氹仔港口（Porto da Taipa）卖盐货专营权公开出投，由华人老桂（China Lac-Qua）投得，他出价最高，且遵照下列合同条款。

第一条，此项卖盐货专营权以两年为期，自公物会招投成交后30天起算；且仅限在氹仔港口销售。

第二条，专营权之价格将由在招投现场投充者所喊出之最高价格确定，且须有殷实之担保，担保人须用自己拥有或即将拥有之财产作抵押；承充者须每季度向政府预付承充费用。

第三条，担保系对整个承充期限和全部费用而言；如果承充人在前述合同条款规定之期限内无力支付该款项，则担保人须用自己的财产全额支付。

第四条，若承充人因未履行本合同中的任何条款受到处罚，而本人不能按时支付罚金，担保人须服从事先确定的一切处罚规定。

第五条，鉴于有承充人缴纳了该项专营权的承包费，他享有在氹仔港口批发和零售卖盐的专有权；除承充人本人及其授权者之外，任何人不得在该氹仔港口售盐，违者罚银 50 两，并没收其私售之盐。

第六条，盐货进口商只可将其货卖给氹仔港口的卖盐承充人；盐货进口商不得在澳门的其他港口出售盐货，违者罚银 25 两，并没收其所有私售之盐，所罚没之银货一半归承充人，另一半归澳门公物会。

第七条，盐货进口商只在一种情况下可将盐货卖给承充人以外的其他人，即所购之货系以远洋船载运出口，但此种出口须以购者本人之商船载运，并须事先向承充人通报交易之条件并得到其同意，违者罚银 20 两，并没收从船上卸下之所有盐货或违反本合同之规则出售的货物；该罚银和货物遵照本合同第十条之规定处置。

第八条，当本政府需要在氹仔购买盐货用于自身运作或用于本市之用时，盐货进口商可按照事先确定之条件向政府出售所需要的盐。

第九条，承充人不得以任何手段强迫盐货进口商只向其出售盐货，亦不得阻止进口商按照事先确定的条件向其他人出售盐货；违反该规定者将根据情节轻重处以 25 ~ 50 两不等之罚银。

第十条，本澳政府对承充人依照本合同规定所享有的正当利益给予一切保护；并在打击侵权方面给予一切必要的帮助，包括罚没货物和处以罚金；罚没之货全部归承充人，罚金除去相关的司法费用后一半归承充人，另一半归澳门公物会。

第十一条，承充人不得强迫进口商接受在氹仔港口向其出售盐货的价格，该价格应由双方根据市场行情自由协商而定；明确禁止承充人向进口商索取合同规定其应得之外的钱或物；违反前项规定者罚银 20 两，违反第二项规定者处以相当于被索取对象价值 5 倍的罚款；罚银一半归被勒索之人，另一半归澳门公物会。

第十二条，进口商须向承充人支付其在氹仔口岸所出售之一切盐货价值 1.5% 的费用；故今后在本合同生效期间免除盐货进口商此前向政府缴纳的费用。

第十三条，依据本合同第七、八两条所销售给政府或个人的盐货交易中原由购买者向政府缴纳的费用，现转归承充人所有，即从销售总额中每元收取10文钱，不得多收；违者须向公物会缴纳罚银5两，并按照多收之数加倍返还给被勒索者。

第十四条，该承充人及其授权人不得强行以高于市场行情的平稳价格出售其盐货，并不得欺辱和虐待盐货进口商；违反该合同对进口商实行勒索者，将根据情节轻重处以10~30两不等的罚银。

第十五条，该承充人须始终保持储备足以供本市及其附近地方消费所需的盐货，以保证避免出现该必需品的短缺；违者将在政府的仲裁下取消该承充合同。

第十六条，该承充人所设立之盐货储备点，应位于距离氹仔最近处，政府应批给该承充人用于此项用途之地皮，并在盐货储备点位于该处期间免除地租及其他任何收费。

第十七条，本澳政府承诺保障该承充人依据合同所享有的一切利益；该承充人及其担保人须忠实遵行本合同对其所规定之义务，不得滥用该合同对盐货进口商和任何与之发生交易关系者实施欺辱和勒索；任何违反合同者除受到法律规定的处罚外，还须对其违法行为所引致之一切损失负责。

此通告将以正式方式张贴于重要地点，以便周知遵行。

弗兰西斯科·安东尼·贡萨尔维斯·卡多佐，1851年5月10日于澳门。

——译自 *Boletim Official*, Nova Serie, Vol. VI, N.º 26, 17-05-1851, pp. 77-78.

**05. 1851年5月12日澳门煮卖鸦片熟膏专营权出投公告与合同**

澳门总督卡多佐通告：根据总督公会（Conselho do Governo）决定，昨日已于公物会门前将澳门市区（即从妈阁庙以讫关闸）煮卖鸦片熟膏之专营权出投，由谭亚建（Tam-Acam）和梁亚敬（Leon-Aguin）两位华人投得，他们出价最高，且遵行下列合同条款。

**合同条款**

第一条，此项煮卖鸦片熟膏之专营权仅限于澳门，即从妈阁庙到关闸；承充期限为一年，从该次招投成交之后30天起算。

第二条，此项专营权之价格将由在招投现场投充者所喊出之最高价格确定，且须有殷实之担保，担保人须用自己拥有或即将拥有之财产作抵押；承充者须每月向政府预付承充费用。

第三条，该担保系包括整个承充时期和全部承充费用；若承充人不能在本合同第二条规定之期限内支付承充费，则须由担保人以自己的财产全部支付。

第四条，同样，若承充人不能按时支付因违反本合同之任何条款而引致的罚金和其他罚款，则须由担保人代为支付。

第五条，鉴于由该承充人支付承充费，他们享有在本合同第一条规定之范围内煮卖鸦片熟膏的专营权；此项专营权仅限于煮卖鸦片熟膏，与生鸦片烟土零售即通常所说的烟饼销售无涉，此项生意仍一如既往地实行自由买卖。

第六条，除承充人及其授权之人和烟行外，其他任何人不得在本合同规定之期限和范围内从事煮卖鸦片熟膏之经营活动，违者将被科以50两罚银，并没收其违法经营之鸦片，所罚没之货银一半归承充人所有，另一半归公物会所有。

第七条，承充人须在本合同所规定之地方开设足以供吸食者所需要的烟馆，或自开，或授权他人开设；若有情报显示不能完全符合合同条款之规定，则由政府仲裁取消本合同。

第八条，承充人煮制鸦片熟膏之收费标准，每块公烟、姑烟（巴特那、贝纳尔）或每包（三斤装）白皮（麻尔洼）不得超过0.75元（tres quartos de pataca）；违反本合同规定多收者，须向公物会支付20~40两不等的罚银，并须按照非法所得价款加倍返还被勒索之人。

第九条，禁止承充人向熟膏消费者索取高于该市烟价一般行情的价格；不得以任何方式勒索和欺辱消费者；任何违反该合同对消费者实施勒索和欺辱者，将被科以25~50两不等之罚银。

第十条，煮鸦片熟膏者，即从事煮鸦片熟膏用于吸食之匠人，只能为承充人及其授权者煮制熟膏；违反本合同私自加工熟膏者，将被科以10两罚银，该罚金一半归承充人所有，另一半归公物会所有；若受罚者不能支付罚金，则被处以体罚；私煮之鸦片将被罚没，归还原货主。

第十一条，承充人应全力以赴并利用力所能及的其他方式避免其所煮熟膏中出现掺假和欺诈现象；在供烟馆或者个人食用之熟膏中发现任何掺假和欺诈行为，承充人将被科以不低于50两的罚银。

第十二条，本澳政府保障该承充人依据合同所享有的一切利益；该承充人及其担保人须忠实遵行本合同对其所规定之义务，不得滥用该合同对鸦片熟膏进口商和任何与之发生交易关系者实施欺辱和勒索；任何违反合同者除必须受到法律规定的处罚外，还须对其违法行为所引致的一切损失负责。

此通告将以正式方式张贴于重要地点，以便周知遵行。

弗兰西斯科·安东尼·贡萨尔维斯·卡多佐，1851 年 5 月 13 日于澳门。

——译自 *Boletim Official*, Nova Serie, Vol. VI, N.º 27, 24 - 05 - 1851, pp. 81 - 82.

### 06. 1851 年 7 月 15 日澳内白鸽票专营权出投公告

奉公物会命，缘澳内白鸽票厂[①]于七月二十四日期满（Estando proximo a findar o prazo do Exclusivo d'arrematação da Loteria Chineza, em 20 de Agosto proximo vindouro），是以，预于六月十七日在议事亭重新出投夜冷（o ditto exclusivo irá de novo á Praça），如有愿遵守规条及出批价最高者，准令承充[②]。其白鸽票规条在亭（no acto d'arrematação）与看。六月二十日谕。

——录自 *Boletim Official*, Nova Serie, N.º 35, 19 - 07 - 1851, p. 115.

### 07. 1858 年 7 月 13 日澳门中式赌博番摊馆专营权出投公告与合同

兹告将于本年 7 月 13 日在公物会门前举行中式赌博番摊馆专营权公开出投[③]；承充合同[④]由下列条款构成；自公告发布以讫当日并在招投当场，公物会将接收并考虑任何书面申请；书面申请以中文或葡文书写均可；并

① 即白鸽票专营。——作者注。

② 即获得合同规定的专营权。——作者注。

③ 即现在通译的“公开拍卖”或“竞投”。——作者注。

④ 即现译专营合约。——作者注。

以密封信[①]形式递交公物会主席或公物会书记官。（见图13）

## 合同条款

第一条，此项承充合同以一年为期，自本年9月11日起算。

第二条，按照番摊专营承充价格，该承充人开设番摊馆之数量以20间为限，每间番摊馆仅限一张赌台。

第三条，即使承充人开设番摊馆不足20间，也必须全额支付承充费用。

第四条，若承充人认为需要在前述条款规定之限额之外增开番摊馆，可向政府提出有关申请，该申请可能被拒绝，也可能获得批准；若获得批准，则承充人须为增开之番摊馆每间支付与原来承充20间番摊馆相等比例的费用。

第五条，该承充人享有在澳门市区即从妈阁庙到关闸界内经营番摊馆之专营权，故依据前述合同规定，承充人可在此范围内任何自认为合适的地点开设番摊馆。

第六条，该承充人须向政府报告所开设番摊馆之数量及其位置。

第七条，承充人须每隔15天向政府预付番摊专营承充费。

第八条，承充人须在投标当场提供保证其履行合同之殷实担保人。

第九条，该担保系包括整个承充时期和全部承充费用；若承充人不能在本合同第七条规定之期限内支付承充费，则须由担保人以自己的财产全部支付。

第十条，同样，若承充人不能按时支付因违反本合同之任一条款而引致的罚金和其他罚款，则须由担保人代为支付。

第十一条，若承充人超过本合同第二款所规定的限额增开任何一间番摊馆，并且未按照第四款之规定提出增开申请，除须补交所增开番摊馆之费用外，还将以该项应付费用之半额科以罚金。

第十二条，承充人应在政府监督之下任命一名内部警察，保持番摊馆内秩序良好；本澳政府将在情况需要时提供必要的警力支持。

第十三条，番摊馆不得开放至午夜之后；若发现午夜后仍有人在馆内赌博，则承充人将被科以50两罚银。

---

① 即后来翻译的“暗票”出投方式。——作者注。

# O BOLETIM DO GOVERNO DE MACAO.

Vol. IV SABBADO 29 DE MAIO DE 1858. No. 31


"O BOLETIM DO GOVERNO DE MACAO."

Esta Folha he publicada na Imprensa do abaixo-assignado em todos os Sabbados, e a sua responsabilidade á face da Lei 6 só na parte não official. Admitte toda a especie decorrespondencias, comtanto que seja respeitada a moral publica, e o Governo, e que nao ataquem a vida privada de pessoa alguma, e que naõ dem lugar a polemicas desagradaveis, e enfadonhas: os correspondentes ficaraõ responsaveis pelos seus escritos, sendo conhecidos da redação, e naõ o sendo habilitar-se-haõ competentemente; saõ admittidos todos os avisos, editaes e noticias relativas á compras, e vendas, &c.

*Préços de Assignatura:*

| | |
|---|---|
| Por Um Anno. | $8 |
| Por Seis Mezes. | 5 |
| Por Tres Mezes. | 3 |

*Avisos:*

Não excedendo de 10 linhas, - - - $1

Excedendo de 10 linhas, 10 avos por linha pela Primeira publicação, e 5 avos por cada subsequente publicação. Publicações de interesse particular são pagas.

J. da Silva.

## PARTE OFFICIAL.

### HOSPITAL MILITAR.

*Mappa Semanal dos Doentes que foram tratados neste Hospital.*

| *Movimento dos Doentes* | Praças: *Batalhão de Artilheria* | *Brigue Mondego* | *Amasona* | *Navio de Guerra Francez* | *Batalhão Nacional* | *Policia* | *Moços* | *Prezos* | *Total* |
|---|---|---|---|---|---|---|---|---|---|
| Existiam | 22 | 9 | 1 | — | — | 1 | 1 | 2 | 36 |
| Entraram | 24 | — | — | — | — | — | — | 2 | 26 |
| Sahiram { Curados | 13 | 4 | — | — | — | — | — | 3 | 20 |
| Sahiram { Mortos | 1 | — | — | — | — | — | — | — | 1 |
| Ficam existindo | 32 | 5 | 1 | — | — | 1 | 1 | 1 | 41 |

O fallecido: Soldado No. 30 da 4a. Companhia, Babli Gancar—Febre Tiffoide.

Hospital Militar 24 de Maio de 1858.

*Antonio Luiz Pereira Crespo,*
Cirurgião-mór da Provincia.

### AVIZO.

No dia 13 de Julho proximo futuro se hade arrematar ao meio dia, em leilão publico, na Junta da Fazenda o excluzivo de jogo china denominado "Fantan." O Contrato será de baixo das condições seguintes; porém na Junta da Fazenda se receberão e tomarão em consideração quaesquer outras propostas, que se podem fazer, quer por escripto até aquelle dia, e no acto d'arrematação. As propostas por escripto podem ser feitas em requerimento em china, ou em Portuguez, ou em cartas fechadas dirigida ao Prezidente da Junta, ou ao Escrivão da mesma.

*Condições do Contrato.*

Artigo 1o.—O prazo da arrematação a que se vai proceder será o de um anno, a começar no dia 11 de Setembro proximo vindouro.

Artigo 2o.—Pelo preço que se arrematar o Excluzivo de jogo de Fantan, o arrematante não poderá ter abertas mais de 20 cazas de jogo, não podendo haver cada caza mais de uma meza de Fantan.

Artigo 3o.—Ainda que o arrematante não tenha abertas as 20 cazas, será com tudo obrigado a pagar o total do preço por que arrematar.

Artigo 4o.—No cazo que o arrematante julgue que preciza de abrir mais cazas, além das 20 de que tratão os artigos antecedentes, poderá pedir licença ao Governo, que lha poderá negar, ou conceder. No cazo de lha conceder, deverá o arrematante pagar por cada caza que abrir, e em quanto estiver aberta, uma quota proporcional do preço por que arrematou a licença para as 20 cazas.

Artigo 5o.—O arrematante tem o excluzivo de jogo de Fantan em Macao, desde a Porta do Cerco até a Barra, e pode por consequencia dentro deste limite ter as cazas, que julgar conveniente, e em conformidade dos artigos antecedentes.

Artigo 6o.—O arrematante dará parte ao Governo do numero de cazas, que tem abertas, e das suas localidades.

Artigo 7o.—O Pagamento da Licença para o excluzivo de jogo de Fantan será por quinzena adiantados.

Artigo 8o.—O arrematante é obrigado a prestar fiança idonea pelo cumprimento do contrato no acto da arrematação.

Artigo 9o.—A fiança se entende ser por todo o prazo da arrematação, e pela totalidade do preço annual deste, a cujo pagamento poderão ser summariamente obrigados os fiadores, quando a elle falte, o arrematante nos prazos marcados na condição 7a.

Artigo 10o.—Da mesma sorte será o fiador obrigado ao pagamento de todas as multas, e outras quaesquer penalidades pecuniarias, em que por virtude deste contrato incorrer o arrematante, nos cazos em que este a não satisfazer pontualmente.

Artigo 11o.—No cazo de que o arrematante tenha aberta alguma caza, além das 20, em conformidade do artigo 2o. e sem proceder a licença, que determina o artigo 4o. será obrigado a pagar, além da quota que corresponde a essa loja, mais metade da sua importancia, com uma multa, pela contravenção.

Artigo 12o.—Ao arrematante incumbirá provêr, sugeito a inspecção do Governo—a policia interna das cazas de jogo, por cuja regularidade, e boa ordem será responsavel; ficando a cargo do Governo prestar-lhe auxilio de forças nos cazos em que as circumstancias o reclamarem.

Artigo 13o—As cazas de jogo não poderão conservar-se abertas depois de meia a noite, sob pena de pagarem a multa de cincoenta taeis sempre, que n'ellas fôr encontrada gente a jogar depois de passada aquella hora.

Artigo 14o.—Além do arrematante e das pessoas por elle authorizadas, a ninguem mais será permettido ter jogo de Fantan, ficando os contraventores incurso em uma multa que será de cincoenta a duzentos taeis, além da quota correspondente ao numero das cazas que tiver tido jogo, sendo metade desta importancia para á Fazenda, e metade para o arrematante.

O que para constar se faz publico pelo prezente em que me assignei.—Macao Contadoria da Fazenda 29 de Maio de 1858.

*Miguel Pereira Simoens,*
Escrivão da Fazenda.

## PARTE NÃO OFFICIAL.

MACAO 29 DE MAIO DE 1858.

### NOTICIAS ESTRANGEIRAS.

(*Dos "Diarios do Governo" de Lisboa do mez de Março de* 1858).

—O novo ministerio inglez está definitivamente constituido. A lista publicada na manhã de 24 de Fevereiro pelo *Times* é a seguinte:

*Presidente do conselho e primeiro lord do Thesouro*—lord Derby.

*Lord chanceller*—mr. de Israeli.

*Ministro do commercio*—mr. J. Herley.

*Ministro de obras publicas*—lord John Manner.

*Lord logar-tenente na Irlanda*—conde de Eglington.

Todos pertencem ao partido tory. Julga-se immediata a dissolução do parlamento.

—*Ministro da guerra*—general Peel.

*Primeiro lord do almirantado*—sir John Pakington.

图 13 1858 年澳门番摊承充合同

（《澳门宪报》1858 年 5 月 29 日）

第十四条，除承充人及其授权者之外，任何人不得开设番摊馆，违者除交纳与所开赌馆间数相当之承充费用外，另科以 50 ~ 200 两不等的罚金；该项罚款之一半归公物会所有，另一半归承充人所有。

为出示晓谕，特发布本人签署之公告。

公物会书记员米格尔 · 佩雷拉 · 西蒙斯，1858 年 5 月 29 日于澳门公物会会计室。

——译自 *Boletim Official*，Vol. IV，N. º 31，29 - 05 - 1858，p. 121.

## 08. 1851—1852 年度至 1858—1859 年度澳门公物会出投专营权价格表

单位：元

| 专营权 | 1851—1852 | 1852—1853 | 1853—1854 | 1854—1855 | 1855—1856 | 1856—1857 | 1857—1858 | 1858—1859 |
|---|---|---|---|---|---|---|---|---|
| 中式赌博番摊 | 12 000 | 9 720 | 10 920 | 10 200 | 12 060 | 12 060 | * 12 060 | 84 000 |
| 中式彩票 | 6 000 | 3 840 | 5 400 | 5 400 | 11 700 | 11 700 | 21 600 | 20 760 |
| 鱼类专营 | 1 200 | 1 200 | 1 612 | 1 612 | 1 900 | 1 900 | 2 000 | 2 000 |
| 猪肉牛肉 | 4 428 | 4 535 | 5 236 | 4 755 | 4 410 | 4 775 | 7 217 | 12 150 |
| 鸦片烟膏 | 2 400 | 2 400 | 2 400 | 4 080 | 6 000 | 5 520 | 10 800 | 12 060 |
| 盐类专卖 | 1 681 | 1 681 | 1 110 | 1 110 | 1 040 | 1 040 | 1 920 | 1 920 |
| 捕捞牡蛎 | 800 | 800 | 800 | 800 | 800 | 800 | 800 | 800 |
| 氹仔鸦片烟膏 | — | — | — | 815 | 300 | 815 | 815 | 815 |
| 路环鸦片烟膏 | — | — | — | — | — | 100 | 201 | 201 |
| 合计 | 28 509 | 24 176 | 27 478 | 28 772 | 38 210 | 38 710 | 57 413 | 134 706 |

* 该项专营权先以三年为期出投成交，每年承充费 12 060 元；后因承充人获批增开番摊馆，并支付了增开番摊馆的承包费，故 1857—1858 年度该项收入增至 23 940 元。——米格尔 · 佩雷拉 · 西蒙斯，1858 年 11 月 15 日于澳门公物会会计室。作者注：表内资料略去了小数点部位。

——译自 *Boletim Official*，Vol. V，N. º 30，21 - 05 - 1859，p. 117.

# O BOLETIM DO GOVERNO DE MACAO.

Vol. V SABBADO 21 DE MAIO DE 1859. No. 30

## PARTE OFFICIAL.

MAPPA DOS PREÇOS PORQUE SE ARREMATARAM NA JUNTA DA FAZENDA PUBLICA DE MACAO, EM LEILÃO PUBLICO, OS EXCLUSIVOS ABAIXO MENCIONADOS NOS ANNOS ECONOMICOS DE 1851 ATÉ 1859, A SABER:—

| Exclusivos de | 1851 @ 52 | 1852 @ 53 | 1853 @ 54 | 1854 @ 55 | 1855 @ 56 | 1856 @ 57 | 1857 @ 58 | 1858 @ 59 |
|---|---|---|---|---|---|---|---|---|
| Jogo China chamado Fan-tan .... $ | 12,000.000 | 9,720.000 | 10,920.000 | 10,200.000 | 12,060.000 | 12,060.000 | *12,060.000 | 84,000.000 |
| Loteria China ...................„ | 6,000.000 | 3,840.000 | 5,400.000 | 5,400.000 | 11,700.000 | 11,700.000 | 21,600.000 | 20,760.000 |
| Da Venda de Peixe, &c. ........„ | 1,200.000 | 1,200.000 | 1,612.000 | 1,612.000 | 1,900.000 | 1,900.000 | 2,000.000 | 2,000.000 |
| Idem de Porco e Vaca ...........„ | 4,428.000 | 4,535.000 | 5,236.000 | 4,755.000 | 4,410.000 | 4,775.000 | 7,217.000 | 12,150.000 |
| Idem de Opio cosido ............„ | 2,400.000 | 2,400.000 | 2,400.000 | 4,080.000 | 6,000.000 | 5,520.000 | 10,800.000 | 12,060.000 |
| Idem do Sal .......................„ | 1,681.000 | 1,681.000 | 1,110.000 | 1,110.000 | 1,040.000 | 1,040.000 | 1,920.000 | 1,920.000 |
| Do Pescado das Ostras ..........„ | 800.000 | 800.000 | 800.000 | 800.000 | 800.000 | 800.000 | 800.000 | 800.000 |
| Da Venda de Opio cosido na Taipa „ | ........ | ........ | ........ | 815.000 | 800.000 | 815.000 | 815.000 | 815.000 |
| Dito dito em Colán ..............„ | ........ | ........ | ........ | ........ | ........ | 100.000 | 201.000 | 201.000 |
| Somma ........„ | 28,509.000 | 24,176.000 | 27,478.000 | 28,772.000 | 38,210.000 | 38,710.000 | 57,413.000 | 134,706.000 |

* Posto que este exclusivo fôra arrematado por tres annos á razão de $12,060 por anno, rendeu de 1857 a 1858 $23,940, por se ter concedido ao arrematante o ter abertas mais cazas de jogo, do que lhe era licito pelo contracto, pagando na proporção pelo excesso.—*M. P. Simoens.*

Macao, Contadoria da Fazenda Publica, 15 de Novembro de 1858.

*J. C. Paes d'Assumpção*, Contador.

Visto. *Miguel Pereira Simoens*, Escrivão da Fazenda.

MAPPA DEMONSTRATIVO DAS ARREMATAÇÕES DO JOGO DE FANTÁN, DESDE A CREAÇÃO DO EXCLUSIVO, A SABER:—

| Anno | Quantia | Nome de Arrematante | Observações |
|---|---|---|---|
| 1849 | $ 80.000 | China .................. | Não foi por arrematação, mas sim pela licença concedida pelo Exmo. Governador da Provincia o Conselheiro Amaral. |
| 1849 @ 50 | 1,820.000 | Dito .................. | Dito dito pelo Conselho do Governo. |
| 1850 @ 51 | 11,900.000 | China Mestrinho ........ | Em leilão pela Procuratura á razão de $1,000 por mez, pelo tempo de 1 anno. O china arrematante não cumprio o contracto até o fim do praso por ter fugido. |
| 1851 @ 52 | 12,000.000 | Nicoláo Tolentino Fernandes | Em leilão publico perante a Junta da Fazenda, sendo Governador o Exmo. Conselheiro Cardoso. |
| 1852 @ 53 | 9,720.000 | ........ Dito ........ | Idem dito dito sendo Governador o Exmo. Conselheiro Guimarães. Foi duas vezes á praça, em 6 e 10 de Julho. |
| 1853 @ 54 | 10,920.000 | ........ Dito ........ | Idem dito dito. Foi tres vezes á praça, em 28 de Junho, 5 e 11 de Julho. |
| 1854 @ 55 | 10,200.000 | ........ Dito ........ | Idem dito dito. Foi duas vezes á praça, em 4 e 8 de Julho. |
| 1855 @ 56<br>1856 @ 57<br>1857* @ 58 | 12,060.000<br>12,060.000<br>23,940.000 | ........ Dito* ........ | Idem dito dito por tres annos á $12,060 por anno, que dão $36,180. Em Sessão da Junta da Fazenda de 18 de Dezembro de 1854 houve proposta do China Ahoi para ficar com este exclusivo por tempo de 3 annos, offerecendo $900 por mez, a mesma Junta mandou fazer aviso publico para quem quizesse tomar o dito exclusivo para mais de $900 por mez, dirigisse a sua proposta á dita Junta até 31 do referido mez de Dezembro, seguindo-se a arrematação em 2 de Janeiro de 1855; e chegou o china a offerecer $1,000, e Nicoláo Tolentino Fernandes $1005 por mez. |
| 1858 @ 59 | 84,000.000 | Chiong Ahoi ........ | Idem em leilão publico perante á Junta da Fazenda, sendo Governador o Exmo. Conselheiro Guimarães. |

* Posto que este exclusivo fôra arrematado por 3 annos á razão de $12,060 por anno, rendeu de 1857 a 1858 $23,940 por se ter concedido ao arrematante, por despacho da Junta da Fazenda Publica de 22 de Setembro de 1857, o ter abertas mais cazas de jogo do que era licito pelo contracto, pagando na proporção pelo excesso.—*M. P. Simoens.*

Macao, Contadoria da Fazenda Publica, 19 de Maio de 1859.

*J. C. Paes d'Assumpção*, Contador.

Visto. *Miguel Pereira Simoens*, Escrivão da Fazenda.

COPIA DO §3o. DA SESSÃO DA JUNTA DE FAZENDA DE 2 DE JANEIRO DE 1855.

Houve de se mandar lavrar o competente Termo, que Nicoláo Tolentino Fernandes tem de assignar como arrematante da licença para o exclusivo do Jogo china Fantán, ou Latán, por tempo de tres annos, á contar desde o 1o. de Agosto do corrente anno até o fim de Julho de 1858, á razão de mil e cinco patacas por mes, pagas por adiantados de dez em dez dias em cada mez, com as mesmas condições e responsabilidades em vigor, sob a fiança de Bernardino de Sena Fernandes, por ser o maior preço que se offereceu, em consequencia do aviso de 14 de Dezembro de 1854.—Assignados—*Guimarães.—Siqueira Pinto.—Santos.—Miguel Pereira Simoens.—Rocha.*—Está conforme.—*Miguel Pereira Simoens*, Escrivão da Fazenda.

AVISO.

Quem quizer tomar a arrematação do Jogo de Latán por tempo de tres annos, contados do 1o. de Agosto de 1855 a 31 de Julho de 1858 á razão de mais de $900 por mes, póde dirigir a sua proposta á Junta da Fazenda até 31 do corrente mes, em que se hade resolver sobre este assumpto.—Macao, Contadoria da Fazenda, 14 de Dezembro de 1854.—*Miguel Pereira Simoens*, Escrivão da Fazenda.—Está conforme.—*Miguel Pereira Simoens*, Escrivão da Fazenda.

图 14　1851—1859 年各项专营收入及 1849—1859 年澳门番摊专营收入统计表

（《澳门宪报》1859 年 5 月 21 日）

## 09. 自实行专营权以来番摊招投成交价格示表

单位：元

| 年份 | 数量 | 承充人 | 说明 |
|---|---|---|---|
| 1849 | 80 | 一名华人 | 非经公开招投，而是由哑马嘞总督给予批准（pela licença concedida pelo Governador da Provincia）。 |
| 1849—1850 | 1 820 | 一名华人 | 非经公开招投，而是由总督公会（Conselho do Governo）予以批准。 |
| 1850—1851 | 11 900 | 一名华人 | 在理事官喽嚟哆署进行公开招投，以一年为期，每月承充费 1 000 元（patacas）。由一华人投得承充权，但此人未能履行合同，待合同到期时已经逃逸。 |
| 1851—1852 | 12 000 | 尼古劳·托伦蒂诺·费尔南德斯 | 在公物公所进行公开招投，卡多佐（Cardoso）时任总督。 |
| 1852—1853 | 9 720 | 尼古劳·托伦蒂诺·费尔南德斯 | 在公物公所进行公开招投，基马良斯（Guimarães）时任总督。经 7 月 6 日和 10 日两次出投而成交。 |
| 1853—1854 | 10 929 | 尼古劳·托伦蒂诺·费尔南德斯 | 在公物公所进行公开招投，基马良斯（Guimarães）时任总督。经 6 月 28 日、7 月 5 日和 11 日三次出投成交。 |
| 1854—1855 | 10 200 | 尼古劳·托伦蒂诺·费尔南德斯 | 在公物公所进行公开招投，基马良斯（Guimarães）时任总督。经 7 月 4 日和 8 日两次出投成交。 |

（续上表）

| 年份 | 数量 | 承充人 | 说明 |
|---|---|---|---|
| 1855—1856 | 12 060 | 尼古劳·托伦蒂诺·费尔南德斯 | 在公物公所进行公开招投，基马良斯（Guimarães）时任总督。承充以三年为期，每年12 060元，合计36 180元。在1854年12月13日公物会会议期间，华人常亚海提出愿以每月900元获得三年承充权。公物会遂发布公告，有出价高于900元者在12月30日前向本会投递申请。1855年1月2日进行公开招投，结果该华人出价1 000元，而尼古劳·托伦蒂诺·费尔南德斯出价1 005元。 |
| 1856—1857 | 12 060 | | |
| 1857—1858 | 23 940 * | | |
| 1858—1859 | 84 000 | 华人常亚海 | 在公物公所进行公开招投，基马良斯（Guimarães）时任总督。 |

* 该项专营权先以三年为期出投成交，每年承充费12 060元；后因1857年9月22日公物会批示，授权承充人增开番摊馆，并支付增开番摊馆的承包费，故1857—1858年度该项收入增至23 940元。——米格尔·佩雷拉·西蒙斯，1858年5月19日于澳门公物会会计室。作者注：表内资料略去了小数点部位。

——译自 *Boletim Official*, Vol. V, N.º 30, 21-05-1859, p. 117.

10. **承充三年期澳门番摊专营招投公告与承充合同**（1855—1858）

有愿以每月900元价格承充三年期（自1855年8月1日至1858年7月31日）番摊专营权者，应于本月31日招投之日前将标书送抵公物会。澳门公物会会计室，1854年12月14日示——公物会书记官米格尔·佩雷拉·西蒙斯画押。

现决定缮立本具有法律效率之合同：由承充人尼古劳·托伦蒂诺·费

尔南德斯（Nicolao Tolento Fernandes）签字。按照1854年12月14日公告，他出价最高，获得为期三年的番摊专营权，承充期自本年8月1日起至1858年7月31日止。承充费每月1 005元，每隔10日上期交纳（即预付）。遵照现行合同规定之条件与责任，由贝尔纳迪诺·德·赛纳·费尔南德斯（Bernardino de Sena Fernandes）担保。画押：基马良斯、赛克拉·平托、山度士、米格尔·佩雷拉·西蒙斯、罗沙。

澳门公物会书记官米格尔·佩雷拉·西蒙斯，1855年1月2日示。

——译自 *Boletim Official*, Vol. V, N.º 30, 21-05-1859, p. 117.

### 11. 王室敕令与海事海外部部令（1866年9月8日、10月3日）

海事海外部第46号公文（1866年10月3日发布）

国王陛下命令，透过海事海外部秘书处，给澳门总督寄去一份1866—1867财政年度海外省预算收支表，以便该总督实施该表中有关澳门省的规定。

王宫，1866年10月3日，南湾子爵。

王室敕令（1866年9月8日）

由于没有在准确的时间内接到各海外省的预算，未能在法定时限内向朝廷呈交海外省1866—1867年度收支预算方案。运用宪法补充案第15条所授予我的权力，并听取海事海外部咨议会及部长的意见，现颁布敕令如下。

第一章　关于海外省的收入

第一条，1866—1867年度各海外省的收入预算为（如附表所列）：1 216 785 018厘士，分别为：

| | |
|---|---|
| 直接税 | 482 787 505 |
| 间接税 | 494 218 381 |
| 资产与杂项收入 | 237 031 409 |
| 特别收入 | 2 747 723 |
| 合计 | 1 216 785 018 |

第二条，附表中所列公钞（Os impostos e mais rendimentos）均已构成各海外省的岁入，本年度将继续征收，作为该省的收入。

第三条，同样，截至1866年6月30日待征的国课收入（Os rendimentos do estado, que ficaram por arrecadar)，本年度继续征收，其收入用于该省经过批准的开支。

第二章　关于海外省的支出

第四条，1866—1867 年度海外省开支预算为：14 506 677 121 厘士（按附表所列），分别为：

政府与一般管理
财政管理
司法管理
教区管理
军事管理
海事管理
一般性开支
杂项开销
合计[①]

第五条，前条所指的开支，将用该敕令所批准的该年度的收入来抵偿。

第六条，海外省各兵种的部队编制不得超过 9 000 人（二线部队除外），海上部队编制不得超过 200 人。

第七条，批准 1864—1865 年度海外省财政预算之 1864 年 7 月 28 日法令第 7 至 15 条的各项规定开始生效。

第八条，海外省政府须将本敕令批准的开支情况向朝廷报告。

第九条，废除与此相反的法令。

王宫，1866 年 9 月 8 日，国王南湾子爵。

——译自 *Boletim Official*, Vol. XII, Supplemento ao N.º 48, 01 - 12 - 1866, pp. 1 - 2.

**12. 承充一年期澳门番摊生意合约章程**（1873—1874）

承充番摊合约章程，以壹年为期，计至一千八百七十四年九月初十日为期满。

---

① 原报支出项目之数据部分脱落。——作者注。

西纪一千八百七十三年八月初五日，即唐同治十二年闰六月十三日，在澳门公物公所，当公物会宪面前，照前例将澳内番摊揽头生意招人承充，准华人郑耀、刘越志［墀］、钟超三人承充，一年为期，出规银壹拾伍万元，系自西纪本年九月十一日起计。其合同章程照旧年一式，并列明该承充三人有保险公司五十份，每份银五百两，交出作按，以为担保规银。另有香港商人和兴担保该三人遵照合同章程，公会大宪均准照行。该和兴看明本合约，应承遵照。该承充三人应承每月交上期[①]规银一万式千五百元。如至期无规银交出，即将该合同销毁，另将番摊生意招投。如投价不足，要担保人和兴补足，并所欠规银亦均要担保人和兴填纳。今和兴愿将以上所言银数在公物会看守当按，并将现在及以后所有物业一同作按。所有章程开列于后：

一、承充之期以壹年为满，系自西纪本年九月十一日起计。

二、每月规银壹万式千五百元，七二兑[②]；准开番摊馆二十六间，不得开多。

三、不论承充人开足二十六间摊馆否，务要照纳足规银。

四、如承充人欲于二十六间之外更要开多，须禀明公物会宪，其准与否，均听大宪主意。如准开多，则须与所开二十六间之数照派纳，开多之规银系该馆当开之时方计规银。

五、由关闸至妈阁地方所有摊馆生意，均归承充人，任由承充人在界内照上款开馆多少。

六、该承充人开馆多少，并在何处，均须报明大宪。

七、该规银准要分每十五日上期交纳，要照上款规矩而行。

八、如承充人不依第二款二十六间馆之数，并不依第四款禀明大宪，擅自开多，则于照二十六间应派纳规银之外，更要承充人按计所纳之规银罚多一半。

九、各番摊馆内均宜遵守规矩、安静，如有事故，系惟承充人是问。是以应要请人看守，任官时常巡查，如有事或要请兵防护，官宪定发兵协助。

---

① “交上期”，即今译“预付”之意。——作者注。

② 即1元（pataca）等于七钱二分。

十、各馆赌摊以至夜十二点钟为率即要闭门，如过十二点钟之后尚有赌博，查出罚银五十两。

十一、该承充人及承充人所托之人方得开设摊馆，其外不论何人均不得在街上摆席，并沙梨头等地方，均不得开设私摊。如有违此，罚银壹百至三百两，并有开馆多少要照纳规银，其银一半归呞哒充公，一半归承充人。

十二、如有事除系犯法之外，其事系关于承充番摊者，悉归公物会宪处断。

十三、所有各样赌博未经请准承充人许其开设而私自开设者，查出任官罚银多少。

十四、准开打牌馆三间，但均要照规矩而行。

今公会大宪吩咐立此合约，用唐番字写明，与承充人及担保人读悉。该承充三人在前，有翻译官将合约读讲明白，该三人应承遵照此约，是以将自己现在及后来所有物业作按。有担保人香港商人和兴在前，亦应承遵此约担纳规银，是以将已交出呞哒看守之保险公司五十份每份银五百两，并现在及后来所有物业交出作按，故立此合约。该承充人及担保人均在于翻译官面前签名为据。

郑耀的笔　钟超的笔　刘越墀　担保银人和兴李升［澳门，1873 年 8 月 13 日］①

再声明，该担保人和兴除将保险公司五十份贮在公物公所当按之外，又有交出现银壹万弍千伍百元贮在公物公所作按，以为担保交纳规项。故再立此，当翻译官面前签名为据。

担保银人和兴、李升［澳门，1873 年 8 月 13 日］②

【奉公物会本月 26 日会议之命，将前述合同注销，并于该日签署另一份合同。公物会秘书处，1873 年 8 月 28 日于澳门。】③

承充番摊合约章程，以一年为期，计至一千八百七十四年九月初十日为期满。

西纪一千八百七十三年八月初五日，即唐同治十二年闰六月十三日，

---

① 此日期原档中译文缺，今据葡语文本补入。——作者注。

② 此日期原档中译文缺，今据葡语文本补入。——作者注。

③ 括号内的文字原文件缺中译文，此为今译。——作者注。

在澳门公物公所，当公物会宪面前，照例将澳内番摊揽头生意招人承充，准华人郑耀、钟超、刘越墀三人承充，一年为期，出规银壹拾伍万元，系自西纪本年九月十一日起计。其合同章程照旧年壹式。该承充人等有香港银行银纸三万一千五百元，系七一兑。另有现银六千元，七式兑，共三万七千五百元，系三个月规银，该银交出作按，以为担保合同规项。本月廿六日，大宪准其照此规矩担保，所以十三日所签名之合同视为废纸，即将保险公司五十份每份银五百两之款交回承充人。该承充人郑耀、钟超、刘越墀等应承照本合同规矩而行，每月交上期规银壹万二千五百元。如至期无银交出，则将合同销毁，并将番摊生意另投喇呤①。倘投价不足，系要承充人补足，并所欠规银亦系承充人填纳，是以该承充三人将银纸并规银共叁万七千五百元交出，及现在与后来所有之物业交出作按，所有章程开列于后：

合同条款1—14条，与前相同，从略。

今公物会宪吩咐立此合同，用唐番字写明，俾承充人读过知晓。该承充三人在前同称，愿遵此约章程而行，是以将香港银行银纸并现银共成三万七千五百元交出公物会看守，及现在与后来所有物业交出，作按担保。翻译官即将合同读讲明白。该承充人均称允肯，当翻译官面前签名为据。［1873年8月28日］②（见图15）

郑耀的笔　钟超的笔　刘越墀

——录自A. H. M. / Finanças / N.º 422, fls. 1-7. Mic. A0585.

---

① “夜冷”或“喇呤”为葡语“leilão”之音译，意思是“拍卖”。“出投喇呤”原译自“arrematar em leilão publico”，意思是以竞拍方式获得专营权。有时，在不出现“leilão”时，该短语也被译为“出投喇呤”。故“出投喇呤”实际就是以竞投方式批给专营权之意。——作者注。

② 原档中译文缺此日期，今据葡语文本补入。——作者注。

Termo do exclusivo do jogo de Fantan por tempo certo de um anno a te dez de Setembro de 1874.

Aos cinco dias do mez d'Agosto de mil oito centos setenta e tres annos, perante a Exma Junta da Fazenda foi arrematado em leilão publico com as formalidades das leis o exclusivo do jogo Fantan pelos Chinas Cham-iu, Láo-iuk-chi e Chang-chiu pela quantia de cento e cincoenta mil patacas pelo tempo certo de um anno, a contar desde onze de Setembro em diante, com as mesmas condições do contracto passado abaixo transcriptas, dando por garantia trinta e sete mil e quinhentas patacas, sendo ($31.500.000) trinta e uma mil e quinhentas patacas em notas do Banco Hong-kong a razão de preço de sete mazes um condorim e meio e patacas seis mil ($6.000.000) a preço de sete mazes e dous condorins

承充番攤合約章程以一年為期計至一千八百七十四年九月初十日為滿期

西紀一千八百七十三年八月初五日即唐同治十二年閏六月十三日在澳門公物公所公物會憲面前照例將澳內番攤攬頭生意招人承充准華人鄭耀鍾趙劉月搓三人承充一年為期出規銀壹拾伍萬元係自西紀本年九月十一日起計其合同章程照舊年壹式該承充人等有香港銀行銀紙三萬壹千五百元係該充另有現銀六千元共三萬七千五百元係三個月規銀該銀交出作按以為担保合同規項本月廿六日大憲准其照此規矩担保所以十三日所簽君之合同

图 15　1873 年澳门番摊专营合同（1873 年 8 月 28 日）

（A. H. M/Finanças/N. º 422，fl. 4.）

13. **尤勉之、何连胜承充澳门一年期番摊生意合同**（1874—1875）

承充番摊合约，壹年为期

西纪一千八百七十四年六月二十七日，即同治十三年五月十四日，在澳门公物公所，当公会宪前，将澳门番摊生意照例出投，准人承充，其合约章程照旧一式，随后列明，以一年为期，自西纪本年九月十一日，即华八月初一日起计。今有华人尤勉之、何连胜二人，愿出一年规银壹拾伍万六千零五十元。担保人味哪哖奴·些嗱·肥难地。兹公物会宪准该尤勉之、何连胜二人承充，并准味哪哖奴·些嗱·肥难地为担保。该担保人承应遵照合约章程担保。该承充人应承每一月交纳上期规银壹万三千零四元十六毛六。如有不照合约交规，即将该合约销废，将该生意另行出投。该担保人将本身并现在及后来所有物业作按，担保交纳规银。如另投此生意投价不足，要担保人补足。所有章程开列于后：

一、承充之期以一年为满，系自西纪本年九月十一日起计。

二、每月规银壹万三千零四元十六毛六，七二兑；准开摊馆二十六间，不得开多。

三、不论承充人开足二十六间摊馆否，务要照纳足规银。

四、如承充人欲于二十六间之外更要开多，须禀明公物会宪，其准与否，均听大宪主意。如准开多，则须与所开二十六间之数照派纳开多之规银，系该馆当开之时方计规银。

五、由关闸至妈阁地方所有摊馆生意均归承充人，任由承充人在界内照上款开馆多少。

六、该承充人开馆多少并在何处，均须报明大宪。

七、该规银准要分每十五日上期交纳，要照上款规矩而行。

八、如承充人不依第二款二十六间馆之数，并不依第四款禀明大宪，擅自开多，则于照二十六间应派纳规银之外，更要承充人按照所纳之规银罚多一半。

九、各摊馆内均宜遵守规矩、安静，如有事故，系惟承充人是问。是以应要请人看守，任官时常巡查，如有事或要请兵防护，官宪定准发兵协助。

十、各馆赌摊以至夜十二点钟为率即要闭门，如过十二点钟之后尚有赌博，查出罚银五十两。

十一、该承充人及承充人所托之人方得开设摊馆，其外不论何人均不得在街上摆席，并沙梨头等地方，均不得开设私摊。如有违此，罚银壹百至叁百两，并有开馆多少要照纳规银，其银一半归呞哒充公，一半归承充人。

十二、如有事，除系犯法之外，其事系关于承充番摊者，悉归公物会宪处断。

十三、所有各样赌博未经请准承充人许其开设而私自开设者，查出任官罚银多少。

十四、准开打牌馆三间，但均要照规矩而行。

今承充人尤勉之、何连胜及担保人味哪咋奴·些嗱·肥难哋均在前，将合同读明晓悉，均称愿遵此合约章程而行，承充人及担保人均愿将本身并现在与后来所有物业交出作按，是以立此。该承充人、担保人及公物会书记当翻译官面前，一并签名，以为存据。

——录自 A. H. M. / Finanças / N.º 422, fls. 26v – 29. Mic. A0585.

**14. 游德、何连胜承充澳门一年期番摊生意合同（1875—1876）**

承充澳门番摊生意，一年规银拾万零壹百元

西纪一千八百七十五年六月二十八日，当公物会宪面前，照例将澳内番摊生意出投唎呤。今将此番摊生意准华人游德、何连胜承充，味哪咋奴·先嗱·啡难地担保。该规价银一十万零一百元。所有条款开列于后：

一、投番摊赌馆系定一年之期，自西纪一千八百七十五年九月拾一日，即光绪元年八月十二日起充。

二、承充人所纳规银，限开赌台二十六间，不得多开。若开不满廿六台，亦要纳足承充规银。

三、承充人欲于廿六台之外多开台者，要先禀公物会宪批准方得。如准开者，亦要添纳规银，是按廿六台规价派算添纳，并照添开之期交纳，至少要纳足一个月之规银。

四、照已（以）上第二、第三款，准承充人在澳开番摊馆，自关闸起至妈阁庙止。

五、承充人宜于每月先期要报巡捕兵总及理事官，为报明下月开馆几多，及在何街何号屋。

六、所纳承充规银是每十五日过期三日交上期[1]一次。如过期三日不纳则罚，即照欠纳之银及日子多少，要每年（ao anno）每百元行息八元算，另任公物会宪将此合约销废。如再投唎呤，其价不及原规价之多，仍要承充人（游德、何连胜）及担保人（味哪咩奴·先嚐·啡难哋）补足。

七、已（以）上第二款所定台二十六张，第三款所定多开台者，则要禀明公物会宪。如承充人不先禀明公物会宪，擅自开多台者，则要承充人照添纳规银之上另加罚银一半。

八、番摊馆内诸事应要平安守分，系该承充人是问。是以承充人要设法办理各摊馆内守法平安。其设之法，本官亦查照办理。倘或要兵丁保护，定行立命兵丁保护。

九、该番摊馆每夜要十二点钟闭门，如查出半夜十二点钟尚有人赌博者，第一次罚银五十两。

十、该番摊馆独是承充人及有承充人准者可开。不论在街揸摊或摆货揸摊及沙梨头，概不准人开赌番摊，独承充人可开。如违此款，则罚银一百两至三百两，另按其开摊台多少，照数纳规，其罚之银以一半归承充人。

十一、开各样赌博馆，悉要承充人所准方得开赌。如违私开赌博馆者，任听公物会宪定断罚银几多，以罚银一半归承充人收，一半充公。

十二、承充人自能开正经打牌馆（cazas de jogo licito de cartas）三间。

十三、论此合同事款倘有争执辨论之举，系归公物会宪定断。倘是犯法及别缘故，归所该衙门办理。

已（以）上章程订明允肯。今欲有凭，特立合同，译出唐字，该承充人及担保人看明白，均称愿遵而行。是以一并签名，并本写字哑信生亦签名为据。

——录自 A. H. M. / Finanças /N.º 422, fls. 37v - 39v. Mic. A0586.

### 15.《竞投总则》(1876 年 5 月 18 日)

第一条　开投之前，应将合同条款以中葡两种文本在公物会门前公示 8 天。

第二条　所有有意投标者，须在开投之日前 5 天内，以密封标书提出

---

① 即今译“预付”之意。——作者注。

竞投，并将依合同要求本人所应提供之保证送交本公物会。

第三条　如果投标人所提供之保证系物产抵押，则须同时提交其产权证以及能表明其免除一切负担、抵押可接受的登记局（注契局）证明。

第四条　如果所提供之保证系殷实担保人，须同时提交担保人可自由支配之财产证明与免除债务负担之证明，并且向公物会承认对承充人未履行之义务负责。

第五条　如果投标人提供的保证系存款，并且所出价格符合公物会之意，则该投标人可优先获得专营承充权。

第六条　招投一经结束，为证明其担保所必需之证件以及存入公物会之存款，应如数交还投标人；投标结束前投标人不能领回那些东西，除非该投标人宣布不参与投标或者退出投标。

第七条　如有投标人所提供之保证不符合公物会之意，公物会将在开投之日 2 天前在招标地点公物会门口贴出告示加以公布，其有权提供更加符合公物会要求的保证以期被接受。

澳门，公物会秘书处，书记官亚宋生（J. C. Paes d'Assumpção），1876 年 5 月 18 日

——译自 *Boletim Official*, Vol. XXII, N.° 21, 20-05-1876, p. 85.

**16. 何老桂（何桂）承充一年期澳门番摊生意合同**（1876—1877）

承充澳门番摊生意，以壹年为期。该规银十四万壹千元，自西纪一千八百七十六年九月十一日起计。

西纪一千八百七十六年七月廿一日，在公物会书记房（秘书处），有华人何桂前来称说：我何桂照例当堂投得承充番摊揽头生意，以一十四万壹千元（$141 000）为规价，限一年为期。有味哪咛奴·些嗲·啡难吔（Bernardino de Sena Fernandes）担保。是以，请我本书记立本合同为据。所有条款开列于后：

一、投得承充番摊生意限一年为期，自本年西纪九月十一日，即唐本年七月廿四日起计。

二、承充人所纳规银，限开赌台廿六张，不得多开；若开不满廿六台，亦要纳足承充规银。

三、承充人欲于廿六台之外多开台者，要先禀公物会宪批准方得。如

准开者，亦要添纳规银，是按廿六张台规价派算添纳，并照添开之期交纳，至少要纳足一个月之规银。

四、照已（以）上第二、第三款，准承充人在澳开番摊馆，自关闸起至妈阁止。

五、承充人宜于每月先期要报巡捕兵总及理事官，为报明下月开馆几多间及在何街何号屋。

六、所纳承充规银是每十五日交上期一次。如过期三日不纳责则罚，即照欠纳之银及日子多少，要每年每百元行息八元算，另任公物会宪将此合约销废，如再投唎呤，其价不及原规价之多，仍要承充人及担保人补足。

七、已（以）上第二款所定台廿六张、第三款所定多开台者，则要禀明公物会宪。如承充人不先禀明公物会宪，擅自多开台者，则要承充人照添纳规银，另加罚银一半。

八、番摊馆内诸事应要平安守分，系该承充人是问。是以承充人要设法办理各摊馆内守法平安，其设之法，本官亦查照办理。倘或要兵丁保护，定行立命兵丁保护。

九、该番摊馆每夜要十二点钟闭门，如查出半夜十二点钟仍有人赌博者，第一次罚银五十两。

十、该番摊馆独是承充人及承充人所准者可开，不论在街揸摊及摆货揸摊及沙梨头，概不准人开赌番摊，独承充人可开。如违此款，则罚银一百两至三百两。另按其开摊台多少，照数纳规。其罚之银，以一半归承充人。

十一、开各样赌博馆，悉要承充人所准方得开赌。如违私开赌博馆者，任听公物会宪定断罚银多少，以罚银一半归承充人收，一半充公。

十二、承充人自能开正经打牌馆（casa de jogo licito de cartas）三间。

十三、论此合同事款倘有争执辨论之举，系归公物会宪定断。倘是犯法及别缘故，归所该衙门办理。

已（以）上章程订明允肯。今欲有凭，特立合同，译出唐字，该承充人及担保人同看明白，均称愿遵而行。是以一并签名，并本写字哑信生（J. C. Paes d'Assumpção）亦签名为据。

——录自 A. H. M. / Finanças / N.º 422, fls. 51v - 53v. Mic. A0586; *Boletim Official*, Vol. XXII, N.º 37, 09 - 09 - 1876, p. 148.

17. **改订后的《竞投总则》**（1877 年 6 月 21 日）

第一条　开投之前，合同条款应以中葡两种文本在公物会秘书处公示 15 天。

第二条　在公开竞投之日，所有有意参与竞投者应在公物会面前按照下列条款之规定，提供为完全履行即将签署的合同所必需的保证。

第三条　若投标人以向公物会抵押不动产提供担保，须提交能证明其为该财产的真正所有人之证件，除非本公物会认为可免除此项要求。

第四条　如果投标人提供担保人，则该担保人应是足够殷实之人，且应遵守《民法典》第 824 条以及本合同担保之相关规定。

第五条　若投标人以存款提供保证，且所出之价符合公物会之意，则该投标人可优先获得承充权。

公物会秘书处，公物会书记官亚宋生（J. C. Paes d'Assumpção），1877 年 6 月 21 日示。

——译自 *Boletim Official*, Vol. XXIII, N.º 25, 23-06-1877, p. 104; N.º 26, 30-06-1877, p. 108.

18. **承充一年期澳门番摊生意招投公告**（1877 年 7 月 21 日）

奉公物会命，兹定将于本月 28 日中午，在公物会前招人投充一年期澳门番摊馆专营权，为此，本公物会将接受密封标书，直至前定日期。

标书应包括投标人所出的价格、投标人之签名，确定之担保人；且应以中葡两种文字写明"澳门番摊馆专营权投标书"字样。

在上述确定之日期和时刻，公物会当众开启所有标书，以最高价为底价竞投；承充权将被授予向公物会出价最高的投标人。

澳门，公物会秘书处，书记官亚宋生（J. C. Paes d'Assumpção），1877 年 7 月 21 日示。

——译自 *Boletim Official*, Vol. XXIII, N.º 29, 21-07-1877, p. 119.

19. **第 77 号总督训令**（1877 年 8 月 11 日）

澳门地扪及其属地省政府：

鉴于：

急需按照国家管理中实行的政治经济原则的改变重组本殖民地的公共

财政。

以专营竞投方式承充公共收入是一种错误的、有害的制度，它造成了一个多余的角色——承充人；他们为了获得其经营的利润，日益增加对公众收取费用，不仅对公众，也对国家造成了严重损失。

承充人对公共收入的竞投承充导致了严重的弊端，且这种程序使得国家收入依赖于大资本家的计策，从而被置于极端不稳定的基础之上，任何一个简单的结果都能使之垮掉。

本殖民地的商业在过去的几年间并未缩减，因此应该预见，资本和公共财富的汇聚应该同样在各个收入项目，尤其是番摊专营承充收入上显示出来。

与本殖民地工商业活动发展的实际状况相反，最近一次番摊赌博承充竞投所出的价格，不过是那些独能施展自己的意志并利用垄断的大资本家施展计策的结果。那些势力雄厚的资本家极力施展计策迫使其他竞投者放弃，将他们排斥出去，从而获得了自己的专营权。

这一年番摊承充招投的最高价格，比上一年的投标成交价格减少了三分之一[①]；如此严重的缩减如果被接受的话，将严重扰乱本殖民地的财政，这就意味着毫无保留地认可了专营承充人的意志。

因此，本总督听取了公物会和总督公会的意见，他们一致表示赞同，故紧急宣布取消专营权。

现决定如下：

第一，自9月12日起，本殖民地番摊赌馆及纸牌馆规银之征收，不再以专营权竞投方式进行。

第二，自9月12日起，任何人皆可在公物会规定的地点并按照公物会所订章程开设番摊赌馆和纸牌馆。

第三，禁止私自开设番摊赌馆，违者罚款1 000元；并受到其他刑事处罚。

相关部门应照此办理。

澳门总督府，1877年8月11日示。

——译自 *Boletim Official*, Vol. XXIII, Supplemento ao N.º 32, 13-08-1877, p. 137.

---

① 即不足10万元。——作者注。

# BOLETIM DA PROVINCIA DE MACAU E TIMOR

SEGUNDA-FEIRA, 13 DE AGOSTO DE 1877.—SUPPLEMENTO AO N.° 32

## PARTE OFFICIAL

### N.° 77

GOVERNO da provincia de Macau e Timor, e suas dependencias.

Sendo de urgencia attender na reorganisação da fazenda publica d'esta provincia ás modificações que os principios da sãa economia politica introduziram na administração dos estados;

Considerando, que a arrecadação da receita publica por meio de adjudicação d'exclusivos é, a despeito das vantagens que resultam da simplicidade da cobrança, systema falso e prejudicial, por isso que cria desnecessariamente a entidade—arrematante de exclusivo;—o qual para obter o lucro da sua empreza onera a sociedade com um acrescimo de imposto, que sendo gravame para esta, é ao mesmo tempo perdido para o estado;

Considerando, que são tanto mais graves os males resultantes da adjudicação das rendas publicas a arrematantes que as exploram, quanto é certo que a receita do estado fica por tal processo dependente da combinação dos poderosos capitalistas, e assim assente sobre bases de extrema instabilidade, que um simples conluio pode e deve facilmente derrocar;

Considerando, que o desenvolvimento commercial d'esta colonia, não tendo decrescido nos ultimos tempos, deveria fazer suppôr que a affluencia de capitaes e de riqueza publica se manifestaria por igual fórma em todos os ramos da receita da provincia, e nomeadamente no preço de arrematação do exclusivo do jogo de fantan;

Considerando que, em contrario á incontestavel verdade de se haver mantido a actividade industrial e commercial da colonia, o preço, offerecido ultimamente em praça pela arrematação do jogo de fantan, representa apenas a combinação dos grandes capitalistas que pertendem impôr a sua vontade, e explorar o monopolio, que lhes é privativo desde que quaesquer outros competidores são excluidos da licitação pelos poderosos exforços que aquelles põem em acção para os obrigar ou convencer a desistir;

Considerando, que o maximo preço offerecido este anno pela arrematação do jogo do fantan foi inferior de um terço ao que a arrematação do ultimo anno produzira, e que tão importante diminuição perturbaria gravemente o estado financeiro da colonia, se fosse acceite, tal qual era imposta, e estabeleceria como precedente a acquiescencia sem reserva á vontade dos exclusivistas;

Tendo ouvido a junta de fazenda e o conselho do governo que emittiram unanimemente parecer favoravel, e declararam urgente a extincção do exclusivo;

Hei por conveniente determinar o seguinte:

1.° A contar de 12 de setembro proximo inclusivé, a receita da colonia derivada do imposto sobre o jogo de fantan e mais jogos de azar e carteados deixará de ser cobrada por meio de adjudicação de exclusivo.

2.° É livre a contar de 12 de setembro, a qualquer pessoa abrir casas de jogo de fantan, de azar e carteado, nos locaes e pela fórma que pela repartição de fazenda se fizer constar.

3.° Não são permittidas casas clandestinas de jogo, sob pena de multa $1:000 e todo o mais procedimento criminal.

As auctoridades, a quem o conhecimento e execução d'esta competir, assim o tenham entendido e cumpram.

Palacio do governo de Macau, 11 de agosto de 1877.

O Governador da provincia,
*Carlos Eugenio Corrêa da Silva.*

## ANNUNCIO

Por ordem da ex.ma junta de fazenda e em conformidade com a portaria n.° 77 com data de hontem se annuncia o seguinte:

1.° A junta de fazenda permitte a abertura de 16 casas ou bancas de jogo de fantan na cidade de Macau; sendo estabelecidas sete na rua das Estalagens, uma no Tarrafeiro, uma na rua nova d'El-Rei, uma na rua do Simão, uma na rua dos Mercadores, uma na rua da Caldeira, uma na praia Manduco, uma no largo de S. Domingos, uma em San-kio, e uma em S. Lazaro ou porta do Campo.

2.° Até ao dia 18 do corrente mez, ao meio dia, a ex.ma junta recebe propostas em cartas fechadas para a concessão das referidas casas, cada uma de per si.

3.° As propostas deverão conter o nome do proponente, a indicação da localidade onde quer abrir casa, e o preço mensal que por ella offerece.

4.° Serão preferidos os proponentes, que mais offereçam; caso os preços convenham á fazenda.

5.° Quando as propostas sejam acceites, conceder-se-ha aos proponentes as casas, com as formalidades legaes.

6.° As propostas que não forem acceites considerar-se-hão nullas, e não se dará d'ellas conhecimento ao publico.

7.° Para todas as casas que não tenham sido concedidas sob propostas, proceder-se-ha a licitação em praça publica perante a ex.ma junta no mesmo dia 18.

8.° Os contratos serão considerados como definitivos, quando pelo menos tres quartos do numero das casas tenham sido tomadas, ou ainda antes se o numero convier á fazenda.

9.° A ex.ma junta de fazenda garante aos arrematantes que não será excedido o numero de 16 casas de fantan, e que não permittirá mudanças de localidade e que, alem d'estas casas de fantan, só permittirá a abertura de 6 outras para jogos de azar e carteados.

10.° As licenças serão concedidas por um anno; o pagamento da mensalidade será adiantado, e os arrematantes depositarão alem d'isso na junta, como fiança, o preço de uma mensalidade ou darão fiador idoneo.

11.° As 6 casas de jogo de azar ou carteados podem ser estabelecidas onde melhor convenha aos concessionarios. Recebem-se tambem para ellas propostas em cartas fechadas, ou irão á praça depois das do fantan, e com as mesmas condições.

Sala das sessões da junta de fazenda de Macau, em 12 de agosto de 1877.

O secretario da junta de fazenda,
*J. C. Paes d'Assumpção.*

图 16　1877 年第 77 号总督训令及 16 间番摊馆招领公告

（《澳门宪报》1877 年 8 月 13 日）

20. **开办16间番摊馆招领牌照公告**（1877年8月12日）

奉公物会命并遵照昨日之第77号政府训令，特公告如下：

第一，公物会准予在澳门城内开设16间番摊馆，其中草堆街（Rua das Estalagens）7间，沙栏仔（Tarrafeiro）1间，国王新街（Rua nova d'el-Rei）1间，西孟街（Rua do Simão）1间，营地街（Rua dos Mercadores）1间，福隆下街（Rua da Caldeira）1间，下环街（Rua da Praia Manduco）1间，板樟堂前地（Largo de S. Domingos）1间，新桥（San-kio）1间，进教围（S. Lazaro）或水坑尾门（Porta do Campo）1间。

第二，截至本月18日中午，本公物会接受承领上述赌馆牌照之密封申请书，每间赌馆分别领照。

第三，申请书应包括领牌人之姓名、欲开赌馆之位置、所出之月规银数等。

第四，报价最高，且符合公物会之意者，优先获得牌照。

第五，一旦申请书被接纳，将依照法律程序给予领牌者相应的赌馆经营权。

第六，未被接纳的申请书将被视为无效，且不必加以公布。

第七，所有未领牌的赌馆，将在18日同一天举行公开竞投（proceder-se-ha a licitação em praça publica）。

第八，已领取牌照的赌馆数至少要达到3/4，或者其数量符合公物会之意，合同即被视为最后决定。

第九，本公物会向承充人保证发牌不超过16间番摊赌馆，亦不允许改变番摊馆的位置，除了这些番摊赌馆外，只准另外开设6间纸牌馆。

第十，所发放的牌照为期一年，每月预付牌照规银；此外，领牌人须将与一个月规银等额的款项存于公物会作为担保，或者提交殷实担保人作保。

第十一，6间纸牌会馆可以设在更符合领牌人之意的地方，同样接受领取牌照的密封申请书，或者在番摊之后，按照同样的条件进行公开竞投（irão á praça）。

澳门公物会公所，公物会书记官亚宋生（J. C. Paes d'Assumpção），1877年8月12日示。

——译自 *Boletim Official*, Vol. XXIII, Supplemento ao N.º 32, 13-08-1877, p. 137.

21. **招人领牌开办16间番摊赌馆公告**（1877年8月18日）

奉公物会命，兹决定即日起在公物会所按照下列规定招人领牌开办16间番摊赌馆：

第一，4间一等赌馆设于草堆街二层楼房；每间月纳规银1 500元。

第二，9间二等赌馆设于地下（gudões，即地面层），其中草堆街3间、沙栏仔1间、西孟街1间、营地街1间、福隆下街1间、下环街1间、国王新街1间；每间月纳规银700元。

第三，3间三等赌馆设于地下（gudões），其中板樟堂前地1间、水坑尾门1间、新桥1间；每间月纳规银200元。

第四，牌照即日起发放，每间赌馆单独发照，不用竞投；自9月11日起生效，有效期为一年。

第五，每隔15天预付牌照规银。

第六，每间赌馆之牌照须有一笔金额与月纳规银相等的存款，或者指定殷实担保人；若承充人未履行第五条之规定，这笔钱即归公物会所有，牌照亦将被注销。

澳门，公物会秘书处，书记官亚宋生（J. C. Paes d'Assumpção），1877年8月18日示

——译自 *Boletim Official*, Vol. XXIII, N.º 33, 18－08－1877, p. 139.

22. **16间番摊馆和6间纸牌馆牌照发放一览表**（1877年10月13日）

**番摊（Fantan）**

| 等级 | 所在街道（Vias publicas） | 门牌号 | 承充人（Concessionario） | 备注 |
|---|---|---|---|---|
| 1 | 草堆街（左堂栏尾） | 3 | 何老桂 Ho-lo-quae | 全部自1877年9月11日起算 |
| 1 | 草堆街（家冷里 Beco dos Couláos） | 18 | 何老桂 Ho-lo-quae | |
| 1 | 草堆街 Rua das Estalagens | 53 | 冯成 Francisco Xavier | |
| 2 | 草堆街 Rua das Estalagens | 4 | 冯成 Francisco Xavier | |
| 2 | 草堆街 Rua das Estalagens | 5 | 沈益信 San-iec-sun | |

（续上表）

| 等级 | 所在街道（Vias publicas） | 门牌号 | 承充人（Concessionario） | 备注 |
| --- | --- | --- | --- | --- |
| 2 | 草堆街 Rua das Estalagens | 60 | 冯成 Francisco Xavier | |
| 2 | 清平巷 Travessa do auto novo | 22 | 冯成 Francisco Xavier | |
| 2 | 西孟街 Rua do Simão | 85 | 陈耀 Chan-io、林连 Lam-lin | |
| 2 | 国王新街 | 175 | 卢合 Lu-ap | |
| 3 | 板樟堂街 Rua de S. Domingos | 2 | 何碧云 Ho-pec-van | |

纸牌馆（Carteados e de azar）

| 等级 | 所在街道 | 门牌号 | 承充人 | 备注 |
| --- | --- | --- | --- | --- |
| 1 | 芦石塘街 Rua do Mastro | 20 | 王才 Vong-choi | 自 1877 年 11 月 1 日起算 |
| 1 | 木桥街 Rua do Pagode | 21 | 陈松 Chan-chiong | 自 1877 年 10 月 15 日起算 |
| 2 | 沙栏仔街 Rua do Tarrafeiro | 25 | 杜连 To-lin | 自 1877 年 9 月 21 日起算 |
| 2 | 蓬莱新巷 Travessa da Caldeira | 2 | 冯义堂 Fong-ngui-tong | 自 1877 年 9 月 23 日起算 |
| 2 | 国王新街 Rua nova d'el-Rei | 87 | 李连 Lei-lin | 自 1877 年 10 月 1 日起算 |
| 2 | 下环街 Rua da Praia Manduco | 137 | 李连 Lei-lin | 自 1877 年 10 月 1 日起算 |

公物会书记房（秘书处），1877 年 10 月 13 日。亚宋生（J. C. Paes d'Assumpção）。

——译自 *Boletim Official*, Vol. XXIII, N.º 41, 13－10－1877, p. 166.

## 23. 招人领牌在澳门开办 12 间番摊馆及 3 间纸牌馆公告（1878 年 8 月 1 日）

遵公物会宪之命并照 1877 年 8 月 11 日第 77 号政府训令，现公告如下：

本公物会宪批准在澳门开办12间番摊馆及3间纸牌馆。

第一，按照下列条款所规定的摊馆的牌照价格和所处位置，将所有番摊馆分为：一等馆3间，二等馆4间，三等馆3间，四等馆2间。

第二，一等番摊馆须设于房屋之首层（primeiros andares ou pavimentos nobres dos edificios）。该层限设一张赌台，但可在其上面一层设开放回廊和看台，以便在该台下注参赌。此外，尚可为光顾者设立候厅或聊天室，最高可使用三层楼梯。

第三，二等摊馆须设于地下，位于木地板之上，有一两个直接通向街道的门，门须装有挡风玻璃。该层限设一张赌台，但可在较高一层设看台，以便能参与该赌台的赌博。

第四，三等摊馆与二等摊馆相同，唯不得设立面向其他楼层的开放回廊和看台。

第五，四等摊馆须设于地下，限设一张赌台，有一个通向街道的门，位于夯土地面或砖铺地面或者石板地，亦不得开设回廊和看台。

第六，牌馆应设于建筑物的上层，厅和赌台的数目不限，但位于街上的入口不得超过3个；可以向光顾者提供食物和饮品。

第七，各类牌照的每月价格如下：一等摊馆每月2 000元，二等摊馆800元，三等摊馆400元，四等摊馆200元，牌馆每月200元。

第八，一等摊馆和牌馆可设在澳门城内任何更合领牌人心意的地方。

第九，二等、三等摊馆只能设于大商业区（bazar grande）由花王堂—沙栏仔巷、夜姆街、议事亭前地板樟堂前地、直到卖草地巷所构成的范围内，以及在水手西街（bazarinho）仅可设于由海关前地（largo da Alfandega）、Ponta da Rede以及风顺堂到妈阁之间的街道所构成的范围内。

第十，四等摊馆只能设于除沙栏仔街角之外的妈阁、进教围、新桥、沙梨头等街区，但是，如果需要，可在这些街区设立任何高一等的摊馆。

第十一，各类赌馆之牌照自9月11日起开始生效，有效期为一年。

第十二，牌照规银须每隔15日预付；若逾期3日，自第四日起每天按每月应纳规银数额之10%处以罚款。

第十三，每间赌馆牌照之承领，须有一笔相当于月规银之存款，或者殷实担保人的保金。当领牌人不能交纳半个月规银或被取消牌照时，存款或保金将被充公作为公物会财产。

第十四，本省政府保留在领照人违反法律与治安行政规章时下令撤销牌照的权力。

第十五，各摊馆必须接受本省政府的监管以及巡捕所和华政衙门的监督。

第十六，领牌人必须保持馆内秩序良好与安静，遵守一切管理规章和与其有关的具体命令。

第十七，各牌馆可自定开馆和闭馆时间；而番摊馆的开馆时间不得早于早晨6点，闭馆时间不得晚于凌晨2点钟，一经闭馆，就不得在馆内继续赌博。

第十八，任何领牌人欲将其一间赌馆改设别处，必须经公物会秘书处事先批准方可。

第十九，自9月11日起，绝对禁止一切二等或二等以下牌馆，同样禁止一切其他类型的赌馆，诸如骰宝（clú-clú）、棉羊（min-hiom）及类似的其他赌博等。

第二十，按照1877年8月11日第77号政府训令第三条之规定，一切私开赌馆者须处以1 000元罚款，并接受其他司法程序的追究。

第二十一，所有摊馆或牌馆必须将公物会秘书处所发放的牌照加边框并完整地置于明眼之处。

第二十二，各番摊馆须在入馆门口外边放置门牌匾，分别以葡、英、中三种文字书写：某等番摊馆第某号牌照。

第二十三，这些门牌匾夜间应该有灯照明；牌馆无需外部标示牌。

**暂行条款**

第二十四，各番摊馆及牌馆牌照将于8月14日中午在公物会秘书处开始发放。

第二十五，在上定时日之前，所有意欲领牌之人以书面形式向公物会递交申请，该会秘书将在申请书上签字，写明递交日期和时刻，以便保证其优先权。申请人须写明其申请内容，并完成有关存款，或者提交指定的殷实担保人。

第二十六，在上定时刻，当公物会宪面，公开查看领牌申请书。

第二十七，包含摊馆数较多或者出价较高的申请书，将优先获得牌照。

第二十八，如果有一个以上的申请书请领所有赌馆，或者同样数量的赌馆，或者请领同样等级的赌馆，则优先给予当时在场的申请人；如果申请内容相同的申请人都在场并且坚持自己的申请，则于当场进行竞投，并发牌给出价最高者。

第二十九，鉴于番摊垄断制度确已取消，按照前文宣布的条款，即使出现一个人或一家公司获得了大量甚至全部摊馆牌照，每间摊馆仍然单独发放牌照。

第三十，在这一天如果未能发完所有牌照，则由公物会秘书依照提交申请的比率并遵照本会命令发给。

澳门，公物会公所，1878 年 8 月 1 日。公物会秘书亚宋生（J. C. Paes d'Assumpção）。

——译自 *Boletim Official*, Vol. XXIV, N.º 31, 03 - 08 - 1878, pp. 123 - 124.

**24. 澳门总督第 51 号政府训令（1878 年 8 月 14 日）**

澳门华政衙门理事官纳萨雷特（José Julio dos Santos Nazareth）于 8 月 13 日就氹仔番摊鸦片烟膏承充人控告有人违反条例私售烟膏案件作出批断，其批词违背本省利益、违反公物会专营承充之成例。

由其批词可见，该理事官藐视公物会，否定该会与公众订立法定义务合同的权力，拒不承认它们的法律效力，而不对违法者进行审判就等于使那些条规变得完全失效。

显然，这样一个对本省既定法律的扰乱，必将导致财政的崩溃，因为本省收入的大半（na maior parte）都来自公物会所立承充合同的规银。

这样的批词如果生效而成为判决的话，不仅会对承充人造成损害，还必将使公物会丧失信誉，使它所订立的合同失去效力。

根据 1869 年 12 月 1 日敕令的法律效力，公物会作出的决定只能向王室上控，所以，只要陛下政府没有下达相反的命令，该公物会所签立的合同条款对所有的人都具有法律的强制性。

阅过该公物会刚刚呈递给我的陈述，听取了总督公会意见并按照其表决结果，现决定：华政衙门理事官之批词无效，并着人将其注销。

考虑到，该理事官此次批断以及此前在其他事情上的作为，显示了他蓄意对公物会不敬并拒绝执行其规定，已经给本省的行政管理造成了困难，故依照1869年12月1日敕令第3款及行政法典（o codigo administrativo）第11条授予我的权力，现决定并将呈请陛下政府批准，撤销上述华政衙门理事官纳萨雷特的职务并停止支付其薪俸。

相关部门遵照执行。

澳门总督府，1878年8月14日。澳门省总督施（Carlos Corrêa da Silva）。

——译自 *Boletim Official*, Vol. XXIV, N.º 33, 17-08-1878, p. 130.

**25. 葡国海事海外部第124号部令（1878年12月10日）**

大西洋钦命管理水师军务兼管外洋属地政务部尚书多马斯·利未罗（Thomás Antonio Riberio Ferreira）咨会事。

照得准贵大臣咨送一千八百七十八年八月十四日第五十一号札谕，并准贵大臣本年八月二十二、二十八、二十九、九月十九等日第一百七十二号、一百七十七号、一百七十九号、一百九十五号各咨文，及澳门按察使本年八月二十二日咨文，澳门理事官本年八月十四日具禀，均为理事官撤任停俸各等因，本部当将各情由卷宗缮折具奏。现奉谕旨：

因查有卖熟洋烟之人违犯公物会与承充人所订合约条款，该承充人禀请照约惩办，该理事官批发不准，殊不合例。查理事官职分暨华政衙门章程款式具有定制，凡公物会酌定事宜，理事官应行遵照。乃该理事官越分擅将公物会酌定事宜检核合例与否，此更属非其所宜。该理事官未有奉命上居公物会之职。

又查估议国课例（lei geral do orçamento）载，准承充熟洋烟在案，自应设法保护以资成事，而该理事官不允办理，实违估议国课之例。

又查承充番摊一款，为澳门饷项大宗，其投充前一日，适该理事官批断不允办理此熟烟之案，真为有碍时宜，更加可恨。

今澳门地扪总督饬将该理事官批词更正，实符澳门应行定例及超显澳门政事紧要。兹据外洋属地商议局（junta consultiva do ultramar）遵查覆奏情事，俱着照所议办理。澳门地扪总督一千八百七十八年八月十四日第五十一号札谕，着准照行。澳门理事官所禀，着不准行，转行澳门地扪总督知照该部知道。钦此。相应恭录咨会贵大臣查照可也。须至咨者。右咨会大西洋钦命澳门地扪总督施（Carlos Corrêa da Silva）。大西洋朝廷。一千八百七十八年十二月初十日。咨文一百二十四号。本部第二房发。

——录自 *Boletim Official*, Vol. XXV, N. º 5, 01 - 02 - 1879, pp. 33 - 34.

## 26. 1859—1860 年度至 1878—1879 年度澳门专营承充收入表

单位：元

| 年度 | 白鸽票 | 番摊 | 鱼栏 | 猪肉 | 盐货 | 牛肉 | 澳门鸦片 | 闱姓票 | 氹仔鸦片番摊 | 路环鸦片番摊 | 合计 |
|---|---|---|---|---|---|---|---|---|---|---|---|
| 1859—1860 | 29 220 | 84 480 | 2 014 | 9 780 | 1 920 | 4 165 | 20 040 | — | 2 720 | 201 | 154 540 |
| 1860—1861 | 38 160 | 94 200 | 2 014 | 9 780 | 1 920 | 3 200 | 25 260 | — | 2 720 | 630 | 177 884 |
| 1861—1862 | 28 080 | 74 880 | 2 014 | 9 350 | 4 010 | 3 210 | 25 260 | — | 2 720 | 630 | 150 154 |
| 1862—1863 | 26 400 | 78 960 | 2 014 | 10 800 | 4 010 | 2 750 | 26 460 | — | 2 000 | 650 | 154 044 |
| 1863—1864 | 32 640 | 91 800 | 2 615 | 10 800 | 5 530 | 2 240 | 16 800 | — | 2 000 | 560 | 164 985 |
| 1864—1865 | 34 560 | 110 880 | 2 615 | 10 800 | 6 005 | 2 610 | 17 280 | — | 2 000 | 710 | 187 460 |
| 1865—1866 | 34 560 | 111 600 | 2 615 | 11 430 | 7 430 | 3 460 | 17 280 | — | 2 530 | 710 | 191 615 |
| 1866—1867 | 44 760 | 126 720 | 2 615 | 11 430 | 5 010 | 3 500 | 17 280 | — | 2 530 | 800 | 214 645 |
| 1867—1868 | 45 600 | 126 840 | 3 635 | 12 000 | 4 510 | 3 500 | 42 360 | 1 600 | 2 530 | 1 000 | 243 575 |
| 1868—1869 | 48 000 | 123 600 | 3 635 | 12 000 | 4 610 | 3 500 | 42 360 | 1 600 | 4 520 | 1 000 | 244 825 |
| 1869—1870 | 42 000 | 120 000 | 3 750 | 12 000 | 4 615 | 2 800 | 42 360 | 3 000 | 4 520 | 2 220 | 237 265 |

（续上表）

| 年度 | 白鸽票 | 番摊 | 鱼栏 | 猪肉 | 盐货 | 牛肉 | 澳门鸦片 | 闱姓票 | 氹仔鸦片番摊 | 路环鸦片番摊 | 合计 |
|---|---|---|---|---|---|---|---|---|---|---|---|
| 1870—1871 | 42 000 | 117 600 | 3 750 | 13 500 | 4 615 | 4 600 | 43 200 | 3 000 | 4 520 | 2 220 | 239 005 |
| 1871—1872 | 41 280 | 133 200 | 3 780 | 13 560 | 3 000 | 5 000 | 36 000 | 3 000 | 4 520 | 2 300 | 245 640 |
| 1872—1873 | 41 280 | 169 800 | 3 780 | 13 600 | 6 500 | 5 000 | 42 000 | 18 533 | 4 520 | 2 300 | 307 313 |
| 1873—1874 | 46 800 | 150 000 | 3 780 | 13 600 | 6 000 | 5 240 | 42 000 | 18 533 | 4 520 | 3 310 | 293 783 |
| 1874—1875 | 46 800 | 156 050 | 9 010 | 13 000 | 6 220 | 5 240 | 42 000 | 18 533 | 5 810 | 3 310 | 305 973 |
| 1875—1876 | 34 200 | 100 100 | 9 010 | 14 500 | 4 220 | 6 090 | 17 000 | 43 767 | 5 810 | 4 250 | 238 947 |
| 1876—1877 | 34 200 | 141 000 | 9 010 | 14 500 | 4 250 | 6 090 | 17 000 | 43 767 | 7 380 | 4 250 | 281 447 |
| 1877—1878 | 47 000 | 112 981 | 11 750 | 14 500 | 4 250 | 3 000 | 17 100 | 43 767 | 7 380 | 3 500 | 265 228 |
| 1878—1879 | 47 000 | 139 200 | 11 750 | 17 200 | 10 000 | 3 000 | 23 000 | 133 667 | 7 380 | 3 500 | 396 957 |
| 合计 | 784 540 | 2 363 891 | 95 156 | 248 130 | 98 625 | 78 195 | 572 040 | 332 767 | 82 630 | 38 051 | 4 695 285 |

作者注：1872—1873、1873—1874和1874—1875三个年度闱姓收入内含氹仔、路环两岛的闱姓收入。表内资料略去小数点部位。原表合计列内数据偶有出入，为保留史料原貌，本文照录。

——译自 *Boletim Official*, Vol. XXV, N.º 35, 30 -08 -1879, p. 197.

## JUNTA DE FAZENDA PUBLICA DA PROVINCIA DE MACAU E TIMOR

Mappa dos rendimentos de todos os exclusivos e contratos de rendas do estado em Macau nos annos abaixo mencionados

| Annos | Loteria Pacapio | Fantan | Peixe | Porco | Sal | Vacca | Opio em Macau | Vae-seng em Macau | Vae-seng na Taipa e Coloan | Opio e Fantan na Taipa | Opio e Fantan em Coloan | Porco na Taipa e Coloan | Sommas |
|---|---|---|---|---|---|---|---|---|---|---|---|---|---|
| a 1860 | $ 29:220,000 | $ 84:480,000 | $ 2:014,000 | $ 9:780,000 | $ 1:920,000 | $ 4:165,000 | $ 20:040,000 | ........ | ........ | $ 2:720,000 | $ 201,000 | ........ | $154:540,000 |
| a 1861 | 38:160,000 | 94:200,000 | 2:014,000 | 9:780,000 | 1:920,000 | 3:200,000 | 25:260,000 | ........ | ........ | 2:720,000 | 630,000 | ........ | 177:884,000 |
| a 1862 | 28:080,000 | 74:880,000 | 2:014,000 | 9:350,000 | 4:010,000 | 3:210,000 | 25:260,000 | ........ | ........ | 2:720,000 | 630,000 | ........ | 150:154,000 |
| a 1863 | 26:400,000 | 78:960,000 | 2:014,000 | 10:800,000 | 4:010,000 | 2:750,000 | 26:460,000 | ........ | ........ | 2:000,000 | 650,000 | ........ | 154:044,000 |
| a 1864 | 32:640,000 | 91:800,000 | 2:615,000 | 10:800,000 | 5:530,000 | 2:240,000 | 16:800,000 | ........ | ........ | 2:000,000 | 560,000 | ........ | 164:985,000 |
| a 1865 | 34:560,000 | 110:880,000 | 2:615,000 | 10:800,000 | 6:005,000 | 2:610,000 | 17:280,000 | ........ | ........ | 2:000,000 | 710,000 | ........ | 187:460,000 |
| a 1866 | 34:560,000 | 111:600,000 | 2:615,000 | 11:430,000 | 7:430,000 | 3:460,000 | 17:280,000 | ........ | ........ | 2:530,000 | 710,000 | ........ | 191:615,000 |
| a 1867 | 44:760,000 | 126:720,000 | 2:615,000 | 11:430,000 | 5:010,000 | 3:500,000 | 17:280,000 | ........ | ........ | 2:530,000 | 800,000 | ........ | 214:645,000 |
| a 1868 | 45:600,000 | 126:840,000 | 3:635,000 | 12:000,000 | 4:510,000 | 3:500,000 | 42:360,000 | $ 1:600,000 | ........ | 2:530,000 | 1:000,000 | ........ | 243:575,000 |
| a 1869 | 48:000,000 | 123:600,000 | 3:635,000 | 12:000,000 | 4:610,000 | 3:500,000 | 42:360,000 | 1:600,000 | ........ | 4:520,000 | 1:000,000 | ........ | 244:825,000 |
| a 1870 | 42:000,000 | 120:000,000 | 3:750,000 | 12:000,000 | 4:615,000 | 2:800,000 | 42:360,000 | 3:000,000 | ........ | 4:520,000 | 2:220,000 | ........ | 237:265,000 |
| a 1871 | 42:000,000 | 117:600,000 | 3:750,000 | 13:500,000 | 4:615,000 | 4:600,000 | 43:200,000 | 3:000,000 | ........ | 4:520,000 | 2:220,000 | ........ | 239:005,000 |
| a 1872 | 41:280,000 | 133:200,000 | 3:780,000 | 13:560,000 | 3:000,000 | 5:000,000 | 36:000,000 | A 3:000,000 | ........ | 4:520,000 | 2:300,000 | ........ | 245:640,000 |
| a 1873 | 41:280,000 | 169:800,000 | 3:780,000 | 13:600,000 | 6:500,000 | 5:000,000 | 42:000,000 | 17:033,333 | $1:500,000 | 4:520,000 | 2:800,000 | ........ | 307:313,333 |
| a 1874 | 46:800,000 | 150:000,000 | 3:780,000 | 13:600,000 | 6:000,000 | 5:240,000 | 42:000,000 | 17:033,333 | 1:500,000 | 4:520,000 | 3:310,000 | ........ | 293:783,333 |
| a 1875 | 46:800,000 | 156:050,000 | 9:010,000 | 13:000,000 | 6:220,000 | 5:240,000 | 42:000,000 | 17:033,333 | 1:500,000 | 5:810,000 | 3:310,000 | ........ | 305:973,333 |
| a 1876 | 34:200,000 | 100:100,000 | 9:010,000 | 14:500,000 | 4:220,000 | 6:090,000 | 17:000,000 | 43:766,666 | B ........ | 5:810,000 | 4:250,000 | ........ | 238:946,666 |
| a 1877 | 34:200,000 | 141:000,000 | 9:010,000 | 14:500,000 | 4:250,000 | 6:090,000 | 17:000,000 | 43:766,666 | ........ | 7:380,000 | 4:250,000 | ........ | 281:446,666 |
| a 1878 | 47:000,000 | 112:981,332 | 11:750,000 | 14:500,000 | 4:250,000 | 3:000,000 | 17:100,000 | 43:766,666 | ........ | 7:380,000 | 3:500,000 | ........ | 265:227,998 |
| a 1879 | 47:000,000 | 139:200,000 | 11:750,000 | 17:200,000 | 10:000,000 | 3:000,000 | 23:000,000 | 133:666,666 | ........ | 7:380,000 | 3:500,000 | $1:260,000 | 396:956,666 |
| | $784:540,000 | $2.363:891,332 | $95:156,000 | $248:130,000 | $98:625,000 | $78:195,000 | $572:040,000 | $328:266,663 | $4:500,000 | $82:630,000 | $38:051,000 | $1:260,000 | $4.695:284,995 |

*A* Esta licença foi annullada pela ex.ma junta de fazenda em sessão de 6 de maio de 1872, e novamente concedida por arrematação em hasta publica em 25 de junho do mesmo anno e approvada pelo erno de Sua Magestade em officio n.° 2 de 14 de janeiro de 1874.

*B* Deixou de figurar a receita d'esta renda por passar a ser arrematada conjunctamente com a de Macau.

Macau, contadoria da junta de fazenda, 27 de agosto de 1879.—O secretario da junta, *J. C. Paes d'Assumpção*.—O contador interino da junta de fazenda, *Arthur Tamagnini d'Abreu da Motta rbosa.*

*N.B.*—As rendas dos annos anteriores, constam do mappa publicado no *Boletim do governo* n.° 30 de 21 de maio de 1859.

图17 1859—1879年澳门各项专营收入统计表

（《澳门宪报》1879年8月30日）

27. **澳门总督第73号训令（1880年8月18日）**

大西洋钦命澳门地扪暨所属地方总督贾为谕知遵照事。

照得公物会曾经按照丁丑年七月初三日第七十七号札谕出示，将澳门番摊馆十二间出投领牌，其章程则照戊寅年七月初五日第三十一号《宪报》刊刻，至今仍旧遵行。查本月十三日乃是招人领牌之期（o dia destinado para a concessão de novas licenças），系自八月初七日起计。惟现日多有欲行全盘领取，是以公物会当众定其出投至高有益于该会者，但当时投者纷纷呈出章程。本部堂查阅章程，虽属多有裨于该会，究与领牌之例不符，因照旧领牌（systema da concessão que tem sido feita），不若承充竞取（monopolio disputado）增益更多。本部堂谅将旧章更改，必于该会有裨，而库款入息更丰，故与该会妥商，亦经允协。兹特照下所列该会准行定章，将澳门番摊改期于本月十九日出投，其章程由该会书记签名附刊本札谕后。合札仰各文武官员军民人等，一体知悉遵照。须至札者。庚辰年七月十三日。第七十三号札谕（见图18）。

——录自 *Boletim Official*, Vol. XXVI, Supplemento ao N.º 33, 19-08-1880, pp. 231-232.

28. **投16间番摊馆章程（1880年8月18日）［是为《澳门宪报》刊布的首份中文版专营承充合同］**

一、承充番摊以一年为期，自本年九月十一日，即庚辰年八月初七日起计。

二、该承充人限开十六间馆为止，如所开不足十六间之数，亦要纳足十六间之规。附款一：该番摊馆所设何处，任承充人意见，但由妈阁起至关闸止。

三、该承充人应每月预先禀报华政衙门并巡捕兵营知悉，来月系在某街欲开馆若干。

四、所纳之规系每月十五日上期。倘逾期三日不纳，则罚银按每百员每月十大员算。

五、该承充人应承自行妥理馆内各事，亦可任本官随时稽察。倘馆中事有未妥，为承充人是问。如馆中有事，本官自当度其时势调兵助理。

六、所有弍等牌馆，或下等牌馆，并掷骰子馆，及掷棉羊各款赌博，均仍旧严禁。



N.° 73

Governo da provincia de Macau e Timor, e suas dependencias.

Tendo sido annunciado que a junta da fazenda da provincia concederia licenças para abertura de doze casas do jogo de fantan, em conformidade com o disposto na portaria provincial n.° 77 de 11 d'agosto de 1877, e sob as condições que estão publicadas no *Boletim da provincia* n.° 31 de 3 d'agosto de 1878 e têem vigorado até ao presente;

Tendo sido hoje o dia destinado para a concessão de novas licenças, a contar do dia 11 de setembro proximo, e havendo comparecido varios pretendentes á concessão completa das 12 casas, por cujo motivo foi resolvido pela junta da fazenda, em sessão publica, que se licitasse a favor da fazenda por quem mais vantagens offerecesse;

Sendo n'esta occasião apresentadas varias propostas dos licitantes tendentes a augmentar consideravelmente as rendas publicas, mas alterando tambem o systema da concessão, que, pelo modo que tem sido feita, não dá logar a obter-se toda a vantagem que pode provir de um monopolio disputado;

Considerando que feitas algumas modificações nas condições actuaes se assegura mais garantias para a fazenda, assim como um importante augmento na sua receita;

Tendo ouvido a junta da fazenda, e com o seu voto affirmativo, hei por conveniente transferir para o dia 24 do corrente a arrematação do exclusivo do jogo de fantan em Macau, sob as condições, approvadas pela mesma junta da fazenda, que baixam assignadas pelo secretario respectivo e fazem parte da presente portaria.

As auctoridades a quem o conhecimento e execução d'esta competir, assim o tenham entendido e cumpram.

Palacio do governo de Macau, 18 de agosto de 1880.

O governador da provincia,
*Joaquim José da Graça.*

大西洋欽命澳門地扪暨所屬地方總督賈　為
諭知遵照事照得公物會曾經按照丁丑年七月初三日第七十七號札諭出示將澳門番攤館十二間出投領牌其章程則照戊寅年七月初五日第三十一號憲報刊刻至今仍舊遵行查本月十三日乃是招人領牌之期係自八月初七日起計惟現日多有欲行全盤領取是以公物會當衆定其出投至高有益於該會者但當時投者紛紛呈出章程本部堂查閱章程雖屬多有裨於該會究與領牌之例不符因照舊領牌不若承充競取增益更多本部堂諒將舊章更改必於該會有裨而庫欵入息更豐故與該會妥商亦經允協茲特照下所列該會准行定章將澳門番攤改期於本月十九日出投其章程由該會書記簽名附刊本札輸後合札仰各文武官員軍民人等一體知悉遵照須至札者

庚辰年七月十三日第七十三號札諭

Está conforme.

*Eduardo Marques,*
2.° interprete sinologo.

**Condições para arrematação de 16 casas para o jogo de fantan**

1.ª

O praso da arrematação é de um anno a contar do dia 11 de setembro do presente anno.

2.ª

O arrematante não poderá abrir mais de 16 casas de jogo sendo comtudo obrigado ao pagamento total ainda que as não tenha todas abertas.

§ unico. As casas para o jogo de fantan poderão abrir-se onde convier aos arrematantes desde as portas do Cerco até á Barra.

3.ª

Os arrematantes darão mensalmente parte ao commandante da guarda policial e á procuratura dos negocios sinicos do numero de casas que tencionarem ter abertas durante o mez seguinte, bem como o seu local.

4.ª

O pagamento do preço da arrematação será por quinzenas adiantadas devendo o arrematante, tres dias depois d'este praso, pagar multa pelos dias que faltarem ao referido pagamento na razão de 10°/₀ ao mez.

5.ª

Aos arrematantes incumbe prover, sujeitos á inspecção do governo, a policia interna das casas de jogo por cuja regularidade e boa ordem serão responsaveis, obrigando-se o governo a prestar auxilio de forças no caso que as circumstancias o reclamem.

6.ª

Continuam a ser prohibidas todas as casas de Pai-cun de 2.ª classe ou de ordem inferior, e bem assim casas para jogo de dado, taes como: culú cúi, minhion e outras similhantes.

7.ª

As casas clandestinas de jogo em prejuiso do concessionario e da fazenda ficam sujeitas á multa de mil patacas, conforme o artigo 3.° da portaria do governo da provincia n.° 77 de 11 de agosto de 1877, e a todo mais procedimento legal.

8.ª

Todas as questões que possam suscitar-se sobre as condições do presente contrato serão decididas pela junta da fazenda devendo ser submettidas aos tribunaes competentes as que versarem sobre outro qualquer assumpto, como causa crime ou outros.

Macau, secretaria da junta da fazenda, 18 de agosto de 1880.

O secretario da junta.
*J. C. Pais d'Assumpção.*

投十六間番攤館章程

一承充番攤以一年為期自本年九月十一日即庚辰年八月初七日起計

二該承充人限開十六間館為止如所開不足十六間之數亦要納足十六間之規　附欵一該番攤館所設何處任承充人意見但由媽閣起至關閘止

三該承充人應每月預先稟報華政衙門并巡捕兵營知悉來月係在某街欲開館若干

四所納之規係每月十五日上期倘逾期三日不納則罰銀按每百員每月十大員算

五該承充人應承自行妥理館內各事亦可任本官隨時稽察倘館中事有未妥為承充人是問如館中有事本官自當度其時勢調兵助理

六所有式等牌館或下等牌館并擲骰子館及擲棉羊各欵賭博均仍舊嚴禁

七凡有私開賭館固有碍於公物會亦有損於承充人須按丁丑年七月初三日第七十七號札諭內第三欵罰銀壹千員另照例所定各欵而辦

八本合同內倘有爭論之處歸公物會斷明如係犯有罪案則歸各巡理之衙門辦理

庚辰年七月十三日由公物會發出

Está conforme.

*Eduardo Marques,*
2.° interprete sinologo.

图 18　1880 年第 73 号总督训令及投 16 间番摊馆章程

（《澳门宪报》1880 年 8 月 21 日）

七、凡有私开赌馆，固有碍于公物会，亦有损于承充人，须按丁丑年七月初三日第七十七号札谕内第三款，罚银壹千员，另照例所定各款而办。

八、本合同内倘有争论之处，归公物会断明。如系犯有罪案，则归各应理之衙门办理。

庚辰年七月十三日。由公物会发出（见图18）。

——录自 *Boletim Official*, Vol. XXVI, Supplemento ao N.º 33, 19-08-1880, pp. 231-232.

## 29. 承充澳门番摊生意出投公告（1880—1881）[①]

澳门公物会书记亚宋生为通知事。

照得前定本日在本公所将番摊馆十二间并打纸牌公司三间招人领牌。惟是日并未有发给牌照。兹特按照十三日所刊第七十三号札谕（Portaria N.º 73）所定章程，准期于本月十九日一点钟，在本公所将承充番摊生意出投，其章程业已附刊于札谕，印在第三十三号宪报附报内，每日十点钟至三点钟可到本公所看明。至于出价至高者，倘公物会不合意，不准其承充亦得（A ex.ma junta da fazenda reserva-se o direito de não conceder a arrematação se não lhe convier o maior preço offerecido）。特此通知。庚辰年七月十三日。

——录自 *Boletim Official*, Vol. XXVI, Supplemento ao N.º 33, 19-08-1880, p. 232.

## 30. 冯成承充一年期澳门番摊专营合同（1880—1881）

1880年8月24日，当澳门公物会宪面前，并遵照本年8月21日本省《宪报》第34号所刊布的法规，将澳门番摊专营权出投招人承充，由已入葡籍之华人冯成投得，以一年为期，应纳规银164 300元，由味哪咋呶·先嗱·啡难哋（并获及其夫人同意）担保，承充期自本年9月11日起算，并遵照投标当场向其呈现的合同条款。

——译自 A. H. M. / Finanças / N.º 434, Mic. A0589.

---

① 此件《〈澳门宪报〉中文资料辑录（1850—1911）》未录。——作者注。

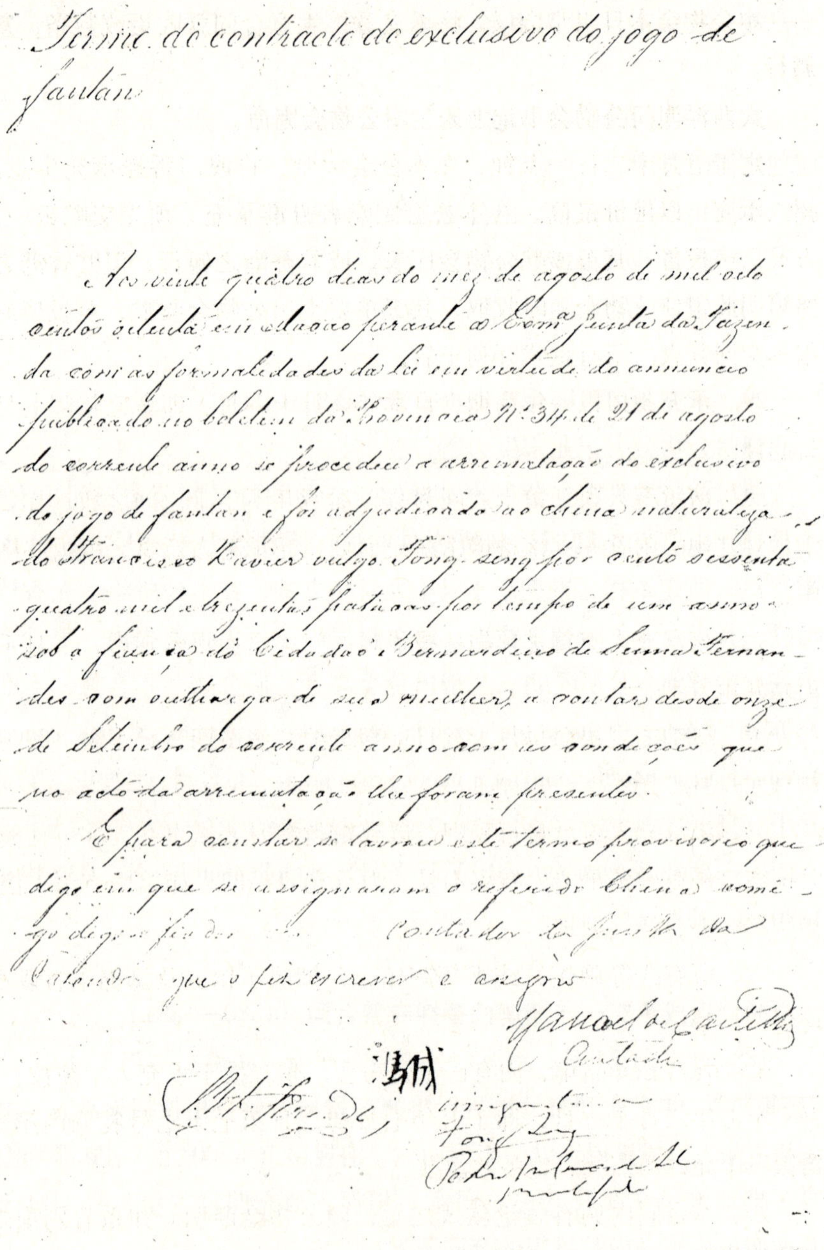

Termo do contracto do exclusivo do jogo de fantan

Aos vinte quatro dias do mez de agosto de mil oito centos oitenta em Macao perante a Exma Junta da Fazenda com as formalidades da lei em virtude do annuncio publicado no boletim da Provincia N.º 34 de 21 de agosto do corrente anno se procedeu a arrematação do exclusivo do jogo de fantan e foi adjudicado ao china naturalizado Francisco Xavier vulgo Fong-seng por cento sessenta quatro mil e trezentas patacas por tempo de um anno sob a fiança do Cidadão Bernardino de Senna Fernandes com outhorga de sua mulher, a contar desde onze de Setembro do corrente anno com as condições que no acto da arrematação lhe foram presentes.

E para constar se lavrou este termo provisorio que digo em que se assignaram o referido China comigo digo [illegible] Contador da Junta da Fazenda que o fiz escrever e assigno

[illegible]
Contador

馮成

[illegible]

图 19　1880 年冯成投充澳门番摊暂立合同

（A. H. M. /Finanças/N. º 434）

31. **更定承充澳门番摊生意合同款式**（1881 年 7 月 5 日）[①]

本公物会本日当堂会议，将承充番摊生意合同款式更改数条，复开列颁行。

大西洋澳门公物会书记亚宋生奉公物会宪命。

定于七月十二日一点钟，在本公会大堂，将澳门番摊承充生意出投，招人承充，以出价最高、合本公会宪意者方准承充。须先交贮银一万元，方准出声投价。其银或贮公物会库房，或贮香港之银行，但贮香港之银行要写明此银任公物会随时收取，其银单要交出公物会收贮，至投毕时，将银单交回其人。所有款式开列于后：

一、承充番摊以一年为期，自本年九月十一日，即辛巳年闰七月十八日起计。

二、该承充人限开馆十六间为止，如所开不足十六间之数，亦要纳足十六间之规。附款一：该番摊馆所设何处，任承充人意见，但由妈阁至关闸止。

三、该承充人应每月预先禀报华政衙门并巡捕兵营知悉，来月系在某街欲开馆若干。

四、所纳之规银系每月十五日上期交纳，倘逾期三日不纳，则罚银按每百元每月二元算。

五、该承充人应承自行妥理，以致馆内平安无滋事端，亦可任澳官随时稽察。倘馆中不平安，有事不妥，为承充人是问。如馆中有事，澳门官当度其时势，调兵助理。

六、所有式等牌馆，或下等牌馆，并掷骰子馆，及掷棉羊各款赌博，均仍旧严禁。

七、凡有私开赌馆，固有碍于公物会，亦有损于承充人，须按一千八百七十七年八月十一日，即丁丑年七月初三日第七十七号札谕内第三款，罚银一千元，另照例所定各款而办。

八、本合同内倘有争论款式之意，归公物会断明。如系有别项之案，归该管衙门办理。

---

① 《〈澳门宪报〉中文资料辑录（1850—1911）》收录了 1881 年 7 月 1 日的番摊招投章程，而略去了 7 月 5 日发布的改订章程。——作者注。

九、承充人应出银二万五千元为担保遵守本合同，其章程列后：附款一：担保之银，或贮公物会银库，或贮香港之银行，其银写明是公物会名下之银。附款二：该担保之银或一半用香港各银行股份亦得，其余一半照上第一附款贮银。如用银行股份，本公物会只可照其原价作五成收。附款三：该担保银或一半，或不及一半，亦准用坐落澳门之屋业作按，其余亦要照上第一附款贮银，但此屋业要经买火烛保险方准作按。

十、如交出人担保，须查明殷实合例，亦准其担保。

十一、投毕之时，要立即交出所定之保据，或交现银，或照上款所定交出银单或屋业单等，方算投成为实。

十二、如有因承充人之事，或承充人之过处，将合同销废，另行再投。倘其价不及原价，则要承充人补足。如其不及原价之数多于担保之银，则承充人将其物业填偿所欠之项，以至补足原价为止。如不及原价之数少于担保之银，则将所余之担保银给还。如有人担保，该保人算为首先有责，应问其交银为遵守本款之责，或别项之责。

为此预布，俾众咸知。辛巳年六月初十日示。

——录自 *Boletim Official*, Vol. XXVII, Supplemento ao N.º 27, 06 - 07 - 1881, pp. 180 - 181.

32. **冯成承充一年期澳门番摊专营合同**（1881—1882）

1881 年 8 月 6 日，当澳门公物会宪面前，并遵照本年 7 月 9 日本省《宪报》第 28 号所刊布的法规，将澳门番摊专营权出投招人承充，由冯成投得，以一年为期，应纳规银 147 000 元，由味哪哞呶·先喰·啡难啲（并获及其夫人同意）担保，承充期自本年 9 月 11 日起至 1882 年 9 月 10 止，遵照投标当场向其呈现的合同条款。

——译自 A. H. M. / Finanças / N.º 432, Mic. A0589.

JUNTA DA FAZENDA PUBLICA DE MACAU E TIMOR

Em virtude de resolução tomada pela ex.ma junta de fazenda em sua sessão de hoje de novo se publicam as condições da arrematação do exclusivo de fantan com algumas alterações.

ANNUNCIO

Por ordem da ex.ma junta da fazenda se faz publico que no dia 6 do proximo mez de agosto pela uma hora da tarde, na sala das suas sessões, hade ir á praça a arrematação do exclasivo do fantan em Macau, reservando-se a mesma ex.ma junta o direito de só conceder tal exclusivo quando lhe convenha o maior preço offerecido.

Ninguem será admittido a licitar sem ter previámente depositado dez mil patacas na thesouraria da fazenda, ou nos bancos de Hongkong á ordem da ex.ma junta da fazenda, devendo n'este ultimo caso serem entregues á mesma junta os respectivos titulos, que serão restituidos depois da praça.

As condições para o arrematante são as seguintes:

1.ª O praso da arrematação é de um anno a contar do dia 11 de setembro do corrente anno.

2.ª O arrematante não poderá abrir mais de 16 casas de jogo sendo comtudo obrigado ao pagamento total ainda que as não tenha todas abertas.

§ unico. As casas para o jogo de fantan poderão abrir-se onde convier aos arrematantes desde as Portas do Cerco até á Barra.

3.ª Os arrematantes darão mensalmente parte ao commandante da guarda policial e á procuratura dos negocios sinicos do numero de casas que tencionarem ter abertas durante o mez seguinte, bem como o seu local.

4.ª O pagamento do preço de arrematação será por quinzenas adiantadas devendo o arrematante, tres dias depois d'este praso, pagar multa pelos dias que faltar ao referido pagamento na razão de 2% ao mez.

5.ª Aos arrematantes incumbe prover, sujeitos á inspecção do governo, á policia interna das casas de jogo, por cuja regularidade e boa ordem serão responsaveis, obrigando-se o governo a prestar auxilio de forças no caso que as circumstancias o reclamem.

6.ª Continuam a ser prohibidas todas as casas de pai-cun de 2.ª classe ou de ordem inferior, e bem assim casas para jogo de dado, taes como: culú culú, minhion e outras similhantes.

7.ª As casas clandestinas de jogo em prejuizo do concessionario e da fazenda ficam sujeitas a multa de mil patacas, conforme o artigo 3.° da portaria do governo da provincia n.° 77 de 11 de agosto de 1877, e a todo mais procedimento legal.

8.ª Todas as questões que possam suscitar-se sobre a interpretação das condições do presente contracto serão decididas pela junta da fazenda, devendo ser submettidas aos tribunaes competentes as que versarem sobre outro qualquer assumpto.

9.ª O arrematante será obrigado a garantir o contracto com a caução de vinte cinco mil patacas pela fórma que se segue:

1.ª

Esta quantia poderá ser depositada nos cofres da fazenda ou nos bancos de Hongkong em nome da ex.ma junta da fazenda.

2.ª

Metade da caução poderá tambem consistir em acções dos referidos bancos, que serão acceites por ametade do seu valor nominal, e outra metade da caução consistirá em deposito pela fórma estabelecida no numero anterior.

3.ª

Tambem se admittirá metade ou menos da metade da caução em hypotheca de bens immoveis situados em Macau; e a parte restante em dinheiro pela fórma estabelecida no n.° 1.

A hypotheca para ser admissivel, deve recahir sobre propriedades seguras contra incendios.

10.ª A fiança sendo idonea e nos termos legaes poderá tambem ser admittida como garantia.

11.ª A arrematação não ficará perfeita sem que no mesmo acto o arrematante tenha dado as garantias exigidas, entrando com dinheiro, ou entregando titulos de credito pela maneira acima estabelecida ou prestando fiança.

12.ª Se o contracto for rescindido por facto ou culpa dos arrematantes estes serão responsaveis pela differença de preço que houver na nova arrematação.

Se essa differença fôr superior á caução, os arrematantes responderão pelo resto pelos seus bens; se fôr inferior, receberão o excesso.

本公物會本日當堂會議將承充番攤生意合同欵式更改數條復開列須行

大西洋澳門公物會書記亞宋生 奉

公物會憲命定於七月十二日一點鐘在本公會大堂將澳門番攤承充生意出投招人承充以出價最高合本公會憲意者方准承充須先交貯銀一萬元方准出聲投價其銀或貯公物會庫房或貯香港之銀行但貯香港之銀行要寫明此銀任公物會隨時收取其銀單要交出公物會收貯至投畢時將銀單交回其人所有欵式開列於後

一承充番攤以一年爲期自西本年九月十一日即辛巳年閏七月十八日起計

二承充人限開館十六間爲止如開不足十六間之數亦要納足十六間之規 附欵一該番攤館所設何處任承充人意見但由媽閣至關閘止

三該承充人應每月預先稟報華政衙門幷巡捕兵營知悉來月在某街欲開館若干 四所納之規係每月十五日上期交納倘逾期三日不納則罰銀按每百元每月二元算 五該承充人應承自行妥理以致館內平安無滋事端亦可任澳官隨時稽察倘館中不平安有事不妥爲承充人是問如館中有事澳門官當度其時勢調兵助理 六所有弍等牌館或下等牌館幷擲骰子館及擲棉羊各欵賭博均仍舊嚴禁

七凡有私開賭館固有碍於公物會亦有損於承充人須按一千八百七十七年八月十一日即丁丑年七月初三日第七十七號札諭內第三欵罰銀一千元另照例所定各欵而辦 八本合同內倘有爭論欵式之意歸公物會斷明如係有別項之案歸該管衙門辦理

九承充人應出銀二萬五千元爲担保遵守本合同其章程列後 附欵一担保之銀或貯公物會銀庫或貯香港之銀行其銀寫明是公物會名下之銀 附欵二該担保之銀或一半用香港各銀行股份亦得其餘一半照上第一附欵貯銀如用銀行股份本公物會只可照其原價作五成收 附欵三該担保銀或一半或不及一半亦准用坐落澳門之屋業作按其餘亦要照上第一附欵貯銀但此屋業要經買火燭保險方准作按 · 十如交出人担保須查明殷實合例亦准其担保

十一投畢之時要立即交出所定之保據或交現銀或照上欵所定交出銀單或屋業單等方算投成爲實

十二如有因承充人之事或承充人之過處將合同銷廢另行再投倘其價不及原價則要承充人補足如其不及原價之數多於担保之銀則要

图 20 1881 年改订后的番摊招投章程（局部）

（《澳门宪报》1881 年 7 月 30 日）

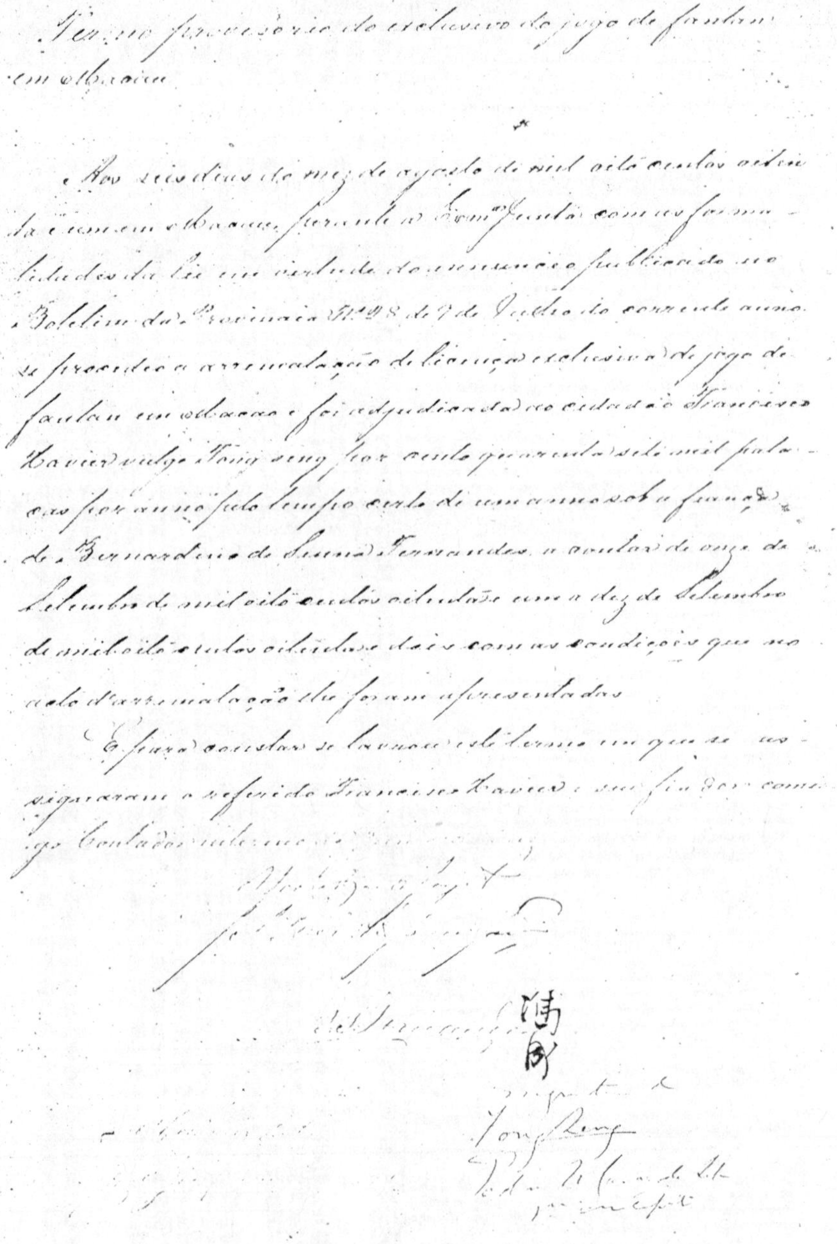
Termo provisório do exclusivo do jogo de fantan em Macau

Aos seis dias do mez de agosto de mil oito centos oitenta e um em Macau, perante a Comm.ª Junta com as formalidades da lei em virtude do annuncio publicado no Boletim da Provincia N.º 28 de 9 de Julho do corrente anno se procedeu a arrematação da licença exclusiva do jogo de fantan em Macau e foi adjudicada ao cidadão Francisco Xavier vulgo Fong Seng por cento quarenta sete mil patacas por anno pelo tempo certo de um anno sob a fiança de Bernardino de Senna Fernandes a contar de onze de Setembro de mil oito centos oitenta e um a dez de Setembro de mil oito centos oitenta e dois com as condições que no acto d'arrematação lhe foram apresentadas.

E para constar se lavrou este termo em que se assignaram o referido Francisco Xavier e seu fiador comigo Contador interino

图 21　1881 年冯成投充澳门番摊暂立合同

（A. H. M. / Finanças / N. º 432）

### 33. 承充澳门番摊生意出投公告与承充合同条款（1882—1883）①

大西洋澳门公物会书记亚宋生奉公物会宪命。

定于六月廿二日一点钟，在本公会大堂，将澳门番摊承充生意出投，招人承充，以出价最高、合本公会宪意者，方准承充（reservando-se a mesma ex.ma junta o direito de só conceder tal exclusivo quando lhe convenha o maior preço offerecido）。须先交贮银壹万元，方准出声投价。其银或贮公物会库房，或贮香港之银行，但贮香港之银行要写明此银任公物会随时收取，其银单要交出公物会收贮，至投毕时，将银单交回其人。所有款式开列于后：

（一至三、五至八款，同1880年8月18日《投16间番摊馆章程》）。

四、所纳之规银系每月十五日上期交纳，倘逾期三日不纳，则罚银按每百元每月二元算。

九、承充人应出银二万五千元为担保遵守本合同，其章程列后：附款一：担保之银或贮公物会银库，或贮香港之银行，其银写明是公物会名下之银。附款二：该担保之银或一半用香港各银行股份亦得，其余一半照上第一附款贮银。如用银行股份，本公物会只可照其原价作五成收。附款三：该担保银或一半，或不及一半，亦准用坐落澳门之屋业作按，其余亦要照上第一附款贮银，但此屋业要经注入注册衙门并经有买火烛保险方准作按。

拾、如交出人担保，须查明殷实合例，亦准其担保。

十一、投毕之时，要立即交出所定之保据，或交现银，或照上款所定交出银单或屋业单或交出人担保，方算投成为实。

十二、如有因承充人之事，或承充人之过处，将合同销废，另行再投。倘其价不及原价，则要承充人补足。如其不及原价之数多于担保之银，则承充人将其物业填偿所欠之项，以至补足原价为止。如不及原价之数少于担保之银，则将所余之担保银给还。如有人担保，该保人算为首先有责，应问其交银为遵本款之责，或别项之责。

为此预布，俾众咸知。壬午年五月十六日示。

——录自 *Boletim Official*, Vol. XXVIII, Supplemento ao N.º 26, 03 - 07 - 1882, pp. 218 - 219.

---

① 《〈澳门宪报〉中文资料辑录（1850—1911）》只收录了该文件的公告语，将章程内容略去，并注曰："下同1881年7月2日番摊条例。"实际上，1882年招投公告中颁布的章程，沿用的是1881年7月5日改订后的新章程。参见该书第76页。

**34. 何连旺承充澳门番摊生意暂立合同（1882—1883）**

1882 年 8 月 5 日，在澳门公物会大堂，遵照本年 7 月 22 日本省《宪报》第 29 号所刊布的法规，将澳门番摊专营权出投招人承充，由华人何连旺投得，以一年为期，应纳规银 154 100 元（cento cincoenta quarto mil e cem patacas），由味哪咩呶·先嗱·啡难哋（并获及其夫人同意）担保，承充期自本年 9 月 11 日起至 1883 年 9 月 10 日止，遵照投标当场向其呈现的合同条款。

——译自 A. H. M. / Finanças / N.º 432, Mic. A0589.

**35. 何连旺承充澳门番摊生意合同（1882—1883）**

承充番摊生意，何连旺出价银壹十五万四千一百大元，以一年为期，系自一千八百八十弍年九月十一日即壬午年七月廿九日起计，有担保人味哪咩奴·先嗱·啡难地，其妻亦经允准。

西纪一千八百八十二年八月初五日，在澳门公物会署内大堂，公物会大宪为给发合同人，何连旺为领给合同人，两造在场，当我公物会书记，并后开之证人面前，承公物会大宪面谕谓：西纪本月初五日，招人出投承充澳门番摊生意。今有何连旺出价至高，每年规银壹十五万四千壹百大元，并有担保人味哪咩奴·先嗱·啡难地，其妻亦经允准。是以公物会议定立实合同，准给该承充生意。现味哪咩奴之妻经在臬司写字唎地面前缮立允准，凭据单交出本书记房（Secretaria）存贮。所有章程款式列后：

一、承充番摊以一年为期，自西纪本年九月十一日，即壬午年七月廿九日起计。

二、承充人限开馆十六间为止。如开不足十六间之数，亦要纳足十六间之规。附款：该番摊馆所设何处，任承充人意见，但由妈阁至关闸止。

三、该承充人应每月预先禀报华政衙门并巡捕兵营知悉，来月在某街欲开馆若干。

四、所纳之规系每月十五日上期交纳。倘逾期三日不纳，则罚银按每百元每月弍元算。

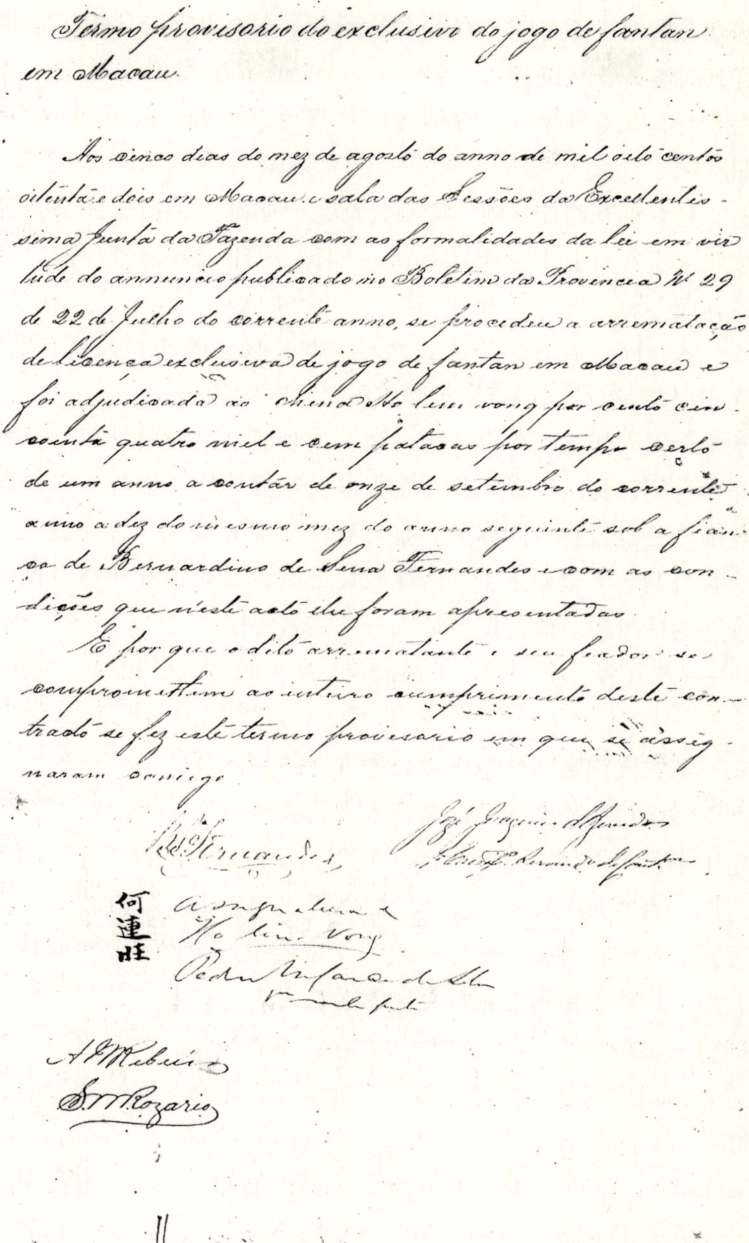

Termo provisorio do exclusivo do jogo de fantan em Macau.

Aos cinco dias do mez de agosto do anno de mil oito centos oitenta e dois em Macau e sala das Sessões da Excellentissima Junta da Fazenda com as formalidades da lei em virtude do annuncio publicado no Boletim da Provincia N.º 29 de 22 de Julho do corrente anno, se procedeu a arrematação de licença exclusiva de jogo de fantan em Macau e foi adjudicada ao china Ho lin vong por cento e cincoenta quatro mil e cem patacas por tempo certo de um anno a contar de onze de setembro do corrente anno a dez do mesmo mez do anno seguinte sob a fiança de Bernardino de Senna Fernandes e com as condições que neste acto lhe foram apresentadas.

E por que o dito arrematante e seu fiador se compromettem ao inteiro cumprimento deste contracto se fez este termo provisorio em que se assignaram comigo

B. S. Fernandes

何連旺

Ho lin vong

A. J. Ribeiro

S. M. Rozario

图 22 1882 年何连旺投充澳门番摊暂立合同

(A. H. M. / Finanças / N.º 432)

五、该承充人应承自行妥理，以致馆内平安，无滋事端，亦可任澳官随时稽察。倘馆中不平安，有事不妥，为承充人是问。如馆中有事，澳门官当度其时事，饬兵助理。

六、所有弍等牌馆或下等牌馆，并摇色及掷棉羊各款等骰子赌博馆，均仍旧严禁。

七、凡有私开赌馆，固有碍于公物会，亦有损于承充人，须罚银壹千元，按照一千八百七十七年八月初一[①]日第七十七号澳督札谕，另照律例所定各款而办。

八、本合同内倘有争论款式之意，归公物会断明。如系有别项之案，归该管衙门办理。

承领合同人何连旺称说：已（以）上所列款式章程，俱经允肯。今担保遵守本合同，交出担保人并首先交银人味哪哖奴·先嗱·啡难地，其妻亦经允准。是以将本合同算为立寔。有证人亚利威刺，并哥奴父，俱衙门书吏。我公物会书记亚宋生、署律政司吡利刺及管银库啰喳，饬令立本合同，读与两造听悉。该两造及证人一并签名为据。

——录自 A. H. M. / Financas / N.º 423, fls. 1 – 3v. Mic. A0586.

36. **承充澳门番摊生意出投公告**（1883—1884）

大西洋澳门公物会代书记署管数官霸波沙奉公物会命为通知事。

定于本月十六日一点钟，在本公会大堂，招人出投承充澳门番摊，以一年为期，自八月[②]十一日起计，谁出价至高者得。如欲投充，应先交出银壹万元，或贮在本公会银库；或贮在香港银行，该银要写明任从公物会随时收取，即将该银行之银单交到本公会存贮。俟投毕之后，如未经投得者，即将该银单交还。所有章程款式存在本管数房，除安息日，每日十点钟至三点钟均可到看。再者，如有出价至高、不合公物会宪意者，不准其承充亦得（a junta reserve-se o direito de não conceder a arrematação caso lhe não convenha o ultimo preço offerecido）。特此通知。癸未年七月初一日。

——录自 *Boletim Official*, Vol. XXIX, N.º 31, 04 – 08 – 1883, p. 280.

---

① 应为“十一”。——作者注。

② 核对葡语原文，应为“九月”。——作者注。

37. **美基·矮利士·施利化、黄宏展承充澳门番摊生意合同**（1883—1884）

承充澳门番摊生意合同，其价银壹十四万大元，以一年为期，系自一千八百八十三年九月十一日，即华八月十一日起计，准承充人美基·矮利士·施利化及黄宏展。

西纪一千八百八十三年八月三十日，在澳门地扪公物会公所大堂，当署管数官霸波沙，现有公物会大宪督宪啰、书记亚宋生、国家律师利登、署管银库人加巴剌为给领人，另有美基·矮利士·施利化、黄宏展为承领人，并有翻译官啤哆禄及证人啰喳、阿利威剌，其证人等经我署管数官认识。兹奉督宪罗面谕：因公历本月十八日有美基、黄宏展呈禀一纸，本公物会经已允准，其禀词列后："今日公物会所投之番摊生意，其出价至高者黄宏展不过壹十三万七千七百大元。因该价钱公物会未经允准。是以，我美基与黄宏展合股互商呈禀，如将该番摊生意准给我等，则愿出价银壹十四万元。另因黄宏展所交出之贮库银一万元方准喊价，今将该银专为担保。现呈之禀如蒙公物会允准，我愿将屋业所值银三万三千元交出作按，以为担保遵守合同。澳门，一千八百八十三年八月十八日，美基·矮利士·施利化、黄宏展，并翻译官啤哆禄签名画押。"

另督宪又谕，吩咐暂立合同，准给承充番摊生意，以一年为期，价银一十四万元，定于西历本月三十一日，必须照例将所有供出屋业担保合同之各屋业立实契券作按，为担保所求公物会准给承充生意之据。

又言："本日该承充人交出契（escriptura）一纸，该契系经臬司写字房列地本月三十日立写，该契经在注册衙门挂号。查其契内所按之屋业并地，值得银三万三千五百四十五元零壹仙士。其估价系代公物会估价人官也并伯冷登，代承充人系意哆。另有国家律师称说：该契系照例所立，经已遵守各规矩并公物会所要银弍万五千元担保，今该契亦经足数，可为担保。是以，公物会因于本月十八日投价之时，经发出章程款式，缘是日所出之价不合，故未曾准人承充。今将该章程款式再行读过，照依该章程款式，将澳门番摊生意准给与合股人美基、黄宏展承充，以一年为期，自西历本年九月十一日起计，其价银一十四万元，该价银照该章程款式交纳。兹据美基、黄宏展称说：愿出规银壹十四万元，求准给发承充，应承遵守该合同款式，照依合同第四款缴纳规银，须要公物会准其承充澳门番摊生意，以一年为期，系自本年九月十一日起计，将现时所有屋业作按，交出公物会为担保遵守本合同。该合同款式开列于左：

一、承充番摊生意以一年为期，自西纪本年九月十一日，即癸未年八月十一日起计。

二、承充人限开馆十六间为止。如开不足十六间之数，亦要纳足十六间之规。附款：该番摊馆所设何处，任承充人意见，但由妈阁至关闸止。

三、该承充人应每月预先禀报华政衙门并巡捕兵营知悉，来月在某街欲开馆若干。

四、该承充生意之规银以每十五日上期交纳，自九月十一日起为首次交纳之期。如过期不纳，照计过期之日每月每百元罚银弍元。

五、该承充人应承自行妥理，以致馆内平安，无滋事端，亦可任澳官随时稽察。倘馆中不平安，有事不妥，为承充人是问。如馆中有事，澳门官当度其时事，饬兵助理。

六、所有弍等牌馆或下等牌馆，并摇色及掷棉羊各款骰子赌博馆，均仍旧严禁。

七、凡有私开赌馆，固有碍于公物会，亦有损于承充人，须罚银壹千元，按照一千八百七十七年八月初一[①]日第七十七号澳督札谕，另照律例所定各款而办。

八、本合同倘有争论款式之意，归公物会断明。如系有别项之案，归该管衙门办理。

已（以）上是实，以昭公信，将本合同立写为据，我署管数官霸波沙读过西洋文，又经翻译官啤哆禄读过华文，各人经已允肯。是以，我霸波沙着人缮写（本合同），俟各人签名之后，我霸波沙复行签名。

——录自 A. H. M. / Finanças / N.º 423, fls. 26v－30. Mic. A0586.

**38. 澳门公会关于议事公局向闱姓馆抽收公钞一案的裁决（1884 年 2 月 20 日）**

大西洋澳门公会公同会议。据闱姓承充人前来上控禀称：议事公局咁麻喇经定向各闱姓馆抽收公局公钞（a contribuição municipal directa de

① 应为“十一”。——作者注。

repartição)，前经具禀求免，而议事公局批不准所禀，是以特来上控，等情。

查议事公局向各闱姓馆抽收公钞，即是曲道而行，向承充人抽收无异（viria a recahir indirectamente no arrematante，意即等于间接向承充人重复征税），因向各馆抽收，而该馆定必纳少规项与承充人，是承充人所赚必少也。

查该议事公局原本无权向承充人抽饷，如可向承充人抽收税饷，则该税饷即是归国课所出（incidir sobre a fazenda publica），便违国例（contra a expressas determinação das leis）。缘有律条明定，议事公局不得颁行告示议立章程或行别事，以致有损国课（fazenda）。兹查掌管政务律部第一百卌五款附款二之第四注解，并第一百四十二款附款二之注解，及一千八百四十三年十二月二十日之上谕，均有明文。

又查上控之例，如系无权办理之事，准限一年之内可能上控，系自通知原人之日起计。经查阅掌管政务律部第二百八十款内之注解，并一千八百四十三年正月初九日之上谕，均有可稽。

是以本公会议定，准其上控合理，而饬令议事公局将向各闱姓馆抽收公钞之定款销废可也。

甲申年正月廿四日，督宪罗（沙）（Tomás de Sousa Rosa）、辅政司咖士度、故老士、吡唎喇、国家律师唎登画押。

——录自 *Boletim Official*, Vol. XXX, N.° 11, 15-03-1884, p. 120.

### 39. 澳门番摊生意一年期招投公告（1884—1885）

大西洋澳门公物会书记亚宋生奉公物会命为通知事。

照得澳门番摊生意，兹特招人暗投承充，以一年为期，自西纪一千八百八十四年九月十一日起，至一千八百八十五年九月初十日止，如有欲承充者，准自本日起限三十五日内投票，除安息日外，每日十一点钟至三点钟均可到本公所将票投递。但所投之票，须用信套加火漆封固，并盖该原人印章，其信面要写明递至公物会收，并书明投票之人姓名。每投一票，要先交出压票银一万元，贮在公物会银库，为担保此票。该万元要银。该票格式开列于后：某某求澳门地扪公物会准给某某承充番摊生意，以一年为期，自西纪一千八百八十四年九月十一日起，某某愿出规银若干，为该一年之价，并现时在公物会公所所有颁看之番摊章程款式，某某应承一概遵守。澳门一千八百八十四年某月某日画押。

又订于本年闰五月二十日一点钟，在本公会各宪面前，当堂将各人所投之票拆看，如该票所出至高之价合公物会意者，方准其承充（sendo a adjudicação feita a quem offerecer maior preço, se este convier á mesma junta）。如所出至高之价不合公物会意者，任从公物会酌量如何有裨于国课办理（se o maior preço offerecido não for acceitavel, a junta procederá como entender mais conveniente aos interesses da junta publica.）。若有两三票同价，并其价合公物会意者，即准该同票人另行明投，以价高者得。如经公物会准其承充，要该承充人刻即交出银二万元，连压票银一万元，共成三万元，系依合同第二款内所定担保银三万元为准。如不遵守本款，即将所准承充销废，并将压票银一万元充公。至于担保银三万元之项，准其交出屋业作按为替换担保，惟其屋业要坐落本澳，并无典押及经买有火烛保险者方可。但是日开投完堂之后，所有未投得之压票银一万元，交回原人所有。承充合同款式存在本公所，除安息日外，每日十一点钟至三点钟均可到看。特此通知。甲申年五月十四日。

——录自 *Boletim Official*, Vol. XXX, N.º 23, 07－06－1884, p. 206.

### 40. 黎才承充一年期澳门番摊专营合同（1884—1885）

承充澳门番摊生意合同，其价银拾七万弍千壹百元，承充人黎才，以一年为期，自一千八百八十四年九月十一日起，至一千八百八十五年九月初十日为止。

西纪一千八百八十四年七月十弍日，在澳门地扪公物会公所大堂，我署管数官巴波沙前来，见有公物会主席督宪罗、公物会书记亚宋生、国家律师利登、管银库官贾巴利为发给合同人，黎才为领给合同人，并有翻译官啤哆禄及证人罗冷登、加玉，已（以）上各位均我认识。公物会主席督宪罗当众人面前谕云：本公物会前经出告白，招人于本日一点钟前来投票，承充澳门番摊生意，以一年为期，系自西历本年九月十一日起，至一千八百八十五年九月初十日止。今有黎才投票出至高之价，即十七万弍千壹百元。是以，公物会议定准其承充。该黎才经照合同第弍款交出银三万元贮在公物会银库，担保遵守本合同章程。该章程款式当出投之时经有颁看，并录在本合同内。

又经啤哆禄代黎才传说：今黎才自愿承充澳门番摊生意，以一年为期，自西历本年九月十一日起，至一千八百八十五年九月初十日止。应承遵守本合同款式，现有银三万元交出，贮在银库，业经管库官立有收单为凭。该三万元系担保遵守本合同。等语。所有章程款式开列于后：

一、承充番摊生意以一年为期，自西纪本年九月十一日起，至一千八百八十五年九月初十日止。

二、为担保遵守本合同，应有银三万元交出，贮在公物会银库，或交出物业，即值三万元之数。该物业要坐落澳门，并无典押及经有买火烛保险者，方得作按担保。

三、承充人限开馆十六间为额。如开不足十六间之数，亦要纳足十六间之规。附款：该番摊馆所设在何处，任承充人意见，但自妈阁起至关闸止。

四、该承充人应每月预先禀报华政衙门并巡捕兵营知悉，来月在某街欲开馆若干。

五、该承充生意之规银以每十五日上期交纳，自九月十一日起为首次交纳之期。如过期不纳，照计过期之日每月每百元罚银弍元。

六、该承充人应承自行妥理，以致馆内平安，无滋事端，亦可任澳官随时稽察。倘馆中不平安，有事不妥，为承充人是问。如馆中有事，澳门官当度其时事饬兵助理。

七、所有二等牌馆或下等牌馆，并摇色及掷棉羊各款骰子赌博馆，均仍旧严禁。

八、凡有私开赌馆，固有碍于公物会，亦有损于承充人，须罚银壹千元，按照一千八百七十七年八月初一[①]日第七十七号澳督札谕，另照律例所定各款而办。

九、本合同倘有争论款式之意，归公物会断明。如系有别项之案，归该管衙门办理。

已（以）上合同款式欲行为实，并在各处可信为凭，我管数官巴波沙饬人缮写本合同。先经我读过西洋文，后经啤哆禄读过华文，又经我画

---

① 应为“十一”。——作者注。

押，及已（以）上两造并所列之各人，一概签名为据。

——录自 A. H. M. / Finanças/ N.º 423, fls. 66-68v. Mic. A0586.

### 41. 氹仔番摊并煮熟丫（鸦）片烟生意招投公告与规则（1885—1886）

大西洋澳门公物会书记啞宋生奉公物会命为通知事。

照得氹仔番摊并煮熟丫（鸦）片烟生意，兹特招人暗投承充，以一年为期，自西历本年五月初一日，即光绪十一年三月十七日起，至一千八百八十六年四月三十日，即光绪十二年三月廿八日止。如有欲承充者，准自本日起限至西纪本年三月初九日，即华正月廿三日内投票，除安息日外，每日十一点钟至三点钟，均可到本公所投票。但所投之票，须用信套加火漆封固，并盖该原人印章，其信皮要写明递至公物会收，并书明投票之人姓名。每投一票，须要先交出压票银元四百元，贮在公物会银库，为担保此票。该票格式开列于后：某某人求澳门地扪公物会准给某人承充氹仔番摊并煮熟丫（鸦）片烟生意，以一年为期，系自一千八百八十五年五月初一日，即华三月十七日起，某某愿出规银若干，为该一年期之价，并现时在公物会公所颁看氹仔番摊煮丫（鸦）片烟生意之章程款式，某某应承一概遵守。澳门一千八百八十　年　月　日。

所投之票内，必须写明愿出价银实数若干。倘票内有论及别人投票之价，则算为废纸。兹订于本年西历三月初十日，即华本年正月廿四日午后一点钟，在本公会各宪面前，当堂将各人所投之票开拆，如该票所出至高之价合公物会之意，方准其承充。如所出至高之价不合公物会意者，任从公物会酌量如何有裨国课办理（se o maior preço offerecido não for acceitavel, a junta procederá como entender mais conveniente aos interesses da fazenda publica）。倘有三两票同价，并其价合公物会意者，即准该人再行明投，以价高者得。如经公物会准其承充，立刻要该承充人或交出殷实人担保，或交出银一千五百元，贮在公物会银库，担保遵守本合同。如不遵守此担保之款，即将所准承充销废，并将压票银四百元充公。但是日开投完堂之后，所有未投得之压票银四百元，即交与原人收回。所有合同款式存在本公所，除安息日外，每日十一点钟至三点钟均可到看。

特此通知。乙酉年正月初四日示。

——录自 *Boletim Official*, Vol. XXXI, N.º 8, 21-02-1885, p. 100.

## 42. 卢九、黎才承充澳门番摊生意合同（1885—1886）

承充澳门番摊生意合同，承充人卢九、黎才，其价银十三万元，以一年为期，系自西纪一千八百八十五年九月十一日起，至一千八百八十六年九月初十日为止。

西纪一千八百八十五年八月初八日，在澳门公物会大堂，我管数官巴波沙前来，见有公物会主席督宪罗、公物会书记亚宋生、国家律师利登、管银库贾巴剌在前，为发给合同人，卢九、黎才为领给合同人，并有翻译官啤哆禄及证人咖妹士并阿利威剌，已（以）上各位均我认识者。督宪罗当众面谕云：本公物会经出告白，招人投票承充澳门番摊生意，以壹年为期，自西纪本年九月十一日起，至一千八百八十六年九月初十日止。今有卢九、黎才投票，并无别票，其出价十三万元。本公物会见其价合宜。是以准卢九、黎才两人承充。但卢九、黎才必须遵守本合同款式。该合同款式前经出投之时已有颁看。今卢九、黎才凭翻译官啤哆禄传说：允肯承充澳门番摊生意，以一年为期，自西纪本年九月十一日起，至一千八百八十六年九月初十日止。今我两人应承遵守本合同。该合同款式前经出投时经有颁看。又据现在澳门开煮丫（鸦）片烟公司之屋业主陈六，将该公司屋业交出与公物会作按，担保卢九、黎才遵守本合同，以三万银为担保之银，有作按之契交出为据。所有合同款式列后：

一、承充澳门番摊生意以一年为期，自西纪本年九月十一日起，至一千八百八十六年九月初十日止。

二、该规银应每十五日上期交纳，如该十五日内之首十日不能交出规银，任从公物会将合同销废，并承充人所交出之担保合同银三万元充公，归公物会收。本公物会必须将所酌议之词刊在《宪报》颁看，并不必遵守别样规矩。

三、承充人限开馆十六间为额。如开不足十六间之数，亦要纳足十六间之规。附款：该番摊馆所设在何处，任承充人意见，但自妈阁至关闸止。

四、该承充人应每月预先禀报华政衙门并巡捕兵营知悉，来月系在某街欲开摊馆若干。

五、该承充生意之规银以每月十五日上期交纳，自西纪本年九月十一日起首次交纳之期。如过期不纳，照计过期之日（每月）[1] 每百元罚银式员。

六、该承充人应承自行理妥，以致馆内平安，别无滋事，亦可任澳官随时稽察。倘馆中事有未妥，为承充人是问。如馆中有滋事，本官[2]自当度其时事调兵助理。

七、所有二等牌馆或下等牌馆，并掷骰子馆及掷棉羊各款赌博，均仍旧严禁。

八、凡有私开赌馆，固有碍于公物会，亦有损于承充人，须按西纪一千八百七十七年八月十一日，即光绪三年七月初三日第七十七号札谕内第三款，罚银一千元，另照例所定各款而办。

九、本合同倘有争论款式之意，归公物会断明。如系有别项之案，归该管衙门办理。

已（以）上合同款式欲行为实，并在各处可信为凭，我管数官巴波沙饬人缮写本合同，经我读过西文，后经啤哆禄读过华文，并经我画押及已（以）上两造所列各人，一并签名为据。

——录自 A. H. M. /Finanças/ N.º 423, fls. 87 - 90v. Mic. A0586.

---

① 原档中译文本缺，今据葡语文本补入。——作者注。

② 核对葡语原文可知，此处的“本官”，泛指澳门政府官员（其他合同内亦写作“澳官”），并非特指代表公物会与承充人签订合同的公物会管数官巴波沙。——作者注。

## 43. 1872—1873 年度至 1885—1886 年度澳门国课专营承充收入

单位：厘士

| 财政年度 | 白鸽票 | 番摊 | 鱼栏 | 盐货 | 牛肉 | 猪肉 | 鸦片 | 闱姓 | 氹仔鸦片番摊 | 路环鸦片番摊 | 氹仔路环猪肉 | 合计 |
|---|---|---|---|---|---|---|---|---|---|---|---|---|
| 1872—1873 | 35 088 000 | 144 330 000 | 3 213 000 | 5 525 000 | 4 250 000 | 11 560 000 | 35 700 000 | 15 753 333 | 3 842 000 | 1 955 000 | — | 261 216 333 |
| 1873—1874 | 39 780 000 | 127 500 000 | 3 213 000 | 5 100 000 | 4 454 000 | 11 560 000 | 35 700 000 | 15 753 333 | 3 842 000 | 2 813 500 | — | 249 715 833 |
| 1874—1875 | 39 780 000 | 132 642 500 | 7 658 500 | 5 287 000 | 4 454 000 | 11 560 000 | 35 700 000 | 15 753 333 (C) | 4 938 000 | 2 813 500 | — | 260 587 333 |
| 1875—1876 | 29 070 000 | 85 085 000 | 7 658 500 | 3 587 000 | 5 176 500 | 12 325 000 | 14 450 000 | 37 201 666 | 4 938 000 | 2 813 500 | — | 203 104 666 |
| 1876—1877 | 29 070 000 | 119 850 000 | 7 658 500 | 3 612 500 | 5 176 500 | 12 325 000 | 14 450 000 | 37 201 666 | 6 273 000 | 3 612 500 | — | 239 229 666 |
| 1877—1878 | 39 950 000 | 96 034 132 | 9 987 500 | 3 612 500 | 2 550 000 | 12 325 000 | 14 450 000 | 37 201 666 | 6 273 000 | 3 612 500 | — | 225 358 798 |
| 1878—1879 | 39 950 000 | 118 320 000 | 9 987 500 | 8 500 000 | 2 550 000 | 14 620 000 | 19 550 000 | 113 616 666 | 6 273 000 | 2 975 000 | 1 071 000 | 337 413 166 |
| 1879—1880 | 37 995 000 | 110 160 000 | 9 987 500 | 8 967 500 | 3 485 000 | 14 620 000 | 19 550 000 | 113 616 666 | 5 440 000 | 2 975 000 | 1 071 000 | 327 145 166 |
| 1880—1881 | 37 995 000 | 139 655 000 | 10 455 000 | 8 967 500 | 3 485 000 (A) | 16 065 000 | 19 550 000 | 113 616 666 | 7 352 500 | 2 252 500 | 1 190 000 | 361 306 666 |

（续上表）

| 财政年度 | 白鸽票 | 番摊 | 鱼栏 | 盐货 | 牛肉 | 猪肉 | 鸦片 | 闱姓 | 氹仔鸦片番摊 | 路环鸦片番摊 | 氹仔路环猪肉 | 合计 |
|---|---|---|---|---|---|---|---|---|---|---|---|---|
| 1881—1882 | 37 995 000 | 124 950 000 | 10 455 000 | 6 460 000 | — | 16 065 000 | 36 550 000 | 181 333 333 | 6 970 000 | 2 975 000 | 1 190 000 | 424 943 333 |
| 1882—1883 | 37 995 000 | 130 985 000 | 10 455 000 | 9 605 000 | — | 17 000 000 | 36 550 000 | 181 333 333 | 7 480 000 | 3 952 500 | 1 343 000 | 436 698 833 |
| 1883—1884 | 44 540 000 | 119 000 000 | 8 542 500 | 9 265 000 | — | 10 455 000 | 36 550 000 | 181 333 333 | 7 862 500 | 3 952 500 | 1 343 000 | 422 843 833 |
| 1884—1885 | 44 540 000 | 146 285 000 | 8 542 500 | 6 417 500 | — | 18 020 000 | 36 550 000 | 300 616 666 | 9 265 000 | 5 100 000 | 1 020 000 | 576 356 666 |
| 1885—1886 | 34 000 000 | 110 500 000 | 8 542 500 | 8 092 000 | — | 16 617 500 | 36 550 000 | 30 600 000（B） | 7 922 000 | 5 100 000 | 1 020 000 | 258 944 000 |
| 合计 | 527 748 000 | 1 705 296 632 | 116 356 500 | 92 998 500 | 35 581 000 | 195 117 500 | 391 850 000 | 1 374 931 660 | 88 672 000 | 47 064 500 | 9 248 000 | 4 584 864 291 |

（A）根据1881年2月14日省政府令并得同年5月11日第30号训令核准，牛肉销售改为自由经营。（B）此项专营权于1884年7月10日出投成交，三年共纳规银1 061 000元。1885年2月28日，承充合同被注销，此后虽多次出投，均因广州开办闱姓而未投成，最后于1885年11月11日以每年36 000元的价格成交，承充期限为5年。（C）1872/1873—1874/1875三个年度氹仔路环闱姓收入已加入澳门闱姓收入之内；自1875—1876年度起澳门和离岛闱姓一并承充。

——译自 *Boletim Official*, Vol. XXXII, N.º 32, 12-08-1886, p. 306.

Tendo sahido incorrectos os seguintes mappas publicados no anterior numero d'este *Boletim*, dá-se-lhes novamente publicidade.—O secretario geral do governo, *Eugenio E. Mascarenhas de Menezes.*

## JUNTA DA FAZENDA PUBLICA DA PROVINCIA DE MACAU E TIMOR

### Mappa dos rendimentos de todos os exclusivos e contratos de rendas do estado em Macau nos annos abaixo mencionados

| Annos | Loteria pacapio | Fantan | Peixe | Sal | Vacca | Porco | Opio em Macau | Vaiseng em Macau | Vaiseng na Taipa e Colowane | Opio e fantan na Taipa | Opio e fantan em Colowane | Porco na Taipa e Colowane | Somma |
|---|---|---|---|---|---|---|---|---|---|---|---|---|---|
| 1872 a 1873 | 35:088$000 | 144:330$000 | 3:213$000 | 5:525$000 | 4:250$000 | 11:560$000 | 35:700$000 | 14:478$333 | 1:275$000 | 3:842$000 | 1:955$000 | ...... | 261:216$333 |
| 1873 a 1874 | 39:780$000 | 127:500$000 | 3:213$000 | 5:100$000 | 4:454$000 | 11:560$000 | 35:700$000 | 14:478$333 | 1:275$000 | 3:842$000 | 2:813$500 | ...... | 249:715$833 |
| 1874 a 1875 | 39:780$000 | 132:642$500 | 7:658$500 | 5:287$000 | 4:454$000 | 11:560$000 | 35:700$000 | 14:478$333 | (C) 1:275$000 | 4:938$500 | 2:813$500 | ...... | 260:587$333 |
| 1875 a 1876 | 29:070$000 | 85:085$000 | 7:658$500 | 3:587$000 | 5:176$500 | 12:325$000 | 14:450$000 | 37:201$666 | ...... | 4:938$500 | 2:813$500 | ...... | 203:104$666 |
| 1876 a 1877 | 29:070$000 | 119:850$000 | 7:658$500 | 3:612$500 | 5:176$500 | 12:325$000 | 14:450$000 | 37:201$666 | ...... | 6:273$000 | 3:612$500 | ...... | 239:229$666 |
| 1877 a 1878 | 39:950$000 | 96:034$132 | 9:987$500 | 3:612$500 | 2:550$000 | 12:325$000 | 14:450$000 | 37:201$666 | ...... | 6:273$000 | 3:612$500 | ...... | 225:358$798 |
| 1878 a 1879 | 39:950$000 | 118:320$000 | 9:987$500 | 8:500$000 | 2:550$000 | 14:620$000 | 19:550$000 | 113:616$666 | ...... | 6:273$000 | 2:975$000 | 1:071$000 | 337:413$166 |
| 1879 a 1880 | 37:995$000 | 110:160$000 | 9:987$500 | 8:967$500 | 3:485$000 | 14:620$000 | 19:550$000 | 113:616$666 | ...... | 5:440$000 | 2:975$000 | 1:071$000 | 327:145$166 |
| 1880 a 1881 | 37:995$000 | 139:655$000 | 10:455$000 | 8:967$500 | (A) 3:485$000 | 16:065$000 | 19:550$000 | 113:616$666 | ...... | 7:352$500 | 2:252$500 | 1:190$000 | 361:306$666 |
| 1881 a 1882 | 37:995$000 | 124:950$000 | 10:455$000 | 6:460$000 | ... | 16:065$000 | 36:550$000 | 181:333$333 | ...... | 6:970$000 | 2:975$000 | 1:190$000 | 424:943$333 |
| 1882 a 1813 | 37:995$000 | 130:985$000 | 10:455$000 | 9:605$000 | ... | 17:000$000 | 36:550$000 | 181:333$333 | ...... | 7:480$000 | 3:952$500 | 1:343$000 | 436:698$833 |
| 1883 a 1884 | 44:540$000 | 119:000$000 | 8:542$500 | 9:265$000 | ... | 10:455$000 | 36:550$000 | 181:333$333 | ...... | 7:862$500 | 3:952$500 | 1:343$000 | 422:843$833 |
| 1884 a 1885 | 44:540$000 | 146:285$000 | 8:542$500 | 6:417$500 | ... | 18:020$000 | 36:550$000 | 300:616$666 | ...... | 9:265$000 | 5:100$000 | 1:020$000 | 576:356$666 |
| 1885 a 1886 | 34:000$000 | 110:500$000 | 8:542$500 | 8:092$000 | ... | 16:617$500 | 36:550$000 | (B) 30:600$000 | ...... | 7:922$000 | 5:100$000 | 1:020$000 | 258:944$000 |
| | 527:748$000 | 1.705:296$632 | 116:356$500 | 92:998$500 | 35:581$000 | 195:117$500 | 391:850$000 | 1.371:106$660 | 3:825$000 | 88:672$000 | 47:064$500 | 9:248$000 | 4.584:864$291 |

(A) Passou a ser livre a venda da carne de vacca por portaria provincial de 14 de fevereiro de 1881 confirmada pela regia portaria n.º 30 de 11 de maio do mesmo anno. (B) Em 10 de julho de 1884 fez-se a arrematação d'este exclusive por um milhão e sessenta e uma mil patacas por 3 annos. Em 28 de fevereiro foi rescindido o contrato. Depois de por varias vezes se ter aberto praça para nova arrematação, a que se não appareceram licitantes devido de certo ao estabelecimento do mesmo exclusivo em Cantão, foi em 11 de novembro de 1885 elle concedido por 5 annos por trinta e seis mil patacas ao anno. (C) Deixou de figurar a receita d'esta renda por passar a ser arrematada conjuntamente com a de Macau.

**Macau, contadoria da junta da fazenda, 15 de maio de 1886.**—O contador, *Arthur Tamagnini Barbosa.*—Visto.—O secretario da junta, *J. C. Paes d'Assumpção.*

## PROVINCIA DE MACAU E TIMOR

### Mappa da receita d'esta provincia cobrada, sem ser por arrematação, nos annos abaixo designados

| Annos | Decimas pagas pelos christãos | Decimas pagas pelos chinas | Direitos de mercê | Sêllo | Contribuição de registo | Multas | Emolumentos sanitarios | Direito da pesca das ostras | Licença para pesca no litoral da cidade |
|---|---|---|---|---|---|---|---|---|---|
| 1872–1873 | 19:529$031 | 23:514$087 | 2:188$168 | 26:480$492 | 7:103$460 | 294$494 | -$- | 578$000 | 34$000 |
| 1873–1874 | 15:841$192 | 20:304$990 | 786$671 | 974$665 | 5:000$131 | 85$787 | -$- | 578$000 | 34$000 |
| 1874–1875 | 3:678$976 | 18:257$554 | 306$874 | 2:183$401 | 4:705$563 | 97$186 | -$- | 510$000 | -$- |
| 1877–1876 | 9:056$289 | 11:996$668 | 158$700 | 1:844$061 | 3:337$111 | 128$021 | -$- | 714$000 | 68$000 |
| 1876–1877 | 9:237$843 | 15:482$242 | 46$218 | 1:942$177 | 3:771$857 | 947$145 | -$- | 255$000 | -$- |
| 1877–1878 | 8:065$550 | 22:821$798 | -$- | 1:955$232 | 2:275$236 | 1:088$259 | -$- | 578$000 | 39$100 |
| 1878–1879 | 8:123$123 | 26:031$346 | 144$890 | 2:693$100 | 6:589$755 | 665$307 | 1$800 | 382$500 | 34$000 |
| 1879–1880 | 7.371$815 | 26:483$716 | 289$172 | 2:466$271 | 3:195$497 | 1:026$514 | 1$200 | 1:183$540 | -$- |
| 1880–1881 | 9:326$913 | 21:500$980 | 323$410 | 2:850$315 | 2:857$186 | 280$573 | 2$396 | 291$040 | 41$140 |
| 1881–1882 | 8:423$196 | 20:513$575 | 939$996 | 3:258$251 | 8:676$439 | 204$146 | 7$948 | 510$000 | 39$100 |
| 1882–1883 | 7:237$534 | 21:429$744 | 986$536 | 3:140$981 | 4:094$416 | 132$463 | 12$717 | 510$000 | 98$600 |
| 1883–1884 | 13:277$088 | 22:983$868 | 1:386$912 | 2:938$470 | 5:455$741 | 837$969 | -$- | 510$000 | 44$200 |
| 1884–1885 | 9:983$473 | 25:990$595 | 1:613$817 | 15:822$940 | 2:555$462 | 861$719 | -$- | -$- | 34$000 |
| Somma Réis | 129:152$023 | 277:218$163 | 8:141$817 | 68:550$356 | 60:117$854 | 6:649$583 | 26$061 | 6:600$080 | 466$140 |

| Annos | Emolumentos da policia do porto | Rendimento da Taipa | Emolumentos da polvora | Foros | Subscripção voluntaria dos chinas | Receita eventual | Emolumentos dos consulados de Tokio e Shanghae | Total em Réis |
|---|---|---|---|---|---|---|---|---|
| 1872–1873 | 1:633$139 | 9:909$448 | 53$766 | 8:776$884 | 17:278$247 | 2:276$138 | -$- | 118:649$354 |
| 1873–1874 | 510$000 | 10:927$599 | 164$385 | 9:227$060 | 18:830$883 | 26:733$796 | -$- | 109:999$159 |
| 1874–1875 | 750$609 | 14:978$920 | 114$436 | 14:978$920 | 16:546$109 | 13:517$333 | -$- | 20:625$881 |
| 1877–1876 | 777$878 | 11:840$458 | 361$020 | 11:840$458 | 15:801$236 | 123:666$415 | -$- | 192:090$315 |
| 1876–1877 | 680$493 | 15:295$791 | 217$988 | 8:764$432 | 14:092$277 | 29:650$844 | -$- | 100:384$307 |
| 1877–1878 | 705$610 | 15:540$642 | 245$540 | 8:636$014 | 13:018$217 | 2:923$285 | -$- | 77:891$383 |
| 1878–1879 | 1:063$934 | 16:646$626 | 204$012 | 10:309$812 | 12:791$429 | 9:859$814 | -$- | 95:510$948 |
| 1879–1880 | 1:168$329 | 16:143$570 | 446$383 | 9:255$290 | 12:508$150 | 10:526$557 | -$- | 92:066$004 |
| 1880–1881 | 2:433$150 | 17:577$386 | 208$524 | 8:170$529 | 12:810$279 | 1:33 $644 | -$- | 80:004$465 |
| 1881–1882 | 2:904$093 | 19:684$516 | 455$067 | 8:749$600 | 11:659$026 | 56:046$725 | -$- | 142:071$678 |
| 1882–1883 | 2:690$948 | 18:038$132 | 429$882 | 8:120$962 | 10:906$967 | 5:307$164 | -$- | 83:137$046 |
| 1883–1884 | 3:362$938 | 19:970$503 | 357$700 | 12:863$671 | 10:508$148 | 5:154$004 | -$- | 99:651$212 |
| 1884–1885 | 3:802$759 | 11:362$814 | 869$292 | 9:317$189 | 12:022$369 | 16:472$869 | 227$094 | 120:906$392 |
| Somma Réis | 22:488$810 | 207:916$405 | 4:127$995 | 129:009$321 | 178:773$337 | 309:465$588 | 227$094 | 1.402:988$144 |

**Macau, contadoria da junta da fazenda, 27 de maio de 1886.**—*Arthur Tamagnini Barbosa*, contador.—Visto.—O secretario da junta, *J. C. Paes d'Assumpção.*

图 23　1872—1873 年度至 1885—1886 年度澳门各项专营收入及 1872—1873 年度至 1884—1885 年度澳门非专营收入表

（《澳门宪报》1886 年 8 月 12 日）

44. 1872—1873 至 1884—1885 年度澳门国课非专营承充项目收入表

单位：厘士

| 年度 | 基督徒纳税 | 华人纳税 | 印花税 | 注册税 | 捕鱼养蚝证照收费 | 水警收费 | 氹仔收入 | 火药收费 | 房租收入 | 华人捐献 | 意外收入 | 合计 |
|---|---|---|---|---|---|---|---|---|---|---|---|---|
| 1872—1873 | 19 529 031 | 23 514 087 | 26 480 492 | 7 103 460 | 578 000 | 1 633 139 | 9 909 448 | 53 766 | 8 776 884 | 17 278 247 | 2 276 138 | 118 649 354 |
| 1873—1874 | 15 841 192 | 20 304 990 | 974 665 | 5 000 131 | 578 000 | 510 000 | 10 927 599 | 164 385 | 9 227 060 | 18 830 883 | 26 733 796 | 109 999 159 |
| 1874—1875 | 3 678 976 | 18 257 554 | 2 183 401 | 4 705 563 | 510 000 | 750 609 | 14 978 920 | 114 436 | 14 978 920 | 16 546 109 | 13 517 333 | 20 625 881 |
| 1875—1876 | 9 056 289 | 11 996 668 | 1 844 061 | 3 837 111 | 714 000 | 777 878 | 11 840 458 | 361 020 | 11 840 458 | 15 801 236 | 123 666 415 | 192 090 315 |
| 1876—1877 | 9 237 843 | 15 482 242 | 1 942 177 | 3 771 857 | 255 000 | 680 493 | 15 295 791 | 217 988 | 8 764 432 | 14 092 277 | 29 650 844 | 100 384 307 |
| 1877—1878 | 8 065 550 | 22 821 798 | 1 955 232 | 2 275 236 | 578 000 | 705 610 | 15 540 642 | 245 540 | 8 636 014 | 13 018 217 | 2 923 285 | 77 891 383 |
| 1878—1879 | 8 123 123 | 26 031 346 | 2 693 100 | 6 589 755 | 382 500 | 1 063 934 | 16 646 626 | 204 012 | 10 309 312 | 12 791 429 | 9 859 814 | 95 510 948 |
| 1879—1880 | 7 371 815 | 26 483 716 | 2 466 271 | 3 195 497 | 1 183 540 | 1 168 329 | 16 143 570 | 446 388 | 9 255 290 | 12 508 150 | 10 526 557 | 92 066 004 |
| 1880—1881 | 9 326 913 | 21 500 980 | 2 850 315 | 2 857 186 | 291 040 | 2 433 150 | 17 577 386 | 208 524 | 8 170 529 | 12 810 279 | 1 330 644 | 80 004 456 |
| 1881—1882 | 8 423 196 | 20 513 575 | 3 258 251 | 8 676 439 | 510 000 | 2 904 093 | 19 684 516 | 455 067 | 8 749 600 | 11 659 026 | 56 046 725 | 142 071 678 |
| 1882—1883 | 7 237 534 | 21 429 744 | 3 140 981 | 4 094 416 | 510 000 | 2 690 948 | 18 038 132 | 429 882 | 8 120 963 | 10 906 967 | 5 307 164 | 83 137 046 |
| 1883—1884 | 13 277 088 | 22 983 868 | 2 938 470 | 5 455 741 | 510 000 | 3 362 938 | 19 970 503 | 357 700 | 12 863 671 | 10 508 148 | 5 154 004 | 99 651 212 |
| 1884—1885 | 9 983 473 | 25 990 595 | 15 822 940 | 2 555 462 | — | 3 802 759 | 11 362 814 | 869 292 | 9 317 189 | 12 022 369 | 16 472 869 | 120 906 392 |
| 合计 | 129 152 023 | 277 218 163 | 68 550 356 | 60 117 854 | 6 600 080 | 22 483 810 | 207 916 405 | 4 127 995 | 129 009 321 | 178 773 337 | 303 465 588 | 1 402 988 144 |

作者注：表中略去了 5 项数额较小的资料：奖酬税、罚款收入、海口捕鱼执照费、卫生收费、东京上海领事馆收入。

——译自 *Boletim Official*, Vol. XXXII, N.° 32, 12-08-1886, p. 306.

## 45. 卢九、林四（仕）、何连旺承充一年期澳门番摊生意合同（1886—1887）

承充澳门番摊生意合同，承充人卢九、林四（仕）、何连旺，其价银十式万五千元，以一年为期，自西纪一千八百八十六年九月十一日起，至一千八百八十七年九月初十日止。

西纪一千八百八十六年八月初七日，在澳门公物会大堂，我管数官巴波沙前来，见有公物会主席督宪罗、公物会书记亚宋生、国家律师利登、管银库贾巴剌在前，为发给合同人，卢九、林四、何连旺为领给合同人。该领给合同人卢九、林四（仕）二名禀请公物会，求准将该生意出多何连旺一名为承充人。公物会于西本年八月初一日批准出多何连旺一名为承充人，并有翻译官啤哆禄，及证人已娶之方济各免尔·啰喳并未娶之方济各·沙威·罗沙，此二人均已成丁，俱系在衙门充当差使，并已（以）上各位，均我认识者。督宪罗当众面谕云：本公物会经出告白，招人投票承充澳门番摊生意，以壹年为期，自西纪本年九月十一日起，至一千八百八十七年九月初十日止。今有卢九、林四（仕）、何连旺投票，并无别票。其出价银十式万五千员。本公物会见其价合宜，是以准卢九、林四（仕）、何连旺承充。但卢九、林四（仕）、何连旺必须遵守本合同款式。该合同款式前经出投时已有颁看。今卢九、林四（仕）、何连旺凭翻译官啤哆禄传说：允肯承充澳门番摊生意，以一年为期，自西纪本年九月十一日起，至一千八百八十七年九月初十日止。今我三人应承遵守本合同款式。该合同款式前经出投时经有颁看。该三人经有现银一万元交出，贮在公物会银库，并有物业值银式万元交出，与公物会作按，担保卢九、林四（仕）、何连旺遵守本合同，以银三万元为担保之银，今有作按之契交出为据。所有合同款式开列于后：

一、承充澳门番摊生意以壹年为期，自西纪本年九月十一日起，至一千八百八十七年九月初十日止。

二、该规银应每十五日上期交纳，如该十五日内之首十日不能交出规银，任从公物会将合同销废，并承充人所交出之担保合同银三万元充公，归公物会收。本公物会必须将所酌议之词刊在《宪报》颁看，并不必遵守别样规矩。

三、承充人限开馆十六间为额。如开不足十六间之数，亦要纳足十六间之规。附款：该番摊馆所设在何处，任承充人意见，但自妈阁至关闸止。

四、该承充人应每月预先禀报华政衙门并巡捕兵营知悉，来月系在某街欲开摊馆若干。

五、该承充生意之规银以每月十五日上期交纳，自西纪本年九月十一日起首次交纳之期。如过期不纳，照计过期之日每月每百元罚银式员。

六、该承充人应承自行理妥，以致馆内平安，别无滋事，亦可任澳官（governo）随时稽察。倘馆中事有未妥，为承充人是问。如馆中有滋事，本官①自当度其时事调兵助理。

七、所有二等牌馆或下等牌馆，并掷骰子馆及掷棉羊各款赌博，均仍旧严禁。

八、凡有私开赌馆，固有碍于公物会，亦有损于承充人，须按西纪一千八百七十七年八月十一日，即光绪三年七月初三日第七十七号札谕内第三款罚银一千元，另照例所定各款而办。

九、本合同倘有争论款式之意，归公物会断明。如系有别项之案，归该管衙门办理。

已（以）上合同款式欲行为实，并在各处可信为凭，我管数官巴波沙饬人缮写本合同，经我读过西文，后经啤哆禄读过华文，经我画押及已（以）上两造所列各人一并签名为据。

——录自 A. H. M. /Finanças/ N.º 423, fls. 130v－133. Mic. A0586.

### 46. 招人开声出投一年期澳门番摊生意告示与规则（1887—1888）②

大西洋澳门公物会书记亚宋生奉公物会命为通知事。

照得定于华本年五月十二日一点钟，在公物会大堂，当大宪面前招人开声出投（por licitação verbal）承充澳门番摊生意，以一年为期，系自西纪本年九月十一日，即华七月廿四日，至一千八百八十八年九月初十日为止。谁出价至高者得。如所出之高至价不合公物会意者，不准其承充亦得。谁欲喊价，须先交出银壹万元贮在公物会银库，方准出投开声喊价。倘系投成，或交出银三万元贮在公物会库房，或将在澳内之物业可值已（以）上之数，又经买火烛保险者，交出照例作按，以为担保合同。所有

---

① 核对葡语原文可知，此处的“本官”，泛指澳门政府官员（其他合同内亦写作“澳官”），并非特指代表公物会与承充人签订合同的公物会管数官巴波沙。——作者注。

② 此件《〈澳门宪报〉中文资料辑录（1850—1911）》未辑。——作者注。

合同章程颁行在管数房，除安息日外，每日十点钟至三点钟均可到看。特此通知。

丁亥年闰四月初十日示。

——录自 *Boletim Official*, Vol. XXXIII, N.° 22, 02-06-1887, p. 200.

## 47. 卢九、林士（仕）、何连旺承充一年期澳门番摊生意合同(1887—1888)

承充澳门番摊生意合同人卢九、林士、何连旺，每年规银壹十三万四千一百元，系由西纪一千八百八十七年九月十一日起，至一千八百八十八年九月初十日为止。

西纪一千八百八十七年七月十六日，在澳门公物会大堂，我管数官巴波沙前来，有主席督宪高，并本公物会内书记亚宋生、署国家律师左庚韶、管库官贾巴剌等，为发给合同人，有卢九、林士、何连旺为领给合同人，并有翻译官马琪士，及两证人，一为啰揸，已娶者，一为罗沙，未娶者，均在衙门当差。兹据督宪高称说：西本月初弍日，当众齐集，将本澳番摊生意出投，以一年为期，系自西纪本年九月十一日起，至一千八百八十八年九月初十日止。今有华人卢九、林士、何连旺出至高之价，每年规银十三万四千一百元，是以本公物会议定准其承充。至其呈出担保遵守合同列下之章程，本公物会亦经允准。兹据卢九、何连旺每人将屋业呈出，值银 万元[①]，以为担保。本月初弍日交出一万元之数，已有暂立合同为据，该银经贮在银库者。又据林士交出未那年奴·先拿·非难地担保银一万元，如有销废合同之事，应承即交出库房之银一万元作为林士身上之项。又据卢九、林士、何连旺三人称说，均经允肯遵守合同而行，所有章程款式列后：

一、承充番摊生意以一年为期，系自西纪本年九月十一日起。

二、该承充生意规银以每月十五日上期交纳，其第一次系本年九月十一日为起首之期。如过期不纳，照计过期日子每月每百元罚银弍元算。

三、如承充人于每十五日期内之十日无银交纳，本公物会即将合同销废，并可将担保之银及物业一并充公。至于销废合同之事，只系在《宪

---

① 字迹不能辨认，数据暂缺。——作者注。

报》刊刻颁行，并无别款规例办理。

四、承充人限开馆十六间为额。如开不足十六间之数，亦要照十六间规银纳足。附款：该番摊馆所设何处，任承充人意见，但自妈阁起至关闸止。

五、该承充人应每月预先禀报华政衙门并巡捕兵营知悉，来月系在某街欲开摊馆若干。

六、该承充人应承自行理妥，以致馆内平安，别无滋事。亦可任本澳官宪随时稽察。倘馆中事有未妥，为承充人是问。如馆中有滋事，本官（governo）① 自当度其时事调兵助理。

七、所有二等牌馆或下等牌馆，并掷骰子馆及掷棉羊各款赌博，均仍旧严禁。

八、凡有私开赌馆，固属有碍于公物会，亦有损于承充人，须按照西纪一千八百七十七年八月十一日，即光绪三年七月初三日第七十七号札谕内第三款，罚银壹千元，另照例所定各款而办。该罚项半归公物会，半归承充人。

九、本合同倘有争论款式之意，归公物会断明。如系有别项之案，则归该管衙门办理。

该未那年奴·先拿·非难地系为林士担保首先交银人，是以应承照已（以）上之章程担保，并该林士身上或有不遵守合同，或公物会将合同销废，该担保人应承即将银一万元贮在库房作为林士身上是问之项。

恐口无凭，特立本合同，以为信守。经我签名，并将番文读过，又经翻译读过华文，各人均已知悉允肯，一并签名为据。

——录自 A0589. A. H. M. /Finanças/ N.º 423, fls. 161v - 164. Mic. A0586.

### 48. 1888 年葡国政府敕令（12 月 20 日）

第十五条，决定撤销各海外省的“junta de Fazenda”。

第十六条，在各海外省设立一个直属于海事海外部，并接受该省总督

---

① 核对葡语原文可知，此处的“本官”，泛指澳门政府官员（其他合同内亦写作“澳官”），并非特指代表公物会与承充人签订合同的公物会管数官巴波沙。——作者注。

直接监督的财政部门。该部门将命名为“Repartisão de Fazenda Provincial”，并由一位海外省财政监督（um inspecfor de fazende do wltramar）领导。

——译自 *Boletim Official*, Vol. XXXV, Supplemento ao N.º 10，12 - 03 - 1889, p. 92.

49. **卢九承充六年期澳门番摊生意合同**（1889—1895）

承充澳门番摊生意合同，以六年为期，系自一千八百八十九年九月十一日，即华光绪十五年八月十七日起计，每年规银十四万五千元，准华人卢九承充。

西纪一千八百八十九年八月十七日，即华光绪十五年七月廿一日，在督宪衙门，我正书吏、署副督查国课官（sub-chefe da Repartição da Fazenda Provincial）罗喳在前，有澳门督宪提督施为发给合同人，有华人卢九为领给合同人，并有署督查国课官亚宋生（o Senhor Inspector Provisorio da Fazenda Publica João Correia Paes d'Assumpção）、国家律师吧波沙·惠晏拿，及正翻译官伯多绿，并证人两名，一为罗沙，一为贾华路，均年及冠而未娶妻，俱在衙门当差。已（以）上各位均是我认识者。兹督宪施称说：现奉到大西洋管理水师及外洋属地部尚书西纪七月十九日电报饬令（Por ordem superior, exarada na telegramma de dezenove de julho ultimo, de Sua Ex.ª Ministro da Marinha e Ultramar）等因。本大臣议将澳门番摊生意准卢九承充，其规银每年十四万五千元，所有卢九应承遵守各款列后，等语。又据卢九凭正翻译官伯多禄称说：我卢九应承遵守后开之章程各款，云云。

一、承充澳门番摊生意以六年为期，系自西纪一千八百八十九年九月十一日，即华光绪十五年八月十七日起，至一千八百九十五年十一[①]月初十日止。

二、该规银分每十五日上期交纳，第一期系西纪九月十一日。如到期无银缴纳，则每百元每月罚银式元算。

三、如该承充人于首十五日之期内首十日无银交纳，本澳督宪则将合同销废，并将担保之银一并充公（perderá o arrematante para a Fazenda a importancia da caução por elle prestada para garantia de cumprimento da contrato）。

① 对照葡语原文，实为“九”。——作者注。

至于销废合同之事，只系在《宪报》颁行，无需别款规例办理。

四、承充人限开馆十六间为额。如开不足十六间之数，亦要纳足十六间之规。附款：该番摊馆所设何处，任由承充人意见，但自妈阁起至关闸止。

五、该承充人应每月预先禀报华政衙门并巡捕兵营知悉，来月系在某街开摊馆若干间。

六、该承充人应承自行理妥，以致馆内平安，别无滋事。亦可任本澳官员随时稽察。倘馆中事有未妥，为承充人是问。如馆中有滋事本官自当度其时事，调兵助理。

七、所有二等牌馆或下等牌馆，并掷骰子馆及掷棉羊、牛转摊各款赌博，均仍旧严禁。

八、凡有私开赌馆，固有碍于国课（Fazenda），亦有损于承充人，须按照西纪一千八百七十七年八月十一日，即光绪三年七月初三日第七十七号札谕内第三款，罚银壹千元，另照例所定各款而办。该罚款一半归国课（Fazenda），一半归承充人。

九、本合同倘有争论款式之意，归澳督断明。如系有别项之案，归该管衙门办理。

十、如该承充人有不遵守本合同章程，定罚令该承充人刻即要交出银三万元入国课银库（Fazenda Nacional）充公。其银三万元或由承充人缴出，或由担保人缴出。

十一、该承充规银每百元加抽银弍元，即每年抽弍千九百元。其银该承充人或担保人应承，每年分十弍次，即每月赴国课银库交纳，拨交议事公局。

又承充人卢九称说："今我交出男爵先拿·非难地为我担保人，及首先交银人，其妻亦经允肯。"

又男爵先拿·非难地称说："我担保卢九遵守承充合同各款。如卢九有违犯本合同章程，我担保人应承将我本身及我所有各物业交出代填，以致该卢九所有照本合同应承之各款得以成事。"

今欲有凭，以昭信守，我正书吏、署副督查国课管罗喳，着人缮写本合同，经我读过西文，又经正翻译官伯多禄译出华文，各人均已知悉，俱皆允肯，一并签名为据。

——录自 A. H. M. /Finanças/ N.º 423, fls. 211v-214. Mic. A0586.

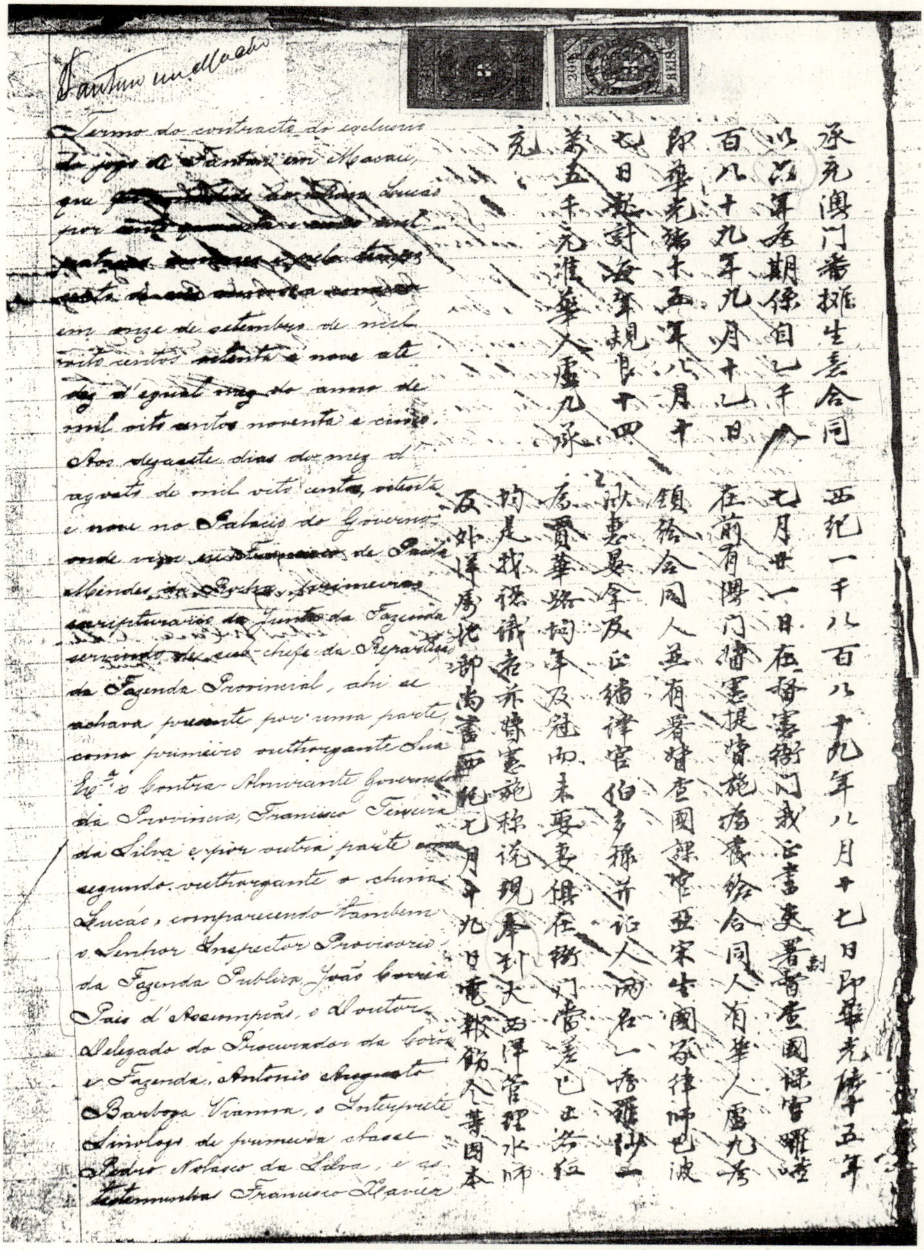

图 24　1889 年卢九承充六年期澳门番摊合同

（A. H. M. /Finanças/N. º 423. fl. 211v）

**50. 第 114 号王室敕令**（Decreto regio N.° 114）（**1891 年 12 月 11 日**）

为规范澳门地打省税收专营承充程序，国王陛下决定：上述承充应该在一个委员会监督之下进行，并在竞投结束后接着签订正式合同（旧译“寔立合同”）；该委员会由该省总督（任主席）、王室代表、财政监督组成。此令由海事海外部秘书照知该省总督，遵照执行。

维列纳 1891 年 12 月 11 日。

——译自 *Boletim Official*，Vol. XXXVIII，N.° 4，28 – 01 – 1892，pp. 33 – 34.

## 51．1886—1887 年度至 1892—1893 年度澳门实征岁入统计表

单位：厘士

| 进项 | 1886—1887 | 1887—1888 | 1888—1889 | 1889—1890 | 1890—1891 | 1891—1892 | 1892—1893 |
|---|---|---|---|---|---|---|---|
| 物业生意税 | 43 540 229 | 42 062 029 | 39 394 831 | 45 034 063 | 48 443 030 | 47 959 567 | 48 125 972 |
| 奖酬税 | 1 400 975 | 1 592 864 | 1 621 208 | 1 803 624 | 2 162 301 | 3 199 390 | 6 097 877 |
| 印花税 | 3 326 067 | 3 426 556 | 3 486 384 | 3 672 172 | 5 539 606 | 4 854 819 | 21 241 146 |
| 注册税 | 3 153 637 | 2 766 079 | 4 458 575 | 4 724 564 | 5 099 115 | 5 208 132 | 6 363 132 |
| 猪肉专营 | 15 554 995 | 15 438 123 | 17 786 244 | 18 827 500 | 17 286 873 | 18 505 201 | 21 769 997 |
| 鱼栏专营 | 11 489 160 | 9 255 906 | 6 375 000 | 6 375 000 | 7 650 000 | 10 200 000 | 10 200 000 |
| 闱姓票 | 21 250 000 | 30 600 000 | 30 600 000 | 30 600 000 | 32 772 330 | 33 999 996 | 42 965 747 |
| 白鸽票 | 33 999 984 | 36 302 076 | 38 250 000 | 38 250 000 | 38 250 000 | 38 250 000 | 41 288 750 |
| 番摊 | 106 958 324 | 112 695 832 | 107 539 160 | 120 416 651 | 123 250 078 | 123 249 984 | 123 249 984 |
| 鸦片烟膏专营 | 36 549 996 | 36 549 996 | 36 549 996 | 36 549 996 | 39 595 834 | 36 549 996 | 36 549 996 |
| 罚金 | 505 922 | 423 151 | 450 882 | 255 998 | 154 913 | 605 087 | 797 016 |
| 卫生收费 | — | — | — | — | 9 900 | — | 1 800 |
| 小计 | 277 729 289 | 291 112 612 | 286 512 280 | 306 509 568 | 320 213 980 | 322 582 172 | 358 751 417 |

（续上表）

| 进项 | 1886—1887 | 1887—1888 | 1888—1889 | 1889—1890 | 1890—1891 | 1891—1892 | 1892—1893 |
|---|---|---|---|---|---|---|---|
| 盐货专营 | 5 193 376 | 4 046 560 | 4 335 000 | 4 335 000 | 12 686 244 | 15 469 992 | 16 726 679 |
| 捕鱼养蚝 | 170 000 | 170 000 | 189 975 | 189 975 | 187 000 | 187 000 | 276 250 |
| 海岸捕鱼执照 | 34 000 | 34 000 | 34 000 | 39 100 | 59 500 | 85 000 | 69 700 |
| 港口收入 | 3 402 548 | 10 034 950 | 10 059 369 | 8 553 524 | 8 584 360 | 6 388 155 | 6 818 381 |
| 料半酒收入 | — | — | — | — | — | 557 320 | 6 370 324 |
| 氹仔收入 | 18 867 023 | 15 302 298 | 16 576 655 | 16 516 521 | 19 448 353 | 18 773 481 | 15 268 608 |
| 小计 | 27 666 947 | 29 587 808 | 31 194 999 | 29 634 120 | 40 965 457 | 41 460 948 | 45 529 942 |
| 火药存储 | 931 780 | 661 054 | 850 213 | 784 660 | 1 076 485 | 965 979 | 1 609 658 |
| 房租与物产税 | 8 306 205 | 7 058 522 | 9 433 646 | 9 107 721 | 7 371 563 | 6 012 831 | 6 709 302 |
| 意外收入 | 5 184 857 | 24 288 149 | 27 378 196 | 5 219 844 | 5 248 345 | 4 753 108 | 1 987 753 |
| 邮政收入 | 1 852 590 | 3 046 413 | 2 181 099 | 2 621 787 | 2 511 670 | 2 802 075 | 4 830 455 |
| 东京上海领事收入 | 187 829 | — | — | — | — | — | — |
| 海外传教会收入 | — | — | — | 1 700 000 | — | 4 800 000 | 7 899 950 |
| 小计 | 16 463 261 | 35 054 138 | 39 843 154 | 19 434 012 | 16 208 063 | 19 333 993 | 23 037 118 |
| 年度总收入 | 321 859 497 | 355 754 558 | 357 550 433 | 355 577 690 | 377 387 500 | 383 377 113 | 427 318 477 |

——译自 *Boletim Official*, Vol. XXXVIII, N.° 12, 24 – 03 – 1892, p. 86; Vol. XXXIX, N.° 48, 02 – 12 – 1893, p. 542; Vol. XL, N.° 1, 18 – 01 – 1894, p. 5.

ANNO DE 1894—BOLETIM OFFICIAL—N.º 1 5

PROVINCIA DE MACAU E TIMOR

*Mappa da receita cobrada n'esta provincia nos annos economicos abaixo designados*

| Designação da receita | Annos economicos | | | | | Somma |
|---|---|---|---|---|---|---|
| | 1888-1889 | 1889-1890 | 1890-1891 | 1891-1892 | 1892-1893 | |
| **CAPITULO 1.º** | | | | | | |
| *Impostos directos* | | | | | | |
| **Macau** | | | | | | |
| Decima predial e industrial | 39:394$831 | 45:034$063 | 48:443$030 | 47:959$567 | 48:125$972 | 228:957$463 |
| Direito de mercê | 1:621$208 | 1:803$624 | 2:162$301 | 3:199$390 | 6:097$877 | 14:884$400 |
| Sello | 3:486$384 | 3:672$172 | 5:539$606 | 4:854$819 | 21:241$146 | 38:794$127 |
| Contribuição de registo | 4:458$575 | 4:724$564 | 5:099$115 | 5:208$132 | 6:363$132 | 25:853$518 |
| Renda da carne de porco | 17:786$244 | 18:827$500 | 17:286$873 | 18:505$201 | 21:769$997 | 94:175$815 |
| Renda do peixe | 6:375$000 | 6:375$000 | 7:650$000 | 10:200$000 | 10:200$000 | 40:800$000 |
| Loteria Vae-seng | 30:600$000 | 30:600$000 | 32:772$330 | 33:999$996 | 42.965$747 | 170:938$073 |
| Loteria Pacapio | 38:250$000 | 38:250$000 | 38:250$000 | 38:250$000 | 41:288$750 | 194:288$750 |
| Fantan | 107:539$160 | 120:416$651 | 123:250$078 | 123:249$984 | 123:249$984 | 597:705$857 |
| Licenças para venda do opio cozido | 36:549$996 | 36:549$996 | 39:595$834 | 36:549$996 | 36:549$996 | 185:795$818 |
| Multas | 450$882 | 255$998 | 154$913 | 605$087 | 797$016 | 2:263$896 |
| Emolumentos sanitarios | -$- | -$- | 9$900 | -$- | 1$800 | 11$700 |
| Somma | 286:512$280 | 306:509$568 | 320:213$980 | 322:582$172 | 358:751$417 | 1.594:569$417 |
| **Timor** | | | | | | |
| Fintas | 936$801 | 837$098 | 546$293 | 451:304 | 920$816 | 3:392$312 |
| Sellos | 598$074 | 884$992 | 1:346$027 | 1:952$040 | 2:791$916 | 7:573$049 |
| Direitos de mercê | 673$974 | 309$315 | 612$300 | 790$879 | 758$374 | 3:144$842 |
| Contribuição de registo | 698$118 | 81$720 | 85$536 | 136$592 | 50$208 | 1:052$174 |
| Emolumentos sanitarios | 40$650 | 100$770 | 48$300 | 90$300 | 50$400 | 330$420 |
| Licenças para venda do opio cozido | -$- | 4:245$324 | 4:245$324 | 4:719$988 | 4:224$000 | 17:434$636 |
| Somma | 2:947$617 | 6:459$219 | 6:883$780 | 8:141$103 | 8:795$714 | 33:227$483 |
| Total do capitulo 1.º | 289:459$897 | 312:968$787 | 327:097$760 | 330:723$275 | 367:547$131 | 1.627:796$850 |
| **CAPITULO 2.º** | | | | | | |
| *Impostos indirectos* | | | | | | |
| **Macau** | | | | | | |
| Direitos da venda do sal | 4:335$000 | 4:335$000 | 12:686$244 | 15:469$992 | 16:726$679 | 53:552$915 |
| Direitos da pesca das ostras | 189$975 | 189$975 | 187$000 | 187$000 | 276$250 | 1:030$200 |
| Licenças para pesca no littoral da cidade | 34$000 | 39$100 | 59$500 | 85$000 | 69$700 | 287$300 |
| Rendimento do porto | 10:059$369 | 8:553$524 | 8:584$360 | 6:388$155 | 6:818$381 | 40:403$789 |
| Rendimento do vinho china "Liupun" | -$- | -$- | -$- | 557$320 | 6:370$324 | 6:927$644 |
| Rendimento da Taipa | 16:576$655 | 16:516$521 | 19:448$353 | 18:773$481 | 15:268$608 | 86:583$618 |
| Somma | 31:194$999 | 29:634$120 | 40:965$457 | 41:460$948 | 45:529$942 | 188:785$466 |
| **Timor** | | | | | | |
| Alfandega | 66:876$222 | 56:035$323 | 57:108$797 | 49:498$755 | 56:309$447 | 285:828$574 |
| Imposto de tonelagem | 791$672 | 684$312 | 606$189 | 1:079$776 | 871$250 | 4:003$199 |
| Somma | 67:667$924 | 56:719$635 | 57:714$986 | 50:578$531 | 57:180$697 | 289:831$773 |
| Total do capitulo 2.º | 98:832$923 | 86:353$755 | 98:680$443 | 92:039$479 | 102:710$639 | 478:617$239 |
| **CAPITULO 3.º** | | | | | | |
| *Proprios e diversos rendimentos* | | | | | | |
| **Macau** | | | | | | |
| Quotas dos rendimentos da polvora | 850$213 | 784$660 | 1:076$485 | 965$979 | 1:609$658 | 5:286$995 |
| Foros e rendas de predios | 9:433$646 | 9:107$721 | 7:371$563 | 6:012$831 | 6:709$302 | 38:635$063 |
| Receita eventual | 27:378$196 | 5:219$844 | 5:248$345 | 4:753$108 | 1:987$753 | 44:587$246 |
| Correio | 2:181$099 | 2:621$787 | 2:511$670 | 2:802$075 | 4:830$455 | 14:947$086 |
| Prestação da administração dos bens das missões para o collegio das missões ultramarinas | -$- | 1:700$000 | -$- | 4:800$000 | 7:899$950 | 14:399$950 |
| Somma | 39:843$154 | 19:434$012 | 16:208$063 | 19:333$993 | 23:037$118 | 117:856$340 |
| **Timor** | | | | | | |
| Rendas das varzeas nacionaes | 9$712 | 10$208 | -$- | -$- | -$- | 19$920 |
| Correio | 31$630 | 36$645 | 427$711 | 396$422 | 906$004 | 1:798$412 |
| Licenças para casas de venda | 1:231$125 | 1:263$312 | 1:401$597 | 850$120 | 1:819$420 | 6:565$574 |
| Medicamentos vendidos ao publico | 799$031 | 769$861 | 777$100 | 563$785 | 811$416 | 3:721$193 |
| Licenças para casas de jogo | 1:344$000 | 1:051$425 | 1:220$835 | 1:008$053 | 1:760$000 | 6:384$313 |
| Receita eventual | 1:668$388 | 7:161$207 | 4:525$851 | 1:165$998 | 5:113$616 | 19:635$060 |
| Somma | 5:083$886 | 10:292$658 | 8:353$094 | 3:984$378 | 10:410$456 | 38:124$472 |
| Total do capitulo 3.º | 44:927$040 | 29:726$670 | 24:561$157 | 23:318$371 | 33:447$574 | 155:980$812 |
| **CAPITULO 4.º** | | | | | | |
| *Rendimento com applicação especial* | | | | | | |
| **Timor** | | | | | | |
| Para obras publicas | 3:920$134 | 3:284$973 | 3:378$922 | 2:924$091 | 3:357$068 | 16:865$188 |
| Total | 437:139$994 | 432:334$185 | 453:718$282 | 449:005$216 | 507:062$412 | 2.279:260$089 |

Repartição de fazenda provincial de Macau e Timor, 22 de dezembro de 1893.

O inspector de fazenda,
*Arthur Tamagnini Barbosa.*

图 25　1888—1889 年度至 1892—1893 年度澳门实征岁入统计表

（《澳门宪报》1894 年 1 月 18 日）

**52. 卢九承充澳门番摊专营合同展期六年（1895—1901）（1894年5月18日订立）**

西纪一千八百八十九年八月十七日第六号承充合同簿内第二百十一页至二百十四页所载之承充澳门番摊合同，特展限六年为期，每年规银壹拾五万元，其期系由西纪一千八百九十五年九月初一日起，至一千九百零一年九月初十日止之展期合同。

降生一千八百九十四年五月十八日，在澳门国课衙门（repartição da fazenda provincial），本副督理国课官柯（Oliveira），并正督理国课官巴（Barbosa），澳门番摊承充人卢九，及该番摊担保人亚纳伯爵孀妇晏拿·爹厘士·非难地（Condessa de Senna Fernandes）本身，及其子未那年奴即伯爵先拿·非难地，并其媳妇玛利亚·哥度·非难地、其女亚连拿·先拿·非难地·加沙未拉·非难地·巴士度，并其女婿若瑟·玛利亚·家士度·巴士度·未连地·非难地·亚宋生，并其女婿加罗士·罗喳·亚宋生，又玛利亚·先拿·非难地·未呢士，及其婿非难度·些厘·未呢士等在前，该孀妇经将西纪一千八百九十三年八月初八日当书吏高士打面前所立之贸易合同及授权单据呈出，该单经在本署存案。今督理国课官巴宣称：

前经准西本年本月十七日辅政使司罗所来之第三百九十二号密札内开：澳门辅政使司罗为饬知事。照得现奉督宪谕：缘西纪本年三月廿九日，准外务部尚书第四十一号来文内开：前据督理澳门国课详报，是以准将该番摊合同展限等因。奉此，合行照知国课官，将澳门番摊合同期限展以六年，其规银每年一十五万元（prorogar por mais seis annos e pelo preço de cento e cincoenta mil patacas），为此饬行等情。奉此，今特按照该来文事例，将西纪一千八百八十九年八月十七日第六号承充合同簿内第二百十一页至二百十四页所载之澳门番摊生意合同展限六年，其期系由西纪一千八百九十五年九月初一日起计，但该规银系一十五万元，并非前合同所载之十四万五千元也。

又据卢九由督理汉文译务（repartição do expediente sinico）正翻译官马，当证人晏多尼·未先地·施利化并奔必利右·巴苏士·罗朗也（均属既冠，在本署当差者，首证尚未婚娶，次证经已娶妻）传说："所有将现在合同之期展限六年，我均已允肯，其期至一千九百零一年九月初十日为满，仍均照西一千八百八十九年八月十七日之番摊合同章程遵守，但该规银每年缴纳壹拾五万元也。”

又据亚纳伯爵孀妇先拿·非难地本身，及代其子、女、媳等称说：“缘前经在澳设立贸易名号曰先拿非难地孀妇并其子女公司，是以仍愿照先夫一律担保。但因先夫故后，尚未将产业均分。一经分迄，即将本身所有之产业够足担保之数，按与国家（estado），以担保该合同展限之期为止。”

今既彼此允肯，是以，本副督理国课官柯缮立此合同，随将洋文、华文高声宣读，各人均已听悉，俱一并签名为据。

——录自 A. H. M. Finanças, N.º 434, fls. 71v-75v. Mic. A0589.

### 53. 沈进、何汝（燕[①]）华承充过路湾番摊生意合同（1892—1895）

承充过路湾番摊生意合同，每年规银弍千八百二十元，由西纪一千八百九十二年四月十五日起，至一千八百九十五年六月三十日止。

西纪一千八百九十二年四月初八日，在督理国课衙门，当我副督理国课官，并奉一千八百九十一年十二月十一日第（一百）[②] 十四号上谕所定之公会，即本澳督宪布（o Governador d'esta provincia, Custódio Miguel de Borja）、律师麻（Delegado do Procurador da Corôa e da Fazenda, Albano Pereira Pinto de Magalhães）、正督理国课官巴（Inspector de Fazenda, Arthur Tamagnini Barbosa），及华人沈进即沈泽英暨何汝华，并正翻译官伯（Chefe da Repartição do Expediente Sinico, Pedro Nalasco da Silva），及证人架多踈（Leonel Cardoso）、罗喳（Francisco de Paula Mendes da Rocha），均有妻室，系在衙门当差，亦均我相识者。兹据布督宪称说：缘前月十九、三十等日，二次出投该番摊生意，其所出至高之价均不为多，今据华人沈进即沈泽英、何汝华于西纪本月初十日所禀，愿每年出规银弍千八百二十元，由西纪一千八百九十二年四月十五日起，至一千八百九十五年六月三十日止。是以，准该华人沈进即沈泽英、何汝华承充，并须应承遵守前二次出投之该章程。又凭正翻译官称说：该华人沈进即沈泽英、何汝华应承按照以上所定之该价并日期，及遵守该章程，并遵照本合同第一款交出银九百

---

① 葡语文本落款签名为“燕”。——作者注。

② 原档中文本缺“一百”，今据葡文本补入。——作者注。

四十元为担保本合同。兹将所有章程列后：

一、所有承充担保银系按照投得价银若干交出三份之一作为担保，或交出现银担保，或交出殷寔人担保。

二、过路湾番摊生意所投得之规银，系按每月上期缴纳，交到国课银库，银元七二兑。

三、如到月尾之一日尚未缴纳下月之规银，则照例议罚，每百元每年罚银六元算。付款一，如过期三日仍未缴纳上期规银，任从官宪将合同销废，所有担保之银概行充公。如系销废合同，无用别项规矩，只系颁行《宪报》而已。倘再行出投，其价不及原价之数，则要承充人或担保人补足。附款二，如系用人担保，一经销废合同，该担保人立即交银与国课银库收，该银须照第一款所定之数。

四、在过路湾开番摊馆之权，只归承充人发牌准开，别人不得发给。附款，如有摊馆未经向承充人领牌者，立即报知该处政务厅饬令闭歇其，该馆司事人初次罚银一百元，再次罚银弍百元，其银半归国课，半归承充人。

五、该番摊馆只准揸番摊，不准别项赌博。如有违犯，罚承充人银弍百元。

六、该番摊馆内平安之事，系归承充人办理，并由地方官督理。

恐口无凭，我副督理国课官柯利威剌立此寔合同，读过西洋文，后经该翻译官读过华文，各人均签名为据。

——录自 A. H. M. / Finanças / N.º 424, fls. 123v - 127v. Mic. A0586.

**54. 陈槐堂承充氹仔番摊生意合同**（1892—1894）

承充氹仔番摊合同，其期系由西纪一千八百九十弍年九月初一日起，至一千八百九十四年六月三十日止，每年规银弍千九百五十元，准陈槐堂承充。

西纪一千八百九十弍年九月初一日，在澳门督理国课衙门，当我副督理国课官柯利威剌，并正督理国课官巴波沙，有华人陈槐堂，及正翻译官伯多禄，暨下签名之证人罗郎也、施利化，均系在衙门充当书吏者，首名娶有妻室，次名未娶，亦俱系我所认识者。兹有奉一千八百九十一年十二月十一日第（一百）① 十四号上谕所定公会内之员正督理国课官巴波沙称说：今日齐集该公会，定准承充氹仔番摊生意，其期系由西纪一千八百九十二年九月初一日起，至一千八百九十四年六月三十日止，每年规银弍千九百五十元，并应遵守下列之章程。兹据该正翻译官代华人陈槐堂称说：我应承遵守已（以）上所定之期及该规银数并下列之章程。今为担保本身，故将银九[illegible]八十三元三毫三仙五存贮银库，有取回银库本日所立第廿五号收单为[illegible]。

一、[illegible]担保本合同之款项，应视每年所报之价三份一为担保，或交出殷寔[illegible]人担保亦可。

二、所有氹仔番摊应纳之规银，须按照每月上期交纳国课银库（Cofre [illegible]al da fazenda）②，其银七钱弍分兑。

三、该规银如至月尾尚未按照第二款缴纳，该承充人应加纳过期利银，每百元每月以五员算。倘再过三日仍未交纳，则本澳督宪可将该合同销废，并将压票银（a respectiva caução）③ 充公。但销废合同只将其情形颁行《宪报》，无庸别样规矩。如将该生意再行出投，其价不及原价之数，则要承充人或担保人补足。若该合同系以殷寔人担保者，无论何时，一经销废合同，该担保人须立即呈出所担保之项交国课银库收。

四、惟承充人可发给执照，准人在氹仔开设番摊赌馆，别人不得发给。附款一，该执照只准在氹仔开设摊馆，但不准在别村开设。附款二，若未求领执照，擅自开设赌馆，地方官可立即将其摊馆查封，并将该馆司事人行罚，其犯第一次罚银一百元，第二次再犯罚银弍百元，其罚款半归国课，半归承充人。

五、在摊馆内只准赌博番摊，不得设别样赌博。如有违犯，则罚承充人银弍百元。

六、准承充人在氹仔埠头之海面设摊船四只。

七、该承充人所有之摊馆系在某街开设，必须报知氹仔政务所。如将该摊馆迁往别街，亦应报知。

八、该承充人应承自行派人看守摊馆及摊船，俾使平安，别无滋扰情

---

① 原档中文本缺“一百”，今据葡语文本补入。——作者注。

② 意即公物会银库。——作者注。

③ 根据葡语原文，并参照合同第一条内容，此处应该是“合同担保银”。——作者注。

事，亦可任地方官（auctoridade administrativa）随时稽查，以资安谧。

恐口无凭，我副督理国课官柯利威刺立此寔合同，读过西洋文，后经正翻译官读过华文，各人均已听悉，一并签名为据。

——录自 A. H. M. / Finanças / N.º 424, fls. 15[illegible]–163v. Mic. A0587.

## 55. 关于在澳门省加征市政直接税的敕令（1895 年 1 [illegible]31 日）

阅过澳门议事公局给我的陈请及本省总督提供的信息；听[illegible]外洋属地商议局（a junta consultiva do ultramar e o conselho de ministros）的[illegible]；运用《宪法》第一补充案第 15 条第一附款授予我的权力，现颁布敕令[illegible]

第一条，依据海外省现行《行政法典》第 139 条的规定，在澳门[illegible]于相应的国税（contribuições do estado）之外加征公局公钞（a contribuição municipal directa，市政直接税），并运用 1887 年 12 月 22 日章程的规定，按照 1889 年 5 月 3 日该省公会的批准，对专营收入（sobre o preço dos exclusivos）征收 2% 的公局公钞（a contribuição municipal）。

第二条，所有其他税收和市政收入的征收按照 1886 年 4 月 21 日敕令和 5 月 31 日训令的规定进行。

第三条，废除与此相反的法令。

——译自 *Boletim Official*, Vol. XLI, N.º 14, 06–04–1895, p. 111.

## 56. 澳门番摊生意暗票出投公告与规则（1901—1907）

大西洋署理澳门正督理国课官方为通知事。

兹定于西纪本年三月二十七日，即华历本年二月初八日一点钟，在本衙门大堂，当一千八百九十一年十二月十一日第一百一十四号上谕所定之公会面前，将澳门番摊生意暗票出投，招人承充，以五年九个月二十天为期，系自西纪一千九百零一年九月十一日起，至西纪一千九百零七年六月三十日止。今将出投章程列下：

一、开投之时，凡来投票者，须将已交国课银库压票银五千元之收单同暗票一并呈堂。

二、所有投票之人，其未投得该生意者，即将该压票银给还。若投得而不肯签名于暂立合同上；或暗票所出之价低于第三款所定，则将该压票银归国课衙门充公。

三、暗票所出之规银不能少于二十四万元。

四、写票格式列下：某某愿承充澳门番摊生意，每年出规银若干，所有国课衙门章程均愿遵守。系用何项担保亦须注明。西纪一千九百零一年三月二十七日。投票人某某的笔。

五、本公会于开堂时，将所投之暗票拆开看过，即以暗票所出至高之价为底，再行当众明投。

六、其明投所出至高之价，若果与本公会相宜，本公会即通知其人，立刻将该担保合同按柜银交足。否则将第一款所指之压票银充公。

七、明投时所加之价，每次不能少于五百元。

八、以一年承充规银三份之一作为担保合同按柜银；或用物业担保亦可。

九、所投之暗票，若不照第四款格式写法；或开堂时，过五绵尼钟（minutos）及非当堂呈出者，一概不取。

十、本公会有权将该生意给与本公会最相宜之人；或任定何日准实承充。

十一、散堂之时，即缮立暂合同。

十二、所有承充合同章程存在国课衙门，除安息日外，每日十点钟至三点钟均可到看。

特此通知。辛丑年正月十九日。

——录自 *Boletim Official*, Vol. I, N.º 10, 09-03-1901, p. 56.

## 57. 刘展廷承充澳门番摊生意合同（1901—1907）

华人［刘展廷］与国课官订立承充澳门番摊生意，每年规银三十八万七千五百元，其期系自西纪一千九百零一年九月十一日起，至一千九百零七年六月三十日止之合同。

降生一千九百零一年四月十八日，在澳门国课衙门，当西纪一千八百九十一年十二月十一日第一百一十四号上谕所定之会员，即澳门总督高、律政司庇（delegado do procurador da corôa e fazenda）、署正国课官方、暨本副国课官贾面前，有华人［刘展廷］、证人嘉华礼及左治，（均有妻室首证系京营兵总调来澳门当差，次证系在国课衙门当差之员），皆本副国课官所认识者。又有头等正翻译官宋次生前来，该会长总督高宣称：西本年三月廿七日，在国课衙门所立之暂订合同，今遵西纪本年三月廿八日所奉西洋外洋大臣电示所定，准作为实订合同，将澳门番摊生意给与香港居住之华人［刘展廷］承充，其期系自西纪一千九百零一年九月十一日起，至一千九百零七年六月三十日止，每年规银三十八万七千五百元。该华人［刘展廷］必须遵守本合同下列各款章程等谕。该华人由正翻译官宋次生传称："前日所立之暂订合同，商亦愿作为实，其承充澳门番摊生意，每年规银及期限均照上文所定。至于合同各款章程，一概情愿遵守。今为担保必须遵守本合同章程，经将现银一十二万九千一百六十六元交存银库，作为按柜银，特将银库收条呈请副国课官查验。"等语。本副国课官当将该收条抄在合同之末。兹将各款章程开列左方：

第一款，承充澳门番摊生意以五年九个月二十日为期，系自西本年九月十一日起，至一千九百零七年六月三十日止。

第二款，承充人所纳之规，每十五日上期交纳一次，首次定于西本年九月十一日交纳。倘有过期不纳者则罚银，按每百元每月弍元算行罚。

第三款，如过十日尚未交纳规银，任由澳门督宪将合同注销，即将承充人所交一年规银三份之一之担保按柜银归国课衙门充公。至销废合同之举，只系将销废之故颁行《宪报》，毋庸依别样规矩而行。

第四款，任由承充人自关闸至妈阁无论何处均可开设摊馆，不限间数。但须将开设摊馆之处先行禀准督宪方可。

第五款，该承充人须每月预先禀报华政务厅及巡捕兵营统领知悉，来月在某街欲开摊馆若干间。

第六款，该承充人应承自行妥理各馆，务使平安不生事端，亦可任由澳官随时稽查。倘有某馆不平静，或有事不妥，均为承充人是问。如摊馆有事，澳官当度其情势遣兵助理。

第七款，所有二等牌馆或下等牌馆，及牛转、掷棉羊各款骰子赌博馆，均仍旧严禁。

第八款，凡私开赌馆，固有碍于国课，亦有损于承充人，当按照西纪一千八百八十七年八月十一日第七十七号札谕之第三款所定，罚银一千元，另照例则办。其罚款半归国课，半归承充人。

第九款，本合同内倘有争论不明之处，应由澳门总督判断，如系别项之案，归该管衙门办理。

56 ANNO DE 1901—BOLETIM OFFICIAL—N.º 10

## REPARTIÇÃO DE FAZENDA PROVINCIAL DE MACAU

ANNUNCIO

Faz-se publico que no dia 27 do corrente mez de março, pela uma hora da tarde, se procederá, perante a commissão de que trata a portaria regia n.º 114 de 11 de dezembro de 1891, na sala das arrematações d'esta repartição á adjudicação em hasta publica, do exclusivo do jogo de Fantan em Macau, pelo tempo de 5 annos, 9 mezes e 20 dias, a contar de 11 de setembro do corrente anno a 30 de julho de 1907, por meio de proposta em carta fechada sob as seguintes condições.

*Primeira.*—As cartas serão entregues no acto da abertura da praça e com ellas apresentarão os proponente documento em que provem ter cada um depositado no cofre geral da provincia a quantia de $5:000,00 como garantia da sua proposta.

*Segunda.*—Esta quantia será restituida, encerrada a praça, áquelles cujas offertas forem regeitadas ou ficará pertencendo á fazenda se, feita a adjudicação, o adjudicatario deixar de assignar desde logo o respectivo contracto provisorio, ou ainda se fizer proposta inferior á designada na condição 3.ª.

*Terceira.*—A base da proposta é de $240.000,00 (duzêntas e quarenta mil patacas.)

*Quarta.*—A proposta será concebida nos seguintes termos:

Offereço o preço annual de $.............. pelo exclusivo de jogo de Fantan em Macau, sujeitando-me ás condições patentes na repartição de fazenda provincial e garanto o contracto por meio de..............(adjudicação da forma por que deve ser prestada a caução). Macau 27 de março de 1901. (Assignatura do proponente.)

*Quinta.*—Em seguida á abertura das propostas, será aberta licitação verbal sobre a offerta mais elevada.

*Sexta.*—Convindo a acceitação da maior offerta verbal, será isso communicado ao que a fizer o qual apresentará d'esde logo a respectiva caução do contracto sob pena de perder, a favor da fazenda, a quantia mencionada na condição primeira.

*Setima.*—Na licitação verbal, não se acceitarão lances inferiores a $500,00 (quinhentas patacas).

*Oitava.*—O contracto será garantido por meio de fiança idonea ou com a quantia de um terço do valor annual da arrematação.

*Nona.*—Não será tomada em consideração:

1.º—A proposta formulada em termos differentes dos designados na condição 4.ª

2.º—A que fôr entregue cinco minutos depois da abertura da praça.

3.º—A que tiver sido entregue fóra do acto da arrematação.

*Decima.*—A commissão reserva para si o direito de só fazer a adjudicação quando e a quem mais lhe convenha.

*Decima primeira.*—Encerrada a praça, lavrar-se-ha o termo provisorio da adjudicação.

*Decima segunda.*—As condições da arrematação acham-se patentes n'esta repartição em todos os dias uteis das 10 horas da manhã ás 3 da tarde.

Repartição de Fazenda Provincial de Macau, em de março de 1901.

O inspector de fazenda interino,
*Jeronymo Fontoura de Carvalho.*

大西洋署理澳門正督理國課官方　為

通知事茲定於西紀本年三月二十七日即華歷本年二月初八日一點鐘在本衙門大堂當一千八百九十一年十二月十一日第一百一十四號上諭所定之公會面前將澳門番攤生意暗票出投招人承充以五年九個月二十天爲期係自西紀一千九百零一年九月十一日起至西紀一千九百零七年六月三十日止今將出投章程列下

一開投之時凡來投票者須將已交國課餉庫壓票銀五千元之收單同暗票一併呈堂

二所有投票之人其未投得該生意者即將該壓票銀給還若投得而不肯簽名於暫立合同上或暗票所出之價低於第三欵所定則將該壓票銀歸國課衙門充公

三暗票所出之規銀不能少於二十四萬元

四寫票格式列下　某某願承充澳門番攤生意每年出規銀若干所有國課衙門章程均愿遵守係用何項担保亦須註明西紀一千九百零一年三月二十七日投票人某某的筆

五本公會於開堂時將所投之暗票拆開看過即以暗票所出至高之價爲底再行當衆明投

六其明投所出至高之價若果與本公會相宜本公會即通知其人立刻將該担保合同按櫃銀交足否則將第一欵所指之壓票銀充公

七明投時所加之價每次不能少於五百元

八以一年承充規銀三份之一作爲担保合同按櫃銀或用物業担保亦可

九所投之暗票若不照第四欵格式寫法或開堂時過五點尾鐘及非當堂呈出者一槪不取

十本公會有權將該生意給與本公會最相宜之人或任定何日准實承充

十一散堂之時即繕立暫合同

十二所有承充合同章程存在國課衙門除安息日外每日十點鐘至三點鐘均可到看特此通知

辛丑年正月十九日

Está conforme.　*C. A. R. d'Assumpção,*
1.º interprete.

## REPARTIÇÃO DE FAZENDA PROVINCIAL DE MACAU

ANNUNCIO

Faz se publico que no dia 16 do proximo mez de março, pela uma hora da tarde, se procederá, perante a commissão de que trata a portaria regia n.º 114, de 11 de dezembro de 1891, na sala das arrematações d'esta repartição, á adjudicação em hasta publica, dos «Direitos da venda do sal em Macau, Taipa e Coloane,» pelo tempo de cinco annos, a contar do 1.º de julho do corrente anno até 30 de junho de 1906, por meio de proposta em carta fechada.

As condições para a licitação são as seguintes:

*Primeira.*—As cartas serão entregues no acto da abertura da praça, e com ellas apresentarão os proponentes o documento em que provem ter cada um depositado no cofre geral d'esta provincia a quantia de quinhentas patacas ($500,00) como garantia da sua proposta, importancia que será restituida, encerrada a praça áquelles cujas offertas forem regeitadas, ou que ficará pertencendo á Fazenda se, feita a adjudicação, o adjudicatario deixar de assignar, desde logo, o respectivo contracto.

*Segunda.*—A proposta deverá ser concebida nos seguintes termos:—«Offereço o preço annual de patacas...........pelos *Direitos da venda do sal em Macau, Taipa e Coloane*, sujeitando-me ás condições patentes na repartição de fazenda provincial, devendo o contracto ser garantido por meio de.... (designação da fórma porque deve ser prestada a caução.) Macau, 25 de fevereiro de 1901. (Assignatura do proponente e do seu fiador, quando o apresente.)

*Terceira.*—Não será tomada em consideração a proposta que fôr formulada n'outros termos ou que seja entregue cinco minutos depois da abertura da praça.

*Quarta.*—Convindo a acceitação de qualquer das propostas, será isso communicado, antes de encerrada a praça, ao proponente preferido, o qual, se se tiver obrigado na sua proposta a prestar a caução do contracto em dinheiro, a completará, desde logo, sob pena de perder, a favor da Fazenda, a quantia mencionada na primeira d'estas condições.

*Quinta.*—A commissão reserva-se o direito de fazer a adjudicação ao proponente que mais lhe convenha e tambem o de abrir licitação verbal.

*Sexta.*—Encerrada a praça lavrar-se-ha o respectivo termo provisorio do contracto da arrematação.

*Setima.*—As condições que hão de servir de base ao respectivo contracto, estão patentes n'esta repartição, onde podem ser examinadas, em todos os dias uteis desde ás 10 horas a. m. até ás 3 p. m.

Repartição de fazenda provincial de Macau, em 25 de fevereiro de 1901.

O inspector de fazenda interino,
*Jeronymo Fontoura de Carvalho.*

图 26　1901 年澳门番摊专营出投公告与章程

（《澳门宪报》1901 年 3 月 9 日）

第十款，倘承充人不遵守本合同各款章程，即将第三款所指之担保按柜银归国课衙门充公，其系用人担保者，则该担保人须将该按柜银立刻缴交国课衙门。

今欲有凭，本副国课官贾缮写此实订合同，先用西音大声宣读，后由承充人阅过汉文，均皆允惬，两造各人一并签名为据。

——录自 A. H. M. /Finanças / 426, fls. 78 - 84. Mic. A0587.

**58. 海外省国课管理总章程（1901 年 10 月 3 日）第六章“论竞投承充国课”**

第 156 条，国课专营投充须在该省督理国课衙门（repartição superior de fazenda）并当以省总督为主席的委员会面前进行；该委员会，在都会省即中级法院（relações judiciaes）所在地由国家律师（o procurador da Corôa）和省国课官（o inspector de fazenda）组成，在其他省由省正国课官（o inspector de fazenda）和律政司（delegado do procurador da Corôa）组成，由该省督理国课衙门官员任秘书，但没有表决权。

附款一，如果总督不在或不能到场，则由省正国课官充当委员会主席，在此情况下，该委员会秘书有表决权。

附款二，如果在法区法院有一个以上的法官，则应该是本委员会最老的成员。

附款三，如果在由省分出的自治区进行本条所指的投充，该委员会应由该区总督、律政司和国课秘书组成，该委员会应该遵守本节的规定。

第 157 条，前条所指的投充须遵守下列规则：

A. 由国课衙门并经总督事先批准，在《澳门宪报》或任何海外殖民地的报纸上发布招投公告，并将公告张贴于本省常贴告示之处；当第 156 条所定公会面进行竞拍。公告须指明投标将要进行的日期、时间和地点，标书的担保要求（即压票银），承充的条件与条款，合同的担保银与期限，标书的书写格式，开投之后提交标书的时限（不少于五分钟），并且应声明：如果标书没有按照既定规则书写，或者竞投人在准予承充后拒绝完成担保签约程序，则其压票银归国课所有。

B. 竞投应该在现行合同期满前 6 个月至一年间进行，按照每次估算的价格投价，竞投须以暗票方式进行，并以现行合同的价格作为首次竞投的底价。

C. 标书须在竞投当场呈交该委员会，同时交出已在国课银库存入压票银的证明文件，其数额不得低于承充底价的十分之一；标书须严格按照公告中既定的规格书写。

D. 开投后规定提交标书的时限一到，不再接受任何标书；然后，由该委员会主席开启收到的所有标书，由秘书高声宣读标书内容，并向所有竞标人展示；承充权将给予出价最高者，该承充人须立刻完成存贮合同担保银的程序，其数额不得低于成交价格的三分之一；接下来由委员会秘书缮写承充合同，由委员会成员、承充人和两名证人签名；合同条款应于竞标开始前在国课衙门公示，并在开投当场宣读。

如果出现两个或者两个以上标书所出至高价相同（iguaes no preço superior），则由同价者再行明投。

E. 第二天将签订承充合同，其中须载明所有合同条款，并由委员会成员、承充人和证人签字画押。

F. 投标当场提交的承充担保金可存入该委员会认为值得信任的任何一家银行，全由承充人承担责任并收取银行付给的利息；如果该银行无清偿能力或者宣布破产，承充人或其担保人必须在接到通知后 24 小时内将相同金额的钱款存入国课银库（cofre geral da provincia）；该委员会有权从国课安全考虑决定将存款转入国课银库，而承充人或为其代存担保银的保人不得以利息损失或其他理由对此提出任何反对意见。

G. 该担保银或其中一部分可按照下列条件在任何时候用物业抵押替换：

（1）该物业必须事先依照合法程序进行价值评估，但不能按照注册的最高价格接受，而应该是担保银总额的三分之一。

（2）该物业必须可自由支配，无任何负担，且买过火烛保险。

（3）有关人提交了前面要求的证明文件后，第 156 条所指的委员会将评估这些文件的有效性与合法性，若认为能保证国课利益，即以公文批准申请人的请求。若对该委员会的决定有异议而向外洋属地部大臣上诉，则须将诉讼请求交给总督，连同所有卷宗和该委员会的信息一并寄往该部大臣（Ministro da Marinha e Ultramar）。

（4）接下来将在国家律师（Ministerio Publico）在场的情况下缮写相

应的抵押契约（escriptura da hypotheca），国课官将代表国课衙门在上面签字，该契约在契卷注记公所（conservatoria）完成登记后即交给国课官，并由国课官交给有关人，担保银替换事宜即告完成。

（5）如果该物业没有包含在注册中，则由国课衙门对其价进行评估，并且仅接受对其裁定的价格。

（6）如果物业保险未在合适期限内更新，国课衙门将代表承充人办理续期。

H. 承充合同的有效期不得超过五年，外洋属地部大臣事先批准者除外。

I. 国课承充合同不接受保人担保。

J. 批准，或在特殊情况下延长合同并批准对既定规则加以修改的权力，专属于外洋属地部大臣。

K. 若在首次开投时无人投标，即发布公告于30天后再行出投，不限价格并以明喊方式竞投；如所出至高价合意即准其承充。出投公告中须载明，如所出至高之价不合意，则该委员会有权不准承充。

L. 如果出投没有成交，总督应适时采取必要措施，以保证国课收入。

M. 在第二次出投并且没有成交之后，向总督提交的任何承充专营的请求，只要价格被认为合宜都将予以接受；按照新一次明投规则，准予出价至高者承充，在同样条件下该申请人可优先获得承充权。

N. 承充的案卷连同相关合同的复件都将被寄往国课检查总局（Inspecção Geral de Fazenda）。

在澳门，本条第4款所指的标书可用汉字书写，因此，督理汉文译务局（repartição do expediente sinico）正翻译官须在出投现场，在其因故不能到场时则由其副手到场，在以汉语进行的竞投当场宣读所提交的所有标书，并将它们翻译为葡萄牙语。

汉语翻译官负责竞投过程中的翻译工作，以使华人中标者对其所承担的责任有准确的了解，为此目的，出投公告与合同条款亦应翻译为汉语。

如该承充人提出要求，该合同也可用汉语书写，为此该承充人应支付相应的费用，该笔收入归汉文译务局收执。

——译自 *Boletim Official*, Vol. II, N.º 4, 25-01-1902, pp. 32-33.

não são devidos; ou de que, sendo devidos, estão garantidos, ou se acham a pagamento, e neste caso qual a ultima annuidade paga;

*h*) As assignaturas por extenso do juiz em nome de quem for passado o precatorio, e do escrivão que o passar, devendo taes assignaturas ser authenticadas com o sêllo do juizo, por onde for expedido o documento;

*i*) O pagamento do imposto do sêllo conforme a tabella da respectiva lei.

Art. 150.° Quando um precatorio haja sido passado a favor de pessoa que falleceu antes do recebimento da quantia deprecada, só por meio de novo precatorio, que annulle o primeiro, se poderá entregar ao interessado ou interessados a referida quantia.

Art. 151.° A restituição dos depositos a que se referem as alineas *d*) e *e*) do artigo 132.° só poderá ser reclamada a cofre onde houverem sido effectuados.

§ unico. O inspector de fazenda poderá, porem, annuir a que a restituição se faça por cofre diverso, quando assim lhe seja solicitado e nisso não ache inconveniente.

Art. 152.° Os precatorios para levantamento de depositos serão apresentados nas repartições de fazenda respectivas, ás auctoridades deprecantes.

Art. 153.° Recebido o precatorio ou as requisições a que se refere o artigo 148.° na repartição superior de fazenda da provincia ou nas repartições de fazenda, sêdes de comarca, onde estejam arrecadados os depositos, o respectivo chefe da repartição a quem for dirigido verificará se obedece aos preceitos estabelecidos no artigo 149.° e em caso affirmativo, e verificado pela respectiva conta se em cofre e por conta do deposito de que se trata existem as importancias ou valores cujo levantamento se pede, se passará o competente titulo, modelo n.° 3, a favor do interessado, o qual titulo será entregue ao interessado para poder effectuar o recebimento, na thesouraria ou recebedoria respectiva, passando no mesmo titulo o competente recibo na forma legal.

§ 1.° Se o precatorio não satisfizer aos preceitos estabelecidos no artigo 149.°, será devolvido ao juiz que o subscrever para ser cumprido o que ali se estatue, sem o que se não fará levantamento algum.

§ 2.° Os precatorios e requisições ficarão archivados nas repartições que emittirem os titulos para os levantamentos.

Art. 154.° Os titulos para o levantamento deverão sempre fazer referencia exacta;

1.° Ao cofre onde se deve fazer a restituição;

2.° Ao nome do interessado;

3.° A quantia a entregar, em dinheiro, bem como a quaesquer valores, tudo discriminadamente indicado e em inteira harmonia com o descrito nos precatorios;

4.° Ao cofre onde deu entrada o deposito;

5.° Ao numero do registo do precatorio e á data da sua apresentação.

Art. 155.° Ao cumprimento dos precatorios para levantamento dos depositos, não se poderá levantar opposição, que não seja fundada em alguma ou algumas das causas seguintes:

*a*) Na incompetencia do juiz ou auctoridade que deprecar o levantamento;

*b*) Na falsidade ou falsificação do precatorio;

*c*) Na falta de prova sobre a authenticidade das assignaturas respectivas;

*d*) Na falta de conformidade entre o precatorio e o registo do deposito;

*e*) Na falta das declarações exigidas nos termos do artigo 149.°;

*f*) Na falta do pagamento do respectivo imposto do sêllo.

TITULO IV VI

**Arrematação de rendimentos publicos a adjudicar em hasta publica**

CAPITULO UNICO

Art. 156.° As arrematações dos rendimentos do Estado que constituam monopolios ou exclusivos, serão feitas na repartição superior de fazenda, perante uma commissão presidida pelo governador da provincia, e de que farão parte nas capitaes das provincias, sêdes das relações judiciaes, o procurador da Corôa e o inspector de fazenda, e nas restantes provincias o inspector de fazenda e o delegado do referido procurador, e da qual será secretario, sem voto, o official da respectiva Repartição Superior de Fazenda.

§ 1.° Na falta, ausencia ou impedimento do governador, presidirá o inspector de fazenda, tendo, neste caso, voto o official secretario da commissão.

§ 2.° Quando na comarca haja mais de uma vara, será o delegado mais antigo membro da commissão.

§ 3.° Quando haja de effectuar-se alguma arrematação das de que trata este artigo, nos districtos em que as provincias se subdividem, a commissão perante a qual devem ser feitas as mesmas arrematações, será composta de governador do districto, do delegado do procurador da Corôa e fazenda e do escrivão de fazenda, cumprindo a esta commissão observar o que se dispõe neste capitulo.

Art. 157.° Nas arrematações de que trata o artigo antecedente observar-se-ha o seguinte:

*a*) Pela repartição superior de fazenda e precedendo auctorização do governador da provincia ou districto autonomo, se publicarão annuncios no *Boletim Official* e nos jornaes de qualquer colonia estrangeira, quando isso se entenda conveniente aos interesses de fazenda, e que serão tambem affixados nos logares do costume na provincia, abrindo praça publica perante a commissão de que trata o artigo 156.° para a arrematação que deva realizar-se, indicando dia, hora e local em que a arrematação deve ter logar, garantia das propostas, condições e clausulas da arrematação, garantia e prazo do contracto, formula das propostas, tempo concedido para a sua entrega depois da abertura da praça, que não pode ser inferior a cinco minutos, e declaração de que a garantia das propostas reverte para o Estado não sendo ellas formuladas nos termos indicados ou quando o proponente se recuse a completar desde logo a garantia do contracto sendo-lhe feita a adjudicação;

*b*) As arrematações devem ter logar entre seis mezes a um anno antes de findar o prazo dos contratos que vigorem e conforme o valor calculado de cada uma; e serão sempre feitas por meio de propostas em carta fechada, servindo de base ás offertas na 1.ª praça o preço dos contratos que vigorarem ou offertas que previamente sejam feitas e garantidas;

*c*) As cartas serão entregues á commissão no acto da abertura da praça, acompanhadas do documento comprovativo de ter sido feito no cofre geral o deposito exigido como condição para a sua recepção, que constitua a garantia da proposta, e que nunca poderá ser inferior á 10.ª parte do preço que servir de base á arrematação, devendo ser rigorosamente formuladas nos termos indicados no annuncio.

*d*) Passado o tempo concedido para a entrega das propostas depois da abertura da praça, nenhuma proposta será recebida, seja a que pretexto for, sendo então abertas pelo presidente da commissão as propostas que tenham sido entregues que em acto continuo serão lidas pelo secretario, em voz alta e em seguida patentes aos concorrentes sendo feita a adjudicação ao concorrente que maior lanço offerecer, o qual desde logo completará o deposito que constitua a caução do contrato, e que será pelo menos equivalente a um terço do preço por que for feita a adjudicação. Em seguida o secretario lavrará o termo da arrematação que será assignado pela commissão, adjudicatario e duas testemunhas, bem como as condições do contrato que devem ter estado patentes na repartição de fazenda, durante o tempo por que esteve aberto o concurso e que serão lidas no acto da abertura da praça.

Havendo duas ou mais propostas iguaes no preço superior, abrir-se-ha licitação verbal entre os signatarios d'estas propostas.

*e*) No dia seguinte lavrar-se-ha o contrato, onde serão transcriptas todas as condições, o qual será assignado pela commissão, adjudicatario e testemunhas;

*f*) A caução pecuniaria prestada no acto da arrematação poderá ser depositada, a requerimento e sob responsabilidade unica do interessado, em qualquer banco quando a commissão entenda ser de reconhecido credito, recebendo elle os juros que o banco pagar e obrigando-se o arrematante, ou quem por elle caucionar o contrato, a entrar no cofre geral da provincia com igual quantia dentro de 24 horas da intimação que para isso receber, no caso de insolvencia ou fallencia do mesmo banco. A commissão sera resalvada a faculdade de poder determinar a immediata transferencia do deposito para o cofre da fazenda quando o entenda de segurança para a fazenda, sem direito a reclamação alguma por parte do arrematante ou de quem por elle tenha prestado o deposito, pelos juros que perca ou por outro qualquer motivo;

*g*) A caução pecuniaria ou parte d'ella pode em qualquer tempo ser substituida por hypotheca de propriedades nas seguintes condições:

1.° As propriedades serão previamente avaliadas por louvados nos termos legaes, não podendo, porem, ser recebidas por valor superior ao que constar das respectivas matrizes e devendo ser o seu valor total superior em um terço ao da caução pecuniaria;

2.° As propriedades deverão estar completamente livres e desembaraçadas, e serão seguras contra risco de fogo;

3.° Apresentados pelo interessado os documentos comprovativos dos requisitos anteriormente exigidos, a commissão a que se refere o artigo 156.° apreciará a conformidade e legalidade dos referidos documentos e auctorizará por despacho a pretenção do requerente, no caso de entender garantidos os interesses da fazenda. Da resolução da commissão ha recurso para o ministro, devendo a petição ser entregue ao governador que a enviará ao Ministro da Marinha e Ultramar, com todo o processo, e informação da commissão;

4.° Em seguida poder-se-ha lavrar, com a assistencia do Ministerio Publico a respectiva escriptura da hypotheca, em que outorgará, por parte da fazenda, o inspector de fazenda, a qual depois de devidamente registada, por conta do interessado, na conservatoria, será entregue ao referido inspector de fazenda para então ser entregue ao interessado a caução pecuniaria assim substituida;

5.° Não estando as propriedades incluidas nas matrizes, proceder-se-ha á sua avaliação por parte da fazenda e só pelo valor que lhes for arbitrado poderão ser recebidas;

6.° Quando o seguro deixe de ser renovado em devido tempo, a fazenda effectuará a renovação por conta do arrematante.

*h*) O prazo da vigencia dos contratos não poderá exceder a cinco annos, salvo previa auctorização do ministro;

*i*) Nos contratos dos rendimentos publicos são inadmissiveis as fianças pessoaes;

*j*) Só ao ministro compete conceder, e em casos especiaes, a prorogação de qualquer contrato bem como permittir qualquer modificação nos preceitos aqui estabelecidos;

*k*) Não havendo concorrentes á primeira praça, será a segunda praça annunciada para trinta dias depois, sem limite de preço e por meio de licitação verbal, fazendo-se a adjudicação pelo maior lanço offerecido, se se entender conveniente. No annuncio para esta arrematação resalvar-se-ha á commissão o direito de não fazer a adjudicação se o preço offerecido não convier;

*l*) No caso de se não effectuar a arrematação, o governador da provincia tomará opportunamente as medidas necessarias para garantia dos interesses da fazenda;

*m*) Se ao governador for presente, depois da segunda praça e no caso de não ter sido feita a adjudicação, algum requerimento pedindo a concessão do exclusivo por preço que ache razoavel, acceita-lo-ha, com a clausula de que servirá elle de base a nova praça por licitação verbal, fazendo-se então a adjudicação ao concorrente que offerecer maior preço, preferindo-se sempre o proponente em igualdade de circumstancias;

*n*) O processo d'estas arrematações com as copias

图 27　1901 年海外省国课管理总章程第六章（局部）

（《澳门宪报》1902 年 1 月 25 日）

59. 氹仔番摊出投告示与章程（1904—1909）

大西洋澳门正督理国课官阿（Olympio Joaquim de Oliveira）为出投氹仔番摊事。

兹按照一千九百零一年十月初三日所定之章程第一百五十七款附款A，定于西纪四月初四日，即华二月十九日十点钟，在本署大堂，当第一百五十六款章程所定之公会面前，将氹仔番摊生意出投，招人暗票承充。其期系自西一千九百零四年七月初一日起，至一千九百零九年六月卅日止。兹将出投章程列左：

一、凡来投票之人，须于开堂之先，将压票银七百元交存国课银库，掣取收条，同暗票一齐呈堂。投毕之后，其未投得者，立将此银给还。

二、投票之人若不遵依下列章程，即将该压票银充公：A. 所投之票非照第四款所定格式书写者；B. 投得而未能加足担保银当堂缴出者。

三、出投之价以六千一百元为底。如出价至高之票有同票，再行明喊。

四、书写格式：某某人欲承充氹仔番摊生意，每年认纳规银若干，国课衙门（Repartição Superior de Fazenda）所定各款章程均愿一律遵守。至于担保合同，愿呈出现银若干元。西纪一千九百零四年四月　日，某某暗票。

附款一：本款所定暗票格式，准用华字书写。附款二：不准用人担保。

五、所投支票有为本公会所不准理者列下：A. 其票不照第四款格式书写者；B. 过开堂时十分钟始行交出暗票者。

六、上款B所指开堂之后，本公会主席即将各暗票拆阅，高声宣读，并给与大众观看。谁出价至高者准予承充。该承充人须立即加足担保合同银缴出，并即签名于合同。

七、担保合同系用现银，惟承充之后，若取回多少，准其照该章程一百五十七款之附款G换用产业作按。

所有承充之各款合同章程现存本署，除安息日外，每日十点钟至三点钟均可看到。特此通知。

甲辰年正月十八日。

——录自 *Boletim Official*, Vol. IV, N.º 10, 05-03-1904, pp. 92-93.

## 60. 1904—1905 年海外省预算方案与敕令

海事海外部 1904—1905 年海外省预算方案（1904 年 9 月 20 日）

……在 1893 年，陛下政府已根据 8 月 19 日敕令将 pataca（元）的价值由 850 厘士（reís）降为 640 厘士。由于前面陈述的原因，此后汇率继续上升，以至根据最近公布的利率，pataca 的价值已降至 450 厘士以下。该省多任总督已提请中央政府注意这些情况。因此，在所附的预算方案中（如果现状不变的话）将此汇率暂定为 540 厘士等于 1 元，于是，元在澳门与在帝汶达到了等值。

同日批准的海外省预算法案

第二条：将厘士与澳门省所流通之元的汇率由 1893 年 8 月 19 日法令所定之 640 厘士暂降为 540 厘士。附款一，澳门省国课承充及政府采购竞投仍以“元”为单位。

——译自 *Boletim Official*，Vol. IV，Supplemento ao N.º 47，23 - 11 - 1904，pp. 405，407.

## 61. 过路湾番摊生意暗票出投公告与章程（1905—1910）

大西洋澳门督理国课官柯为出投事。

兹按照西一千九百零一年十月初三日所定章程之第一百五十七款附款 A，定于西五月三十一日，即华四月二十八日二点钟，在本署大堂，当第一百五十六款章程所定之公会面前，将过路湾番摊生意暗票出投，招人承充，其期系自西一千九百零五年七月初一日起，至一千九百一十年六月三十日止。兹将出投章程列左：

一、凡来投票者，须于开堂之先将压票银四百五十元交存国课银库，掣回收条，同暗票呈堂。投毕之后，其未投得者，立将此银给还。

二、所交压票之银有应充公者，其故如左：A. 所投之票不照第四款格式书写者。B. 如投得而未能加足担保、当堂交出者。

三、出投之价以四千二百五十五元为底，如出价至高之票有同价者，再行明喊。

四、写票格式：某某欲承充路湾番摊生意，每年认纳规银若干，国课衙门所定章程均愿一律遵守，并愿照所出投价三份之一交出现银，以为担保合同。西纪一千九百零五年五月　日，某某暗票。附款一：暗票准用华字书写。附款二：不准用人担保。

五、所投之票有为公会所不准理者，其故如左：A. 其票不照第四款格式书写者。B. 过开堂时十分钟始行交出暗票者。

六、上款所指开堂之后，由公会主席即将各票拆开，高声宣读，并给与大众观看。谁出价至高者准予承充，该承充人须立即加足担保合同银缴出并签名于暂合同。

七、担保合同系用现银担保。惟承充之后，若取回多少，准其按照章程第一百五十七款之附款 G 换用产业作抵。

所有承充之合同章程现存在本署。除安息日外，每日十点至三点钟任人到看。为此通知。乙巳年四月初九日。

——录自 *Boletim Official*, Vol. V, N.º 19, 13-05-1905, p. 306.

### 62. 胡达承充氹仔番摊生意合同（1904—1909）

华商胡达与国课衙门订立承充氹仔番摊生意，以五年为期，每年规银六千三佰大元，其期系自西纪一千九百零四年七月初一日起，至一千九百零九年六月三十日止之实合同。

降生一千九百零四年五月初十日，在澳门国课衙门，当西纪一千九百零一年十月初三日第一百五十六号上谕所定之公会员，即澳门总督墨、正督理国课官欧暨律政司佛案前，并在本副国课官阿面前，有华商人胡达，并证人佐治及阿美打些二证人，均系在本署当差，澳内居住，亦均为本国课官所素识者，并头等正翻译官宋次生前来。该公会会长澳门总督墨宣称：西纪本年六月初七日在国课衙门所立之暂合同，今作为实，准将氹仔番摊生意与胡达承充，以五年为期，其期系自西纪一千九百零四年七月初一日起，至一千九百零九年六月三十日止，每年规银六千三百大元。该华商胡达必须遵守本合同后列各款章程。宣毕，该华商胡达即由正翻译官宋传称：所有昨日已立之承充氹仔番摊暂行合同，商亦愿作为实，其所有承充氹仔番摊生意每年应纳之规银及承充期限，均情愿照所订各款章程，并与合同相同之条款一律遵守。今特将所定壹年规银之三份一即银式千壹百元交存国课银库，作为担保本合同之按柜银。该银经交由银库挚取第四百四十号收单。今特呈出，以昭凭信。该按柜收单现列于末幅。兹将所订各款列后：

一、所有担保承充银两须按照投价一年三份之一呈出作为担保。

二、所有承充氹仔番摊生意应纳之规银，须按照每月上期交纳国课银库，每元七二兑。

三、如到每月末日尚未将上款所定下月之上期规银交纳，则照例按每百元每年以五元计罚。如再过期三日仍未交纳，须任从官宪将本合同注销，所有担保银两概行充公。倘遇有注销合同之举，无须照依别样规矩，只将注销合同一语颁行《宪报》可也。若再行出投，其价不及原价之数，则要旧承充人补足。

四、所有在氹仔开设番摊之牌照，只准承充人发给，别人不得给发。附款一，所有摊馆只准承充人设在氹仔之内，其附近氹仔各村概不得开设。附款二，如有摊馆未经向承充人领取牌照者，该承充人可立即报知政务厅，饬令闭歇其未领牌之摊馆，初犯罚银壹百元，再犯罚银弍百元，该罚款半归国课，半归承充人。

五、该摊馆只准赌博番摊，不准设别项赌博。如有违犯，罚承充人银弍佰元。

六、准承充人设摊船四只，但须停泊氹仔村内。

七、该承充人系在氹仔村内何处设立摊馆，或搬迁何处，均须先报知氹仔政务厅方得。

八、所有各摊馆摊船一切平安之事，均须由承充人料理，由地方官督理。

兹将交出按柜银两凭单录后：

澳门第四百四十号　厘士一百三十四万四千正

今日承充氹仔番摊商人胡达，遵照澳门国课衙门在本年第十五号《宪报》所颁行告示等情投承。是以特将所定一年规银之三份一，即银一百三十四万四千厘士之按柜银交入银库，以充按柜。此据，澳门，一千九百零四年五月初九日。澳门督理国课官欧临表·欧理威剌、总理澳门库员路义士·优些表·施利化。

今欲有凭，是以我副国课官阿缮立此合同，由本副国课官阿宣读西洋文，由正翻译官宋宣读华文，于是，各人一并签名为据。澳门督宪马尔地乌·宾度·墨山、澳门督理国课官欧临表·欧理威喇、澳门按察司衙门律政司路义士·广沙威士佛尔地、证人欧理雅诺·佐尔治、若翰·阿喇美打、澳门副国课官马诺埃喇·李伯罗·阿喇美打。

——录自 A. H. M. / Finanças / 426, fls. 127v-132v. Mic. A0587.

### 63. 再将氹仔番摊生意用暗票招人承充告示与规则（1906—1910）

大西洋澳门国课官柯为出投事。

所有前于西纪一千九百零四年五月初十日所订之承充氹仔番摊生意合同业经批销，作废在案。兹定于西本年四月十一日，即华三月十八日两点钟，在本署大堂，当按照一千九百零一年十月初三日所定章程第一百五十六款所定之公会面前，再将氹仔番摊生意用暗票出投，招人承充。其期系自西一千九百零六年五月初一日起，至一千九百十一年六月三十日止。兹将出投章程列左：

一、凡来投者，须于未投票之前，将压票银六百三十元交存国课库银，取回收条，于开投时同暗票一齐呈堂。其未投得者，此银立即给还。

二、投票者不遵下开章程，即将此压票银充公。A. 其票不照第四款所定格式书写；B. 投得而未能加足担保当堂缴出。

三、投价以六千三百元为底。

（下同 1905 年 5 月 13 日第 19 号《澳门宪报》过路湾番摊合同）。

丙午年二月十四日。

——录自 *Boletim Official*, Vol. VI, N.º 10, 10-03-1906, pp. 130-131.

### 64. 仍将氹仔番摊生意明喊出投招人承充告示与规则（1906—1910）

大西洋澳门正督理国课官柯为晓谕出投事。

照得本署前于第十号《澳门宪报》刊登告白，定期招人投票承充氹仔番摊生意。兹因是日未有人投票，是以按照一千九百零一年十月初三日所定章程第一百五十七款之附款 K，再定于西本年五月十四日即华四月二十一日两点钟，在本署大堂，当按照章程第一百五十六款所定之公会面前，仍将氹仔番摊生意明喊出投，招人承充。其期系自西一千九百零六年五月十六日起，至一千九百一十一年六月三十日为满。兹将出投章程列左：

一、凡来投者，须先将压票银六百三十元交存国课银库，取回收条呈堂，方准喊价。投毕之后，其未投得者，立即给予领回。

二至六（下略）。

丙午年三月十八日。

——录自 *Boletim Official*, Vol. VI, N.º 15, 14-04-1906, p. 173.

**65. 澳门番摊生意暗票出投公告与章程**（1907—1912）

大西洋钦命澳门督理国课官柯为招人出投事。

兹照西纪一千九百零一年十月初三日所定之章程内第一百五十七款之附款A所载事例，定于西一千九百零七年正月二十一日两点钟，在本署大堂，当该以上章程第一百五十六款所定之公会案前，将澳门番摊生意用封固之暗票出投，招人承充。其期系自西一千九百零七年七月初一日起，至一千九百一十二年六月三十日止。今将出投章程列后：

一、凡来投者，须于未投票之前，将压票银三万八千七百五十元交存本澳西洋海外银行所管之本国课银库，掣取收条，于开投时同暗票一齐呈堂。其未投得者，此银于翌日给还。

二、投票者不遵下开章程，则将该压票银充公。A. 其票不照本示第四款格式书写。B. 投得而不肯立即加足担保合同银当堂缴出。

三、此次投票之价准以银三十八万七千五百元为底，如出价至高之票有同票者，该同票再行明投。

四、该暗票须照下列格式书写：某某欲承充澳门番摊生意，每年愿纳规银若干，国课衙门所定各款章程均愿遵守；至于担保合同，愿呈出现银若干。西纪一千九百零七年正月二十一日；某某画押。附款一，此暗票可用华字书写。附款二，不准用人担保。

五、所有不收理之各票示明如左：A. 其票不照本示第四款所定格式书写。B. 过开堂后十分钟始行将票呈出。

六、一过上B字款所指开堂之时，本公会主席即将各票拆开，高声宣读，并给与大众观看，谁出价至高者准予承充。该承充人须即加足担保合同银要立刻交出并签名于草合同。

七、该担保之项系用现银。惟承充之后，如欲全数取回或取回多少，亦可按照以上所指之章程第一百五十七款之附款G随时换用产业作按。

所有承充合同章程现存本署。除安息日外，每日十点至三点钟任便到看。为此特示。

丙午年十一月初五日。

——录自 *Boletim Official*, Vol. VI, N.º 51, 22-12-1906, pp. 531-532.

**66. 萧登、卢光裕承充五年期澳门番摊生意合同**（1907—1912）

大西洋钦命澳门督理国课官柯为示知事。

兹按西本年正月二十二日在本署所立之契据，经批准华商萧登、卢光裕承充澳门番摊生意，每年规银四拾五万圆。兹将承充番摊生意章程，照列如后：

一、该合同开办准以五年为期，系自西一千九百零七年七月初一日起，至一千九百一十二年六月三十日止。

二、所有承充该番摊之规银，须按每月十五日到公钞局上期交纳一次。其纳法系每月尾日即须交纳下月前十五日之规银。其下月后十五日之规银，须在月之十五日交纳。如遇安息日或放假日，则于该期前一日交纳。若过期不纳，则按过期之日罚银每百元每月两元算。

三、如该承充人于每月十五日内之前十日不交纳规银，本督宪可以将本合同销废。一经销废合同，即将该承充人所交存番摊生意每月（com relação a um anno）[①] 规银三份一之担保银归国家（a Fazenda）充公。至于销废合同，无须依别样规例，只将该承充人合同经已批销等情刊颁《宪报》，即作为销废也。

四、如该承充人欲开设摊馆若干间，均为其主意。并可由关闸至妈阁之内，无拘何处皆可开设，但欲设在何处，须先报由本澳督宪允准方得。

五、该承充人每月须将下月愿在何处开设番摊馆并开设若干间数开列二单。一单送交巡捕兵营，一单送呈华政务厅备查。

六、该承充人所开设之摊馆内，均须用人看守，所有为一切平安等事，概为该承充人是责。其看守等人，本澳地方官亦有权到该摊馆稽查。如该各摊馆遇有扰乱等事，本澳地方官亦必派兵前往保护。

七、所有第二等或下等牌馆，并执骰各赌博，如骰宝、棉羊、牛转及一切别项相类执骰等赌，概行严禁。

---

① 对照葡语原档，并参照合同规则，此处实为“年”。——作者注。

八、所有私开之赌馆与本国（a Fazenda）及承充人有碍者，须按一千八百八十七年八月十一日第七十七号《宪报》颁行之[1]札谕第三款所载事理罚银一千元，仍照例惩办。该罚款半归国课衙门（Fazenda），半归承充人。

九、所有本合同各款内如有意见不合之处，均归督宪定断。此外无论有何事件，皆呈送该管衙门核夺。

十、如该承充人不遵守以上所载各款，即将第三款所声明该承充人交存之担保合同银，归入代理本国课（Fazenda Nacional）银库（caixa do Thesouro）之大西洋海外银行充公。

丁未年正月廿九日。

——录自 *Boletim Official*，Vol. VII，N.º 11，16－03－1907，pp. 71－72.

### 67. 澳门番摊出投公告及章程（1912—1917）

大西洋澳门正督理国课官田为通知事。

兹按照一千九百零一年十月初三日上谕第一百五十七款之附款A，澳门督宪批准，定于西八月十二日，即华闰六月十八日下午三点钟，在本署大堂，当承充公会面前，将澳门番摊生意出投，招人承充，以五年为期，自西一千九百一十二年七月初一日起计，至一千九百一十七年六月三十日止。兹将出投章程列左：

一、欲投充者必须将押票银四万五千元交存代理银库西洋银行。

二、到开堂之时十分钟内，将暗票呈出，并须将上款所定已交押票银之收单一并呈堂。

三、暗票格式如左：某某愿承充澳门番摊生意，每年缴纳规______元正，其在国课衙门所存之各款章程一概应承遵守。____年　月　日。某某签名。附款一，本款所指之暗票，须月唐字书写。附款二，不准用人担保。附款三，如有下开情事之暗票，概不收理。A. 暗票不照本第三款所开格式书写者。B. 过开堂十分钟后始将暗票交出者。

四、倘有下开之事，即将押票银归国家充公。A. 暗票不照第三款所定格式书写。B. 投票之后不肯立即交足担保合同银。

---

① “宪报颁行之”为衍字。——作者注。

五、出投之价以六十万元为底，如有至高之价同票者，准同价之人再行明喊。

六、过第三款 B 字所定之时候，会长则将暗票拆开，大声宣读，随给与来投各人公看，谁人出价至高者准其承充。该承充人必须将担保合同之按柜银立即交出，随即立单为据。所有立实合同之各章程存在本衙门，除安息日外，每日十点至四点任人到看。为此通知。

西一千九百一十一年七月初十日。

——录自 *Boletim Official*, Vol. XI, N.º 28, 15-07-1911, pp. 347, 350.

68. **承充澳门番摊生意立定实合同之章程底稿**（1912—1917）

大西洋澳门正国课官田为通知事。

兹特将立定承充澳门番摊生意实合同之章程底稿开列如左：

一、承充以五年为期，自一千九百一十二年七月初一日起计，至一千九百一十七年六月三十日止。

二、承充规银①每十五日一次上期，赴公钞房收银处交纳。首次系上一月之末日，第二次系该月之十五日纳。如遇是日系安息日，则再提前一日纳。如到期不纳，则按照过期若干日，以每百元每月二元伸算罚银。

三、倘过期十日承充人仍不交纳，任澳门督宪取销合同，并将承充人所交出之担保合同银充公，其担保合同银系照承充一年规银三份之一计交。倘有取销合同之事，只将督宪批行颁登《宪报》，毋庸查照别项规矩。

四、自关闸起至妈阁止，任从承充人开设摊馆，不限区域，不限间数。但必将所欲设馆之地点，禀准督宪允许方可。

五、承充人每月将其下月所欲在某区域开设摊馆及间数报知总巡捕长及华政厅。

六、摊馆内由承充人派人看守，仍归政府查察。馆内如有滋生事端，为承充人担责任。倘遇有事求请国家派兵帮助，亦必允准。

七、所有二等或二等以下牌馆，并所有赌骰子之馆，棉羊、牛占等项赌具，一概仍旧禁止。

八、如有私开赌博损碍承充人及国家利权者，罚银一千员，半归国

---

① 此次番摊出投以 271 350 000 厘士成交。参见 Relatorio de Governo，1911，p. 17；并参见文献辑录之 70。

家，半归承充人。

九、所有因解释章程生出之争论，由督宪定断。其余各事，则归该管衙门判决。

十、承充人不遵守本合同章程，即将第三款所定之担保银充公，立即移交代理西洋银行。

西一千九百一十年七月初十日。

——录自 *Boletim Official*, Vol. XI, N.º 28, 15－07－1911, pp. 347－348; 351.

### 69. 1900—1901 年度至 1910—1911 年度澳门财政收入统计表

单位：厘士

| 进项 | 1900—1901 | 1901—1902 | 1902—1903 | 1903—1904 | 1904—1905 | 1905—1906 | 1906—1907 | 1907—1908 | 1908—1909 | 1909—1910 | 1910—1911 |
|---|---|---|---|---|---|---|---|---|---|---|---|
| 1 | 22 848 000 | 23 360 000 | 24 000 000 | 19 348 000 | 19 681 000 | 21 156 000 | 21 724 000 | 28 779 000 | 24 186 000 | 31 785 000 | 33 247 000 |
| 2 | 18 560 000 | 19 904 000 | 19 572 000 | 17 268 000 | 19 715 000 | 15 523 000 | 15 634 000 | 20 994 000 | 18 263 000 | 18 276 000 | 15 238 000 |
| 3 | 3 136 000 | 2 994 000 | 2 624 000 | 2 397 000 | 3 063 000 | 3 519 000 | 3 787 000 | 3 716 000 | 3 064 000 | 3 000 000 | 2 651 000 |
| 4 | 25 000 000 | 38 400 000 | 36 160 000 | 48 236 000 | 49 649 000 | 48 879 000 | 36 808 000 | 28 895 000 | 21 150 000 | 16 148 000 | 16 643 000 |
| 5 | 6 591 000 | 8 640 000 | 9 600 000 | 24 387 000 | 25 256 000 | 22 150 000 | 14 161 000 | 13 002 000 | 7 026 000 | 8 719 000 | 6 677 000 |
| 6 | 2 304 000 | 2 048 000 | 1 664 000 | 1 348 000 | 2 329 000 | 1 591 000 | 1 607 000 | 2 675 000 | 1 900 000 | 1 870 000 | 1 305 000 |
| 7 | 15 020 000 | 14 176 000 | 17 600 000 | 14 882 000 | 13 642 000 | 12 037 000 | 16 637 000 | 14 854 000 | 5 271 000 | 5 398 000 | 14 834 000 |
| 8 | 7 680 000 | 17 660 000 | 17 760 000 | 14 985 000 | 14 985 000 | 14 895 000 | 14 984 000 | 14 985 000 | 14 985 000 | 14 985 000 | 13 687 000 |
| 9 | 76 333 000 | 86 333 000 | 86 336 000 | 111 024 000 | 109 388 000 | 93 288 000 | 99 463 000 | 67 403 000 | 77 551 000 | 80 460 000 | 70 638 000 |
| 10 | 96 000 000 | 222 666 000 | 248 000 000 | 214 415 000 | 206 048 000 | 221 078 000 | 214 112 000 | 236 330 000 | 253 000 000 | 243 000 000 | 217 687 000 |
| 11 | 83 200 000 | 83 200 000 | 83 200 000 | 171 180 000 | 165 329 000 | 195 389 000 | 165 314 000 | 195 389 000 | 120 239 000 | 28 759 000 | 98 032 000 |
| 12 | 4 256 000 | 3 520 000 | 2 752 000 | 2 263 000 | 2 105 000 | 4 020 000 | 3 519 000 | 4 622 000 | 3 367 000 | 4 505 000 | 3 796 000 |
| 13 | 7 872 000 | 8 640 000 | 10 240 000 | 3 296 000 | 4 020 000 | 3 148 000 | — | — | — | 3 456 000 | 2 081 000 |
| 14 | 25 920 000 | 25 920 000 | 25 920 000 | 2 000 000 | 5 293 000 | 4 275 000 | 4 059 000 | 3 963 000 | 2 065 000 | 1 701 000 | 1 795 000 |
| 15 | 10 560 000 | 10 560 000 | 10 560 000 | 6 815 000 | 6 739 000 | 1 482 000 | 7 423 000 | 7 391 000 | 5 140 000 | 5 788 000 | 5 910 000 |
| 16 | 6 515 000 | 7 360 000 | 4 088 000 | 5 824 000 | 5 319 000 | 5 249 000 | 5 607 000 | 9 226 000 | 7 232 000 | 5 964 000 | 6 404 000 |
| 17 | 5 048 000 | 8 520 000 | 8 960 000 | 3 058 000 | 1 728 000 | 79 601 000 | 8 637 000 | 36 286 000 | 71 509 000 | 73 228 000 | 11 719 000 |
| 18 | 27 584 000 | 19 584 000 | 1 958 000 | 16 524 000 | 16 524 000 | 15 147 000 | 1 793 000 | 1 811 000 | 1 860 000 | 2 200 000 | 3 626 000 |
| 19 | 4 224 000 | 4 352 000 | 4 320 000 | 3 559 000 | 3 681 000 | 3 864 000 | 3 708 000 | 4 218 000 | 3 157 000 | 4 152 000 | 3 063 000 |
| 总计 | 473 087 000 | 627 534 000 | 655 991 000 | 695 481 000 | 685 781 000 | 632 000 000 | 665 883 000 | 711 091 000 | 662 166 000 | 553 344 000 | 529 713 000 |

作者注：其中第 9 项为中式彩票收入，第 10 项为番摊收入。

——录自 *Relatorio do Governo de Macau*, 1911, p. 16.

### 70. 离任澳督马沙多[①]论番摊赌博专营

番摊赌馆带给其摊主的利润通常是可观的；因此，从来都不缺竞投者，政府每隔五年以这种公开竞投方式批给相应的专营权。

显然，有一个规章规定这种赌博所能开办的限度，因此，其中有规定确定承充人可以开设赌台的最高数目。这些赌台并非全由承充人直接管理，而是租给另外一些人；他们懂得如何经营得最好，以便能够在付给摊主应得的定额之外获得合理的收入。

番摊专营承充在澳门始终是一件大事。

资本家被动员起来了；律师也被调动起来了，因为在这些场合总是能得到可观收入；一群不劳而食者和混水摸鱼之徒奔走忙碌；各种性质的联合组织建立起来；各种特殊的协议相继订立；尽管一直企图得知可能给出的报价，这些竞投大多数情况下都表现出了一种出人意料的结果。

1911 年，由于广东省禁赌以及中国内地人口因革命而外逃，番摊承充人付给政府的规银极为可观，达到了 271 350 000 厘士，大大超过前一年的 217 687 000 厘士。

番摊馆容易辨认，不仅因为其豪华的照明，也因为其硕大而有趣的门灯，在其门口以中葡两种粗大字体向不知者通告它的等级。

所有番摊赌馆在内部和外部都是相似的，只是光顾赌馆的赌徒在社会地位上有差别。

一般而言，摊馆为两层楼房：首层有赌台、庄家、一位操作钱币堆的华人以及上瘾的欣赏者；二层中间开放，配以回廊，在回廊周围，人们得以看到赌博的情况，也可通过小的柳枝篓子递钱来参与赌博。

然而，番摊馆不论如何追求奢华，总是有其不洁的一面。馆内气味难闻，地面总是布满瓜子皮，因为中国人总是吃个不停。在周六晚上和周日，光顾摊馆的人群因为大量游客（一般是英国人）的汇合而发生急剧变化，这些天，他们从香港来此几乎全是为了消遣。

令人遗憾的是，番摊规章没有用惩罚违约者的严厉措施来严格禁止儿童和公务员，特别是军人进入赌馆。可以肯定的是，政府试图阻止它的公

---

① 阿瓦罗·卡多作·德·美洛·马沙多（Álvaro Cardoso de Melo Machado，1883—1970），1910 年 12 月 17 日—1912 年 7 月 14 日任代理澳门总督。出版过一份关于其任期的报告（1912 年官印局出版），1913 年出版了《澳门诸事》（*Coisas de Macau*）一书。

务员进入番摊馆，但是考虑到我们习惯上的柔弱和稽查的困难，那些摊主们显然很少予以配合，因为如果相反的行为不使他们承受风险的话，他们是不会尊重这一有益的准则的。

赌博对公务员的道德和军队的纪律产生了恶劣的影响。不久以前，每年都有不少军人因为赌博而自杀，更不要说偷窃与诈骗了，军事会（os conselhos de guerra）对这些情况很关注。

不难理解，番摊馆尽管有一些弊端，却也带来了多种好处。娱乐场（casa de prazer）、餐馆（restaurant）、当铺（casa de penhores）都与它的存在密切相关，整个流动人群给它支付了大量税收。总之，生活的各个方面都或多或少地直接受到了它的影响。

——译自 Álvaro de Melo Machado, *Coisas de Macau*, Fac-simile da 1.ª Edição de 1913, Macau, Editora Multimédia Lda. 1997, pp. 30 – 33.

BOLETIM DA PROVINCIA
DE MACAU E TIMOR
QUARTA-FEIRA, 8 DE OUTUBRO DE 1879.—SUPPLEMENTO AO N.º 40

PARTE OFFICIAL

JUNTA DA FAZENDA PUBLICA DA PROVINCIA DE MACAU E TIMOR

*Mappa das receitas e despezas do cofre de Macau, desde 2 de abril de 1845, data da primeira sessão da mesma ex.ma junta de fazenda creada n'esta cidade em virtude do decreto de 20 de setembro de 1844, sendo governador o ex.mo sr. Gregorio José Pegado, capitão de mar e guerra da armada*

| Annos economicos | Receita em patacas | | | Despeza em patacas | | | Saldo que passa aos annos seguintes | | | Governadores e presidentes dos conselhos do governo presidindo á ex.ma junta de fazenda |
|---|---|---|---|---|---|---|---|---|---|---|
| Saldo em 2 de abril de 1845 | 2 | 446 | 526 | ... | ... | ... | ... | ... | ... | Em 2 de abril de 1845 José Gregorio Pegado, capitão de mar e guerra da armada. |
| De 3 de abril de 1845 a 30 de junho de 1846 | 95 | 847 | 877 | 97 | 902 | 910 | ... | 391 | 493 | 20 de abril de 1846, o conselheiro José Maria Ferreira do Amaral. |
| 1846 a 1847 | 78 | 327 | 941 | 78 | 142 | 265 | ... | 577 | 169 | |
| 1847 a 1848 | 64 | 119 | 980 | 64 | 603 | 610 | ... | 93 | 539 | |
| 1848 a 1849 | 72 | 818 | 458 | 72 | 775 | 105 | ... | 136 | 892 | 22 de agosto de 1849 o conselho do governo sob a presidencia do Bispo diocesano D. Jeronimo José da Matta. |
| 1849 a 1850 | 93 | 255 | 023 | 85 | 186 | 942 | 8 | 204 | 973 | 29 de maio de 1850 o conselheiro Pedro Alexandrino da Cunha. |
| 1850 a 1851 | 131 | 589 | 491 | 137 | 001 | 149 | 2 | 793 | 315 | 6 de julho de 1850 o conselho do governo sob a presidencia do Bispo diocesano D. Jeronimo José da Matta. 3 de fevereiro de 1851 o conselheiro Francisco Antonio Gonsalves Cardoso. |
| 1851 a 1852 | 119 | 514 | 815 | 115 | 491 | 333 | 6 | 816 | 797 | 19 de dezembro de 1851 o conselheiro Isidoro Francisco Guimarães, hoje Visconde da Praia Grande. |
| 1852 a 1853 | 95 | 838 | 722 | 91 | 360 | 702 | 11 | 294 | 817 | |
| 1853 a 1854 | 109 | 114 | 906 | 103 | 767 | 089 | 16 | 642 | 634 | |
| 1854 a 1855 | 134 | 330 | 182 | 120 | 908 | 289 | 30 | 069 | 527 | |
| 1855 a 1856 | 148 | 499 | 645 | 126 | 094 | 406 | 52 | 474 | 766 | |
| 1856 a 1857 | 123 | 118 | 172 | 107 | 623 | 203 | 67 | 969 | 735 | |
| 1857 a 1858 | 176 | 933 | 693 | 153 | 721 | 116 | 91 | 182 | 312 | |
| 1858 a 1859 | 226 | 432 | 982 | 131 | 171 | 645 | 186 | 443 | 649 | |
| 1859 a 1860 | 249 | 213 | 974 | 231 | 188 | 691 | 204 | 468 | 932 | |
| 1860 a 1861 | 244 | 886 | 406 | 186 | 029 | 183 | 263 | 326 | 155 | |
| 1861 a 1862 | 231 | 892 | 371 | 285 | 249 | 355 | 209 | 969 | 171 | |
| 1862 a 1863 | 223 | 384 | 397 | 273 | 752 | 906 | 159 | 600 | 662 | 31 de janeiro de 1863 o conselho do governo sob a presidencia do juiz de direito João Ferreira Pinto. |
| 1863 a 1864 | 238 | 318 | 273 | 235 | 792 | 821 | 162 | 126 | 114 | 22 de junho de 1863 o conselheiro José Rodrigues Coelho do Amaral. |
| 1864 a 1865 | 285 | 008 | 323 | 231 | 382 | 665 | 215 | 751 | 772 | |
| 1865 a 1866 | 307 | 152 | 819 | 368 | 913 | 287 | 153 | 991 | 304 | |
| 1866 a 1867 | 326 | 470 | 930 | 311 | 839 | 162 | 168 | 623 | 072 | 26 de outubro de 1866 o conselheiro José Maria da Ponte e Horta. |
| 1867 a 1868 | 375 | 502 | 414 | 372 | 727 | 192 | 171 | 398 | 294 | |
| 1868 a 1869 | 366 | 028 | 813 | 445 | 347 | 901 | 92 | 079 | 206 | 3 de agosto de 1868 o conselheiro Antonio Sergio de Sousa, contra almirante da armada, mais tarde Visconde de Sergio de Sousa. |
| 1869 a 1870 | 385 | 874 | 508 | 421 | 348 | 358 | 56 | 605 | 356 | |
| 1870 a 1871 | 394 | 059 | 365 | 412 | 048 | 739 | 38 | 615 | 982 | |
| 1871 a 1872 | 407 | 931 | 512 | 395 | 073 | 405 | 51 | 474 | 089 | 26 de março de 1872 Visconde de S. Januario. |
| 1872 a 1873 | 487 | 208 | 840 | 426 | 008 | 061 | 112 | 674 | 868 | |
| 1873 a 1874 | 434 | 082 | 808 | 433 | 471 | 790 | 113 | 285 | 886 | |
| 1874 a 1875 | 373 | 806 | 176 | 436 | 830 | 013 | 50 | 212 | 049 | 7 de dezembro de 1874 o conselheiro José Maria Lobo d'Avila. |
| 1875 a 1876 | 464 | 794 | 633 | 468 | 519 | 224 | 51 | 487 | 458 | |
| 1876 a 1877 | 378 | 461 | 711 | 423 | 138 | 405 | 6 | 810 | 764 | 31 de dezembro de 1876 o conselheiro Carlos Eugenio Corrêa da Silva hoje Visconde de Paço d'Arcos. |
| 1877 a 1878 | 502 | 099 | 919 | 483 | 445 | 396 | 25 | 465 | 287 | |
| 1878 a 1879 | 405 | 925 | 763 | 418 | 304 | 938 | 13 | 086 | 112 | |

图 28　1845 年 4 月 2 日至 1878—1879 年度澳门公物会银库收支表

（《澳门宪报》1879 年 10 月 8 日）

# 附　录

## 01. 1873—1874 年度至 1879—1880 年度澳门番摊专营承充

单位：元

| 年度 | 规银 | 承充人 | 备注 |
| --- | --- | --- | --- |
| 1873—1874 | 150 000 | 郑耀 Cham-iu、刘越墀 Jao-iut-chi、钟超 Chong-chiu | 香港商人和兴（Vo-hang）为担保人；每月上期交纳规银。 |
| 1874—1875 | 156 050 | 尤勉之 Jao-men-chi、何连胜 Ho-lin-seng | 未那年奴·先拿·非难地担保为担保人；每月上期交纳规银。 |
| 1875—1876 | 110 100 | 游德 Jao-tac、何连胜 Ho-lin-seng | 未那年奴·先拿·非难地担保为担保人；每月上期交纳规银。 |
| 1876—1877 | 141 000 | 何老桂 Ho-lo-quae | 未那年奴·先拿·非难地担保为担保人；每月上期交纳规银。 |
| 1877—1878 | 112 981 | 多人领牌 | 每间赌馆分别领牌，有效期一年。 |
| 1878—1879 | 139 200 | 多人领牌 | |
| 1879—1880 | 129 600 | 多人领牌 | |

——译自 *Boletim Official*, Vol. XXII, N.° 37, 09-09-1876, p. 148; Vol. XXV, N.° 35, 30-08-1879, p. 197; Vol. XXXII, N.° 32, 12-08-1886, p. 306.

## 02. 1880—1881 年度至 1911—1912 年度澳门番摊专营承充

单位：元

| 年度 | 规银 | 承充人 | 担保人 | 备注 |
| --- | --- | --- | --- | --- |
| 1880—1881 | 164 300 | 冯成 | 未那年奴·先拿·非难地担保。 | 以1年为期；限开16间；暂订合约。 |
| 1881—1882 | 147 000 | 冯成 | 压票银1万元；担保银2.5万元，担保人未那年奴·先拿·非难地。 | 明喊投充；以1年为期；限开16间；承充人违约导致废约重投则须补足成交差额；须立暂订合约。 |
| 1882—1883 | 154 100 | 何连旺 | 压票银1万元；担保银2.5万元，担保人未那年奴·先拿·非难地。 | 明喊投充；以1年为期；限开16间；承充人违约导致废约重投则须补足成交差额；先立暂订合约，继立实订合约。 |
| 1883—1884 | 140 000 | 美基、黄宏展 | 承充人以屋业契卷作按担保。 | 明喊投充；压票银1万元；限开16间。 |
| 1884—1885 | 172 100 | 黎才 | 承充人交出银3万元担保。 | 暗票投充；限开16间；投而不充则压票银充公。 |
| 1885—1886 | 130 000 | 卢九、黎才 | 陈六将其煮鸦片烟公司屋业交出作按担保。 | 暗票投充；15日内首10日不交规银导致合同作废则将担保银充公；限开16间。 |
| 1886—1887 | 125 000 | 卢九、林四、何连旺 | 承充人交现银1万元及物业值银2万元作按担保。 | 暗票投充；15日内首10日不纳规银导致合同作废担保银充公。 |
| 1887—1888 | 134 100 | 卢九、林士、何连旺 | 卢九、何连旺每人交出物业值银1万元担保，林士交出未那年奴·先拿·非难地担保银1万元。 | 明喊投充；15日内首10日不纳规银导致合同作废担保银充公。 |

（续上表）

| 年度 | 规银 | 承充人 | 担保人 | 备注 |
| --- | --- | --- | --- | --- |
| 1888—1889 | 125 000 | 卢九、林士、何连旺 | 未那年奴·先拿·非难地交出本身及物业以为担保。 | 明喊投充；15日内首10日不纳规银导致合同作废担保之银及物业充公。 |
| 1889—1890 | 145 000 | 卢九 | 男爵先拿·非难地交出本人及所有各物业担保。 | 以6年为期；奉葡国海事海外部电令准令承充；至期不纳规银导致合同作废担保之银及物业充公。承充人不遵合同须交银3万元入国课银库充公；承充规银每百元加抽2元，由承充人或担保人每月赴国课银库交纳，拨交议事公局。 |
| 1890—1891 | 145 000 | 卢九 | | |
| 1891—1892 | 145 000 | 卢九 | | |
| 1892—1893 | 145 000 | 卢九 | | |
| 1893—1894 | 145 000 | 卢九 | | |
| 1894—1895 | 145 000 | 卢九 | | |
| 1895—1896 | 150 000 | 卢九 | 先拿·非难地孀妇并其子女公司仍愿照先夫一律担保，将本身所有之产业够足担保之数按与政府，以担保该合同展限之期。 | 展限以6年为期；奉外务部尚书第41号来文部令；遵行1889年8月17日番摊合同章程。 |
| 1896—1897 | 150 000 | 卢九 | | |
| 1897—1898 | 150 000 | 卢九 | | |
| 1898—1899 | 150 000 | 卢九 | | |
| 1899—1900 | 150 000 | 卢九 | | |
| 1900—1901 | 150 000 | 卢九 | | |
| 1901—1902 | 387 500 | 刘展廷 | 压票银5 000元，若投而不充或出价低于所定底价压票银充公；以一年规银之三分之一作为担保银，承充人经将现银129 166元交存银库作为按柜银。 | 以5年9个月20天为期；开设摊馆不限间数；暗票投出至高底价再以明投产生至高价；奉西洋外洋大臣电令并当上谕所定之会员面前将暂订合同准为实订合同；过10日不纳规银导致合同作废则将所交担保银充公。 |
| 1902—1903 | 387 500 | 刘展廷 | | |
| 1903—1904 | 387 500 | 刘展廷 | | |
| 1904—1905 | 387 500 | 刘展廷 | | |
| 1905—1906 | 387 500 | 刘展廷 | | |
| 1906—1907 | 387 500 | 刘展廷 | | |

（续上表）

| 年度 | 规银 | 承充人 | 担保人 | 备注 |
| --- | --- | --- | --- | --- |
| 1907—1908 | 450 000 | 萧登、卢光裕 | 照上期承充价格十分之一交压票银38 750元，若投而不充或标书书写不合格即将压票银充公；交存每月规银之三分之一作为担保银。 | 以5年为期；当上谕所定之会员面前出投；以上期承充价387 500元为底价；开设摊馆不限间数；过10日不纳规银导致合同作废则将所交担保银充公。 |
| 1908—1909 | 450 000 | 萧登、卢光裕 | | |
| 1909—1910 | 450 000 | 萧登、卢光裕 | | |
| 1910—1911 | 450 000 | 萧登、卢光裕 | | |
| 1911—1912 | 450 000 | 萧登、卢光裕 | | |

资料来源：澳门历史档案馆藏《专营承充合同》。

### 03. 1874—1875年度至1910—1911年度氹仔番摊专营承充

单位：元

| 年度 | 规银 | 承充人 | 担保 | 备注 |
| --- | --- | --- | --- | --- |
| 1874—1875 | 5 810 | 何连胜、冯成 | 味哪年奴・些拿・啡能地 | 与鸦片烟膏一同承充 |
| 1875—1876 | 5 810 | 何连胜、冯成 | 味哪年奴・些拿・啡能地 | 与鸦片烟膏一同承充 |
| 1876—1877 | 7 380 | 何桂、冯成 | 美那年奴・先拿・肥难地 | 与鸦片烟膏一同承充 |
| 1877—1878 | 7 380 | 何桂、冯成 | 美那年奴・先拿・肥难地 | 与鸦片烟膏一同承充 |
| 1878—1879 | 7 380 | 冯成 | 味那年奴・先拿・肥难地 | 与鸦片烟膏一同承充 |

（续上表）

| 年度 | 规银 | 承充人 | 担保 | 备注 |
| --- | --- | --- | --- | --- |
| 1882—1883 | 8 800 | 卢九、胡衮臣 | 压票银 400 元；担保银 1 200元，由未那年奴·先拿·非难地担保。 | 以1年为期；与鸦片烟膏一同承充；过期不纳规银则每天按年纳规银8%罚银；若废约重投则要补足差价；烟馆间数足需，摊馆间数不定；准在氹仔海面设赌船四只。 |
| 1883—1884 | 9 250 | 卢九、胡衮臣 | 压票银 400 元；担保银 1 200元，由未那年奴·先拿·非难地担保。 | 以1年为期；与鸦片烟膏一同承充；过期不纳规银则每天按年纳规银8%罚银；若废约重投则要补足差价；烟馆间数足需，摊馆间数不定；准在氹仔海面设赌船四只。 |
| 1884—1885 | 10 900 | 黄桂芳 | 麦士美路·晏多你·利贝的阿士即鱼塘。 | 以1年为期；与鸦片烟膏一同承充；过期不纳规银则每天按年纳规银8%罚银；若废约重投则要补足差价。 |
| 1885—1886 | 9 320 | 卢九、胡衮臣 | 压票银400元，投准而不交担保则压票银充公；担保银1 500元，由未那年奴·先拿·非难地担保。 | 暗投承充，以1年为期；与鸦片烟膏一同承充；过期不纳规银则每天按年纳规银8%罚银；若废约重投则要补足差价；烟馆间数须足需，摊馆间数不定；准在氹仔海面设赌船四只。 |

（续上表）

| 年度 | 规银 | 承充人 | 担保 | 备注 |
| --- | --- | --- | --- | --- |
| 1886—1887 | 9 350 | 悠久堂 | 承充人交银 1 500 元贮公物会银库作为担保银。 | 以 1 年为期；与鸦片烟膏一同承充；过期不纳规银则每天按年纳规银 8% 罚银；若废约重投则要补足差价；烟馆间数须足需，摊馆间数不定；准在氹仔海面设赌船四只。 |
| 1887—1888 | 3 500 | 冯勤 | 压票银 200 元；担保银 800 元，由未那年奴·先拿·非难地担保。 | 番摊单独明投承充，以 1 年为期；至每月初三日不纳规银则每天按年纳规银 8% 罚银；若废约重投则要补足差价；摊馆间数不定；准在氹仔海面设赌船四只；须报明摊馆位置。 |
| 1888—1889 | 4 700 | 屈林 | 承充人交银 800 元贮在公物会银库以为担保。 | 番摊单独承充，以 1 年为期；至每月初三日不纳规银则每天按年纳规银 8% 罚银；若废约重投则要补足差价；摊馆间数不定；准在氹仔海面设摊船四只；须报明摊馆位置，摊馆迁址亦须报明。 |
| 1889—1890 | 4 100 | 张全 | 承充人交银 800 元贮在公物会银库以为担保。 | 番摊单独承充，以 1 年为期；至每月初三日不纳规银则每天按年纳规银 8% 罚银；若废约重投则要补足差价；摊馆间数不定；准在氹仔海面设摊船四只；须报明摊馆位置，摊馆迁址亦须报明。 |

（续上表）

| 年度 | 规银 | 承充人 | 担保 | 备注 |
| --- | --- | --- | --- | --- |
| 1890—1891 | 5 650 | 何昆 | 压票银100元，投准而不签暂立合约则压票银充公；须交担保银1 000元或交殷实担保人；何连旺为担保人。 | 暗投承充，以2年为期；暂立合约经督宪批准为实；每月尾日不纳银则按月纳规银5%罚银；若过三日不纳规银则任由督宪废约，担保银充公；重投差价亦要补足；摊馆间数不定；准在氹仔海面设摊船四只；须报明摊馆位置，摊馆迁址亦须报明。 |
| 1891—1892 | 5 650 | 何昆 | | |
| 1892—1893 | 2 950 | 陈槐堂 | 承充人将银983元存贮银库以为担保。 | 暗票投充，以2年为期；每月尾日不纳银则按月纳规银5%罚银；若过三日不纳规银则任由督宪废约，将压票银充公；重投差价亦要补足；摊馆间数不定；准在氹仔海面设摊船四只；须报明摊馆位置，摊馆迁址亦须报明。 |
| 1893—1894 | 2 950 | 陈槐堂 | | |
| 1894—1895 | 4 080 | 萧登 | 压票银200元，投得而不签暂立合约或不能交足担保银则将压票银充公；一年规银之三分之一为担保银；承充人预交出银1 360元以为担保。 | 当上谕所订公会暗票出投，以5年为期；每月尾日不纳银则按月纳规银5%罚银；若过三日不纳规银则任由督宪废约，将压票银充公；重投差价亦要补足；摊馆间数不定；准在氹仔海面设摊船四只；须报明摊馆位置，摊馆迁址亦须报明。 |
| 1895—1896 | 4 080 | 萧登 | | |
| 1896—1897 | 4 080 | 萧登 | | |
| 1897—1898 | 4 080 | 萧登 | | |
| 1898—1899 | 4 080 | 萧登 | | |

（续上表）

| 年度 | 规银 | 承充人 | 担保 | 备注 |
|---|---|---|---|---|
| 1899—1900 | 6 100 | 李镜荃 | 压票银200元，投得而不签暂立合约或不能补足担保银则将压票银充公；非难地孀妇及其子商行将银673元交存国课并呈出屋契一间以为担保。 | 当上谕所订公会暗票出投，以5年为期；投充之价以4 080元为底价；每月尾日不纳银则按月纳规银5%罚银；若过三日不纳规银则任由督宪废约，将按柜银充公；摊馆间数不定；所设摊船四只只准在氹仔海面下碇；须报明摊馆位置，摊馆迁址亦须报明。 |
| 1900—1901 | 6 100 | 李镜荃 | | |
| 1901—1902 | 6 100 | 李镜荃 | | |
| 1902—1903 | 6 100 | 李镜荃 | | |
| 1903—1904 | 6 100 | 李镜荃 | | |
| 1904—1905 | 6 300 | 胡达 | 压票银450元，标书不符书写格式或投得而不能补足担保银则将压票银充公；担保先用现银、承充后可换用产业作抵。 | 当上谕所订公会暗票出投，以5年为期；投充之价以4 250元为底价；1906年将合同作废重投。 |
| 1905—1906 | 6 300 | 胡达 | | |
| 1906—1907 | 2 900 | 杨一琴、洪照 | 压票银630元，标书不符书写格式或投得而不能补足担保银则将压票银充公。 | 先以6 300元为底价暗票出投不成，再以明喊出投，不限底价，于5月14日成交，由杨一琴、洪照以2 900元投得，承充以5年为期。 |
| 1907—1908 | 2 900 | 杨一琴、洪照 | | |
| 1908—1909 | 2 900 | 杨一琴、洪照 | | |
| 1909—1910 | 2 900 | 杨一琴、洪照 | | |
| 1910—1911 | 2 900 | 杨一琴、洪照 | | |

资料来源：澳门历史档案馆藏《专营承充合同》。

04. 1875—1876 年度至 1909—1910 年度路环番摊专营承充统计表

| 年度 | 规银 | 承充人 | 担保人 | 备注 |
|---|---|---|---|---|
| 1875—1876 | 4 250 | 冯成、宏展 | 味那年奴·先拿·肥难地 | 与鸦片烟膏一同承充 |
| 1876—1877 | 4 250 | 冯成、宏展 | | 与鸦片烟膏一同承充 |
| 1877—1878 | 3 500 | 何桂、冯成 | 味那年奴·先拿·非难地 | 与鸦片烟膏一同承充 |
| 1878—1879 | 3 500 | 何桂、冯成 | 味那年奴·先拿·非难地 | 与鸦片烟膏一同承充 |
| 1882—1883 | 4 650 | 黎才 | 未那年奴·先拿·非难地。 | 以 2 年为期；与鸦片烟膏一同承充；过期不纳银则每天按月纳规银之 12% 罚银；若废约重投则要补足差价。 |
| 1883—1884 | 4 650 | 黎才 | | |
| 1884—1885 | 6 000 | 黎才 | 压票银 200 元；未那年奴·先拿·非难地。 | 明喊投充，以 2 年为期；与鸦片烟膏一同承充；过期不纳银则每天按月纳规银之 12% 罚银；若废约重投则要补足差价。 |
| 1885—1886 | 6 000 | 黎才 | | |
| 1886—1887 | 5 500 | 何碧云 | 未那年奴·先拿·非难地。 | 以 2 年为期；与鸦片烟膏一同承充；过期不纳银则每天按月纳规银之 12% 罚银；若废约重投则要补足差价。 |
| 1887—1888 | 5 500 | 何碧云 | | |
| 1888—1889 | 2 650 | 杨佐 | 未那年奴·先拿·非难地。 | 番摊单独投充，以 2 年为期；过期不纳银则每天按月纳规银之 12% 罚银；若废约重投则要补足差价。 |
| 1889—1890 | 2 650 | 杨佐 | | |
| 1890—1891 | 3 700 | 王灿 | 压票银 100 元，若投准而不签暂立合约则压票银充公；男爵非难地夫妻交出物业担保。 | 暗票投充；以 2 年为期；暂立合约须交担保人或贮银 1 000 元；暂立合约经督宪批准为实约；每月尾日不纳银则按月纳规银 5% 罚银；过 3 日仍不纳银则将合约作废，将担保银充公，若重投须补足差价。 |
| 1891—1892 | 3 700 | 王灿 | | |

（续上表）

| 年度 | 规银 | 承充人 | 担保人 | 备注 |
|---|---|---|---|---|
| 1892—1893 | 2 820 | 沈泽英、何显华 | 承充人交出银 940 元以为担保。 | 以 3 年为期；每月尾日不纳银则按年规银每百元罚 6 元；过 3 日仍不纳银则合约作废将担保银充公，若重投须补足差价。 |
| 1893—1894 | 2 820 | 沈泽英、何显华 | | |
| 1894—1895 | 2 820 | 沈泽英、何显华 | | |
| 1895—1896 | 2 900 | 萧登 | 压票银 100 元，若投得而不签暂立合约或不能补足一年规银之三分之一作为担保则压票银充公；交出何连旺名下屋契一间作按担保。 | 暗票出投，以 5 年为期；每月尾日不纳银则按年规银每百元罚 6 元；过 3 日仍不纳银则合约作废将担保银充公，若重投须补足差价。 |
| 1896—1897 | 2 900 | 萧登 | | |
| 1897—1898 | 2 900 | 萧登 | | |
| 1898—1899 | 2 900 | 萧登 | | |
| 1899—1900 | 2 900 | 萧登 | | |
| 1900—1901 | 4 255 | 刘耀森 | 承充人将每年规银之三分之一即1 418 元交存国课银库作为担保。 | 以 5 年为期；每月尾日不纳银则按年规银每百元罚 6 元；过 3 日仍不纳银则合约作废将担保银充公，若重投须补足差价。 |
| 1901—1902 | 4 255 | 刘耀森 | | |
| 1902—1903 | 4 255 | 刘耀森 | | |
| 1903—1904 | 4 255 | 刘耀森 | | |
| 1904—1905 | 4 255 | 刘耀森 | | |
| 1905—1906 | 3 585 | 待考 | 压票银 450 元，所投之票书写不合格或投得而不能交足担保银则压票银充公。 | 暗票出投，以 5 年为期；出投之价以 4 255 元为底价，同票至高再行明喊；准予承充者须立即交足担保银并签暂立合同。 |
| 1906—1907 | — | 待考 | | |
| 1907—1908 | 3 500 | 待考 | | |
| 1908—1909 | 3 498 | 待考 | | |
| 1909—1910 | 3 498 | 待考 | | |

资料来源：澳门历史档案馆藏《专营承充合同》。注释：表内后五个年度的合同资料暂缺，承充规银数据系根据路环政务厅赌税收入的资料补入（参见附录之10）。

## 05. 博彩专营收入与财政总收入预算对照表

| 财政年度 | 番摊 | 白鸽票 | 闱姓票 | 财政总收入 | 博彩收入占财政总收入的比重（%） |
|---|---|---|---|---|---|
| 1852—1853 | 8 640 | 4 320 | — | 35 668 | 36. 34 |
| 1857—1858 | 12 060 | 11 700 | — | 80 925 | 29. 36 |
| 1858—1859 | 12 060 | 21 600 | — | 103 159 | 32. 63 |
| 1859—1860 | 84 000 | 21 600 | — | 181 137 | 58. 30 |
| 1860—1861 | 84 480 | 20 760 | — | 191 716 | 54. 89 |
| 1861—1862 | 94 200 | 29 220 | — | 218 151 | 56. 58 |
| 1862—1863 | 70 000 | 29 220 | — | 195 421 | 50. 77 |
| 1866—1867 | 94 860 000 | 29 376 000 | — | 227 498 089 | 54. 61 |
| 1867—1868 | 94 860 000 | 29 376 000 | — | 237 746 792 | 52. 26 |
| 1874—1875 | 127 500 000 | 49 500 000 | — | 358 181 000 | 49. 42 |
| 1875—1876 | 132 642 500 | 54 513 333 | — | 341 947 333 | 54. 73 |
| 1882—1883 | 130 000 000 | 37 995 000 | 181 333 000 | 506 807 000 | 68. 93 |
| 1883—1884 | 130 000 000 | 37 995 000 | 181 333 000 | 508 507 000 | 68. 70 |
| 1884—1885 | 130 000 000 | 37 995 000 | 300 600 000 | 627 774 000 | 74. 64 |
| 1885—1886 | 110 500 000 | 44 540 000 | 100 000 000 | 428 430 500 | 59. 53 |
| 1887—1888 | 119 260 000 | 38 250 000 | 30 600 000 | 365 615 500 | 51. 45 |
| 1888—1889 | 106 250 000 | 38 250 000 | 30 600 000 | 364 429 500 | 48. 05 |
| 1889—1890 | 106 250 000 | 38 250 000 | 30 600 000 | 364 429 500 | 48. 05 |
| 1890—1891 | 126 516 000 | 45 000 000 | 36 000 000 | 429 060 000 | 48. 37 |
| 1893—1894 | 123 000 000 | 43 000 000 | 51 000 000 | 530 545 000 | 40. 90 |
| 1894—1895 | 92 800 000 | 32 640 000 | 38 400 000 | 413 836 160 | 39. 59 |
| 1896—1897 | 96 000 000 | 33 024 000 | 38 400 000 | 424 434 400 | 39. 45 |
| 1898—1899 | 96 000 000 | 47 936 000 | 38 400 000 | 433 575 360 | 42. 05 |
| 1899—1900 | 96 000 000 | 47 936 000 | 38 400 000 | 441 378 560 | 41. 31 |
| 1901—1902 | 222 666 880 | 47 936 000 | 38 400 000 | 627 534 080 | 49. 24 |

资料来源：*Boletim Official*, Vol. VIII, 1853, p. 106; Vol. IV, 1858, p. 166; Vol. V, 1859, p. 158; Vol. VI, 1860, p. 174; Vol. VII, 1861, p. 147; Vol. VIII, 1862, p. 177; Vol. IX, 1863, p. 185; Vol. XII, 1866, Supplemento ao N. ° 48; Vol. XIII, 1867, Supplemento ao N. ° 39; Vol. XX, 1874, Supplemento ao N. ° 26; Vol. XXI, 1875, Supplemento ao N. ° 31; Vol. XXIX, 1883, p. 135; Vol. XXX, 1884, p. 41; Vol. XXXI, 1885, p. 51; Vol. XXXII, 1886, p. 107; Vol. XXXIV, 1888, p. 99; Vol. XXXV, 1889, pp. 65, 257; Vol. XXXVI, 1890, p. 294; Vol. XXXIX, 1893, pp. 445 - 446; Vol. XL, 1894, pp. 453 - 454; Vol. XLII, 1896, p. 462; Vol. XLIV, 1898, p. 336; Vol. XLVI,

1900, p. 26; Vol. I, 1901, p. 256.

作者注：①1852—1853年度单位为“两”，1857—1858至1862—1863年度单位为“元”，1866—1867年度以后各年度单位为“厘士”；②1902—1903年度以下各年度，因仅有预算分类收入而未找到项目数据，本表不拟收入。③1867—1868、1874—1875、1875—1876三个年度预算内未列入闱姓票收入。

## 06. 1850—1851年度至1878—1879年度澳门博彩收入与财政总收入对照表

单位：元

| 财政年度 | 番摊 | 白鸽票 | 闱姓票 | 财政总收入 | 博彩收入占财政总收入的比重（%） |
|---|---|---|---|---|---|
| 1850—1851 | 11 900 | 5 260 | — | 131 589 | 13. 04 |
| 1851—1852 | 12 000 | 6 000 | — | 119 515 | 15. 06 |
| 1852—1853 | 9 720 | 3 840 | — | 95 839 | 14. 15 |
| 1853—1854 | 10 920 | 5 400 | — | 109 115 | 14. 95 |
| 1854—1855 | 10 200 | 5 400 | — | 134 330 | 11. 61 |
| 1855—1856 | 12 060 | 11 700 | — | 148 500 | 16. 00 |
| 1856—1857 | 12 060 | 11 700 | — | 123 118 | 19. 30 |
| 1857—1858 | 23 940 | 21 600 | — | 176 934 | 25. 74 |
| 1858—1859 | 84 000 | 20 760 | — | 226 433 | 46. 27 |
| 1859—1860 | 84 480 | 29 220 | — | 249 214 | 45. 62 |
| 1860—1861 | 94 200 | 38 160 | — | 244 886 | 54. 05 |
| 1861—1862 | 74 880 | 28 080 | — | 231 892 | 44. 40 |
| 1862—1863 | 78 960 | 26 400 | — | 223 384 | 47. 17 |
| 1863—1864 | 91 800 | 32 640 | — | 238 318 | 52. 22 |
| 1864—1865 | 110 880 | 34 560 | — | 285 008 | 51. 03 |
| 1865—1866 | 111 600 | 34 500 | — | 307 153 | 47. 57 |
| 1866—1867 | 126 720 | 44 760 | — | 326 471 | 52. 53 |
| 1867—1868 | 126 840 | 45 600 | 1 600 | 375 502 | 46. 35 |
| 1868—1869 | 123 600 | 48 000 | 1 600 | 366 029 | 47. 32 |
| 1869—1870 | 120 000 | 42 000 | 3 000 | 385 875 | 42. 76 |
| 1870—1871 | 117 600 | 42 000 | 3 000 | 394 059 | 41. 26 |
| 1871—1872 | 133 200 | 41 280 | 3 000 | 407 932 | 43. 51 |
| 1872—1873 | 169 800 | 41 280 | 18 533 | 487 209 | 47. 13 |
| 1873—1874 | 150 000 | 46 800 | 18 533 | 434 033 | 49. 61 |
| 1874—1875 | 156 050 | 46 800 | 18 533 | 373 806 | 59. 22 |
| 1875—1876 | 100 100 | 34 200 | 43 767 | 464 795 | 38. 31 |
| 1876—1877 | 141 000 | 34 200 | 43 767 | 378 462 | 57. 86 |
| 1877—1878 | 112 981 | 47 000 | 43 767 | 502 100 | 40. 58 |
| 1878—1879 | 139 200 | 47 000 | 133 667 | 405 926 | 78. 80 |

译自 *Boletim Official*, Vol. V, N.º 30, 21-05-1859, p. 117; Vol. XXV, N.º 35, 30-08-1879, p. 197; Vol. XXV, Supplemento ao N.º 40, 08-10-1879, p. 243. 1850—1851 年度百鸽票收入数据取自《澳门宪报》1853 年第 26 号，原为“两”，已按“七二兑”换算为“元”。表内数据小数点部位四舍五入。

## 07. 1879—1880 年度至 1898—1899 年度澳门博彩收入与财政总收入对照表

单位：厘士

| 财政年度 | 番摊 | 白鸽票 | 闱姓票 | 财政总收入 | 博彩收入占财政总收入的比重（%） |
|---|---|---|---|---|---|
| 1879—1880 | 110 160 000 | 37 995 000 | 113 616 666 | 419 211 170 | 62.44 |
| 1880—1881 | 139 655 000 | 37 995 000 | 113 616 666 | 441 311 132 | 66.00 |
| 1881—1882 | 124 950 000 | 37 995 000 | 181 333 333 | 567 015 011 | 60.72 |
| 1882—1883 | 130 985 000 | 37 995 000 | 181 333 333 | 519 835 879 | 67.39 |
| 1883—1884 | 119 000 000 | 44 540 000 | 181 333 333 | 522 495 045 | 66.01 |
| 1884—1885 | 146 285 000 | 44 540 000 | 300 616 666 | 697 263 058 | 70.48 |
| 1885—1886 | 110 500 000 | 34 000 000 | 30 600 000 | 428 430 500※ | 40.87 |
| 1886—1887 | 106 958 324 | 33 999 984 | 21 250 000 | 321 859 497 | 50.40 |
| 1887—1888 | 112 695 832 | 36 302 076 | 30 600 000 | 355 754 558 | 50.48 |
| 1888—1889 | 107 539 160 | 38 250 000 | 30 600 000 | 357 550 433 | 49.33 |
| 1889—1890 | 120 416 651 | 38 250 000 | 30 600 000 | 355 577 600 | 53.23 |
| 1890—1891 | 123 250 078 | 38 250 000 | 32 772 330 | 377 387 500 | 51.48 |
| 1891—1892 | 123 249 984 | 38 250 000 | 33 999 996 | 383 377 113 | 50.99 |
| 1892—1893 | 123 249 984 | 41 288 750 | 42 965 747 | 427 318 477 | 48.56 |
| 1893—1894 | 123 000 000 | 43 860 000 | 43 350 000 | 530 545 000 | 39.62 |
| 1894—1895 | 92 800 000 | 33 024 000 | 37 328 640 | 473 158 400 | 34.48 |
| 1898—1899 | 96 000 000 | 47 936 000 | 38 400 000 | 433 575 000 | 42.28 |

译自 *Boletim Official*, Vol. XXXII, N.º 32. 12-08-1886, p. 306; Vol. XXXVIII, N.º 12. 24-03-1892, p. 86; Vol. XXXIX, N.º 48. 02-12-1893, p. 542; Vol. XL, N.º 1. 18-01-1894, p. 5; Vol. XLIV, N.º 46, 1898, p. 431; Provincia de Macau, *Relatorio do Governo de 1911*, Macau: Imprensa Official, 1912.

作者注：※为预算数据（*Boletim Official*, Vol. XXXII, Supplemento ao N.º 13. 01-04-1886, p. 107.）；原表内 1893—1894、1898—1899 年度彩票收入为综合数据，现据有关合同分别补入具体数据。

08. 1900—1901 年度至 1910—1911 年度澳门博彩收入与财政总收入对照表

单位：厘士

| 财政年度 | 番摊 | 中式彩票（白鸽票、闱姓票、山票、签铺票等） | 财政总收入 | 博彩收入占财政总收入的比重（%） |
|---|---|---|---|---|
| 1900—1901 | 96 000 000 | 76 333 000 | 473 087 000 | 36. 43 |
| 1901—1902 | 222 666 000 | 86 333 000 | 599 356 561 | 51. 56 |
| 1902—1903 | 248 000 000 | 86 336 000 | 659 815 585 | 50. 67 |
| 1903—1904 | 214 415 000 | 111 024 000 | 695 481 000 | 46. 79 |
| 1904—1905 | 206 048 000 | 109 388 000 | 685 781 000 | 46. 00 |
| 1905—1906 | 221 078 000 | 93 288 000 | 632 000 000 | 49. 74 |
| 1906—1907 | 214 112 000 | 94 463 000 | 665 883 000 | 46. 34 |
| 1907—1908 | 236 330 000 | 67 403 000 | 711 091 000 | 42. 71 |
| 1908—1909 | 256 580 910 | 77 557 697 | 662 165 729 | 50. 46 |
| 1909—1910 | 243 001 910 | 80 460 000 | 599 902 804 | 53. 92 |
| 1910—1911 | 217 687 000 | 70 638 000 | 529 713 000 | 54. 43 |

录自 Provincia de Macau, *Relatorio do Governo de 1911*, Macau: Imprensa Official, 1912.

作者注：原表内 1901—1902、1902—1903 年度财政总数收入数据为预算，现据《澳门宪报》刊登的数据改为决算实收数据（参见 *Boletim Official*, Vol. IV, Supplemento ao N. º 47. 23 - 11 - 1904, p. 405.）；1908—1909、1909—1910 年度按照《澳门宪报》刊登的数据重新核算（参见 *Boletim Official*, Vol. X, N. º 48. 26 - 11 - 1910, p. 416.）。

## 09. 1847—1848 年度至 1910—1911 年度澳门财政支出主要结构分布表

| 财政年度 | 行政管理 | 财政管理 | 司法管理 | 军事开支 | 海军基地或海事管理 | 五项合占总支出的比重（%） | 财政总支出 |
|---|---|---|---|---|---|---|---|
| 1847—1848 | 10 297 | — | — | 20 362 | — | 65.9 | 46 515 |
| 1848—1849 | 11 917 | — | — | 24 491 | — | 69.5 | 52 398 |
| 1849—1850 | 11 368 | — | — | 30 773 | — | 68.7 | 61 335 |
| 1850—1851 | 5 276 | 3 008 | 2 334 | 27 942 | 39 565 | 79.2 | 98 641 |
| 1851—1852 | 6 162 | 3 564 | 2 206 | 22 089 | 24 299 | 70.1 | 83 154 |
| 1852—1853 | 5 972 | 3 847 | 2 646 | 20 004 | 9 549 | 63.9 | 65 780 |
| 1854—1855 | 9 884 | 4 663 | 3 461 | 30 249 | 32 414 | 66.7 | 120 903 |
| 1855—1856 | 15 918 | 4 303 | 3 506 | 32 635 | 37 464 | 74.4 | 126 094 |
| 1856—1857 | 15 311 | 4 743 | 3 693 | 31 949 | 25 766 | 75.7 | 107 623 |
| 1857—1858 | 10 992 | 5 489 | 3 702 | 51 607 | 31 290 | 67.1 | 153 721 |
| 1858—1859 | 14 133 | 5 960 | 3 982 | 46 145 | 25 326 | 72.8 | 131 172 |
| 1859—1860 | 25 621 | 5 764 | 4 113 | 50 896 | 51 176 | 59.5 | 231 189 |
| 1860—1861 | 34 073 | 5 814 | 4 665 | 44 936 | 30 284 | 64.4 | 186 029 |
| 1861—1862 | 23 805 | 5 963 | 3 991 | 51 466 | 46 331 | 45.1 | 285 249 |
| 1862—1863 | 22 288 | 5 782 | 4 434 | 49 182 | 89 450 | 62.5 | 273 753 |
| 1866—1867 | 24 053 | 6 294 | 5 578 | 57 044 | 13 430 | 62.1 | 172 200 |
| 1872—1873 | 83 116 | 6 098 | 12 262 | 98 929 | 31 095 | 74.5 | 308 151 |
| 1873—1874 | 85 986 | 5 904 | 12 370 | 111 708 | 30 267 | 66.8 | 368 451 |
| 1874—1875 | 130 924 | 6 416 | 12 702 | 70 909 | 32 861 | 70.4 | 360 048 |
| 1875—1876 | 149 833 | 8 140 | 15 730 | 78 101 | 43 611 | 63.7 | 463 519 |
| 1876—1877 | 124 159 | 6 643 | 9 755 | 50 223 | 31 068 | 61.7 | 359 668 |
| 1877—1878 | 100 239 | 7 491 | 9 488 | 47 239 | 22 403 | 45.5 | 410 929 |
| 1878—1879 | 121 200 | 8 130 | 10 481 | 49 910 | 42 133 | 65.2 | 355 556 |
| 1879—1880 | 121 334 | 8 517 | 9 457 | 68 203 | 35 855 | 63.1 | 385 916 |
| 1880—1881 | 122 646 | 8 587 | 8 272 | 59 182 | 31 381 | 62.2 | 369 874 |
| 1881—1882 | 133 791 | 9 809 | 10 623 | 71 419 | 35 101 | 55.5 | 469 657 |
| 1882—1883 | 158 753 | 9 005 | 8 752 | 64 640 | 36 202 | 56.7 | 489 383 |
| 1883—1884 | 138 651 | 8 612 | 7 485 | 82 441 | 36 155 | 61.9 | 441 245 |
| 1884—1885 | 140 324 | 8 944 | 9 783 | 75 901 | 33 697 | 60.2 | 445 750 |
| 1885—1886 | 157 496 | 13 861 | 13 818 | 122 177 | 41 219 | 74.8 | 466 172 |
| 1887—1888 | 169 208 | 14 584 | 13 818 | 133 214 | 43 646 | 73.1 | 512 110 |
| 1888—1889 | 171 962 | 16 545 | 13 818 | 132 291 | 44 217 | 73.1 | 517 987 |

（续上表）

| 财政年度 | 行政管理 | 财政管理 | 司法管理 | 军事开支 | 海军基地或海事管理 | 五项合占总支出的比重（%） | 财政总支出 |
|---|---|---|---|---|---|---|---|
| 1889—1890 | 171 962 | 20 428 | 13 818 | 134 191 | 44 217 | 72.9 | 527 558 |
| 1890—1891 | 141 133 | 23 209 | 13 818 | 134 836 | 14 717 | 77.4 | 423 496 |
| 1893—1894 | 140 635 | 25 692 | 13 818 | 98 563 | 18 059 | 75.4 | 393 413 |
| 1894—1895 | 158 088 | 25 124 | 12 048 | 95 166 | 17 820 | 69.6 | 442 827 |
| 1896—1897 | 89 778 | 16 423 | 6 968 | 97 003 | 9 545 | 70.0 | 313 665 |
| 1898—1899 | 15 739 | 14 835 | 7 082 | 92 978 | 29 604 | 41.2 | 388 929 |
| 1900—1901 | 16 526 | 16 833 | 7 083 | 95 421 | 30 989 | 39.3 | 425 000 |
| 1901—1902 | 16 200 | 13 996 | 7 603 | 110 000 | 35 557 | 43.0 | 426 341 |
| 1902—1903 | 21 410 | 14 491 | 7859 | 138 829 | 35 701 | 49.0 | 445 687 |
| 1903—1904 | 18 545 | 16 630 | 7 859 | 187 294 | 38 041 | 55.2 | 486 272 |
| 1904—1905 | 19 950 | 15 831 | 8 380 | 176 859 | 36 352 | 57.4 | 448 347 |
| 1905—1906 | 21 856 | 17 592 | 8 380 | 191 013 | 36 000 | 57.8 | 475 273 |
| 1906—1907 | 22 924 | 17 716 | 5 920 | 201 665 | 42 894 | 55.0 | 529 368 |
| 1907—1908 | 24 522 | 20 584 | 8 620 | 195 352 | 41 419 | 64.2 | 452 203 |
| 1908—1909 | 24 483 | 22 692 | 8 620 | 178 427 | 42 493 | 40.8 | 678 040 |
| 1909—1910 | 24 533 | 23 852 | 8 620 | 179 987 | 53 170 | 45.4 | 639 136 |
| 1910—1911 | 24 879 | 23 502 | 8 620 | 197 531 | 53 170 | 48.3 | 636 450 |

资料来源：*Boletim Official*, Vol. III, 1848, pp. 67 - 68; Vol. IV Anno, 1849, p. 79; Vol. 6, 1851, p. 37; Vol. VIII, 1853, p. 105; Vol. IV, 1858, 167; Vol. V, 1859, p. 159; Vol. VI, 1860, p. 175; Vol. VII, 1861, p. 146; Vol. VIII, 1862, p. 176; Vol. IX, 1863, p. 184; Vol. XII, 1866, Supplemento ao N.º 48; Vol. XXXII, 1886, p. 103; Vol. XXXII, 1886, p. 307; Vol. XXXIV, 1888, p. 95; Vol. XXXV, 1889, p. 62; Vol. XXXV, 1889, p. 259; Vol. XXXVI, 1890, p. 295; Vol. XXXIX, 1893, pp. 447 - 461; Vol. XL, 1894, pp. 455 - 470; Vol. XLII, 1896, pp. 464 - 476; Provincia de Macau, *Relatorio do Governo de 1911*, Macau: Imprensa Official, 1912.

作者注：1847—1848 年度至 1852—1853 年度单位为“两”；1854—1855 年度至 1862—1863 年度单位为“元”；1866—1867 年度为预算，单位为“1 000 厘士”；1872—1873 年度至 1884—1885 年度单位为“1 000 厘士”；1885—1886 年度至 1896—1897 年度为预算，内含帝汶，单位为“1 000 厘士”。1898—1899 年度以后为决算数据，不含帝汶，单位为“1 000 厘士”。1907—1908 年度财政总支出原表有误，现重新核算为“452 203”。

## 10. 澳门政务厅与路环氹仔政务厅的赌饷收入

### A. 澳门议事公局得自博彩专营的收入

单位：元

| 年度 | 番摊赌博 | 白鸽票 | 闱姓票 | 合计 | 资料出处 |
|---|---|---|---|---|---|
| 1889—1890 | 2 416.70 | — | — | 2 416.70 | BO, 1890, p. 404. |
| 1890—1891 | 2 899.98 | — | — | 2 899.98 | BO, 1891, p. 388. |
| 1891—1892 | 2 899.95 | — | — | 2 899.95 | BO, 1892, p. 485. |
| 1892—1893 | 2 658.34 | — | — | 2 658.34 | BO, 1893, p. 440. |
| 1893—1894 | 2 899.97 | — | — | 2 899.97 | BO, 1894, p. 622. |
| 1894—1895 | 2 819.46 | 1 032.00 | 1 055.54 | 4 907.00 | BO, 1896, p. 96. |
| 1895—1896 | 2 983.34 | 1 032.00 | 1 200.00 | 5 215.34 | BO, 1897, p. 3. |
| 1897—1898 | 3 000.00 | 1 080.01 | 1 200.00 | 5 280.01 | BO, 1898, p. 482. |
| 1898—1899 | 3 000.00 | 1 498.00 | 1 200.00 | 5 698.00 | BO, 1899, p. 441. |
| 1899—1900 | 3 000.00 | 1 498.00 | 1 200.00 | 5 698.00 | BO, 1903, p. 2. |
| 1900—1901 | 3 000.00 | 1 498.00 | 1 200.00 | 5 698.00 | BO, 1903, p. 9. |
| 1901—1902 | 7 040.20 | 1 493.00 | 1 196.00 | 9 729.20 | BO, 1903, p. 40. |
| 1902—1903 | 7 550.00 | 1 556.66 | 1 206.02 | 10 312.68 | BO, 1903, p. 332. |
| 1903—1904 | 7 750.00※ | 2 904.00※ | 1 208.00※ | 11 862.00 | BO, 1903, p. 228. |
| 1905 | 7 750.00 | 2 808.00 | 1 006.60 | 11 564.60 | BO, 1906, p. 198. |
| 1906 | 7 749.88 | 3 324.00 | 291.65☆ | 11 365.53 | BO, 1907, p. 150. |
| 1907 | 9 072.83 | 2 849.49# | 705.01☆ | 12 627.33 | BO, 1908, p. 262. |
| 1908 | 8 950.03 | 2 645.75# | 339.96☆ | 11 935.74 | BO, 1909, p. 394. |
| 1909 | 9 000.00 | 2 539.92# | 178.33☆ | 11 718.25 | BO, 1910, p. 318. |
| 1910 | 9 000.00 | 2 539.93# | 510.00☆ | 12 049.93 | BO, 1911, p. 451. |
| 1911 | 9 000.00 | 2 381.21# | 282.5☆ | 11 663.71 | BO, 1912. p. 381. |

注：①BO 即 *Boletim Official*；②※为预算；#含山票；☆含签铺票。

B. 氹仔路环政务厅得自番摊赌博①专营的收入

单位：元

| 年度 | 氹仔番摊 | 路环番摊 | 合计 | 资料出处 |
|---|---|---|---|---|
| 1895—1896 | 68.00 | 53.13 | 121.13 | BO, 1897, p. 27. |
| 1897—1898 | 88.40 | 62.79 | 151.19 | BO, 1898, p. 415. |
| 1898—1899 | 81.60 | 57.96 | 139.56 | BO, 1899, p. 322. |
| 1903—1904 | 122.00 | 85.10 | 207.10※ | BO, 1903, p. 215. |
| 1905 | 115.50 | 71.73 | 187.23 | BO, 1906, p. 203. |
| 1907 | 58.00 | 70.00 | 128.00※ | BO, 1906, p. 502. |
| 1908 | 57.96 | 69.96 | 127.92 | BO, 1909, p. 396. |
| 1909 | 57.96 | 69.96 | 127.92 | BO, 1910, p. 103. |
| 1910 | 57.96 | 56.64 | 114.60 | BO, 1911, p. 267. |
| 1911 | 70.31 | 4.60 | 74.91 | BO, 1912, p. 220. |

※为预算数据。

① 两个离岛的彩票销售已并入澳门彩票专营，故该政务厅仅有番摊专营税收。——作者注。

# 参考文献

## 一、档案文献


1.《澳门宪报》(*Boletim Official*)

*Boletim do Governo da Provincia de Macau, Timor e Solor*, 08 – 01 – 1846 a 06 – 12 – 1856

澳门历史档案馆馆藏缩微胶卷编号: 第 C0689—C0690 号

*Boletim do Governo de Macau*, 13 – 12 – 1856 a 11 – 02 – 1867

澳门历史档案馆馆藏缩微胶卷编号: 第 C0690 号

澳门中央图书馆缩微胶卷编号: 第 23—25 卷

*Boletim do Governo de Macau e Timor*, 18 – 02 – 1867

澳门中央图书馆缩微胶卷编号: 第 25 卷

*Boletim da Provincia de Macau e Timor*, 25 – 02 – 1867 a 26 – 12 – 1890

澳门中央图书馆缩微胶卷编号: 第 25、28—30、32—34、97—98、34—35 卷

*Boletim Official do Governo da Provincia de Macau e Timor*, 02 – 01 – 1891 a 31 – 12 – 1896

澳门中央图书馆缩微胶卷编号: 第 37—41 卷

*Boletim Official do Governo da Provincia de Macau*, 31 – 12 – 1896 a 28 – 12 – 1912

澳门中央图书馆缩微胶卷编号: 第 41—43、49—55 卷

2. 澳门历史档案馆馆藏财政局文献 (A. H. M. /Finanças)

A. H. / F / N.° 422. Mic. A0585 – A0586

A. H. / F / N. ° 423. Mic. A0586

A. H. / F / N. ° 424. Mic. A0586 – A0587

A. H. / F / N. ° 425. Mic. A0587

A. H. / F / N. ° 426. Mic. A0587

A. H. / F / N. ° 431. Mic. A0588

A. H. / F / N. ° 432. Mic. A0589

A. H. / F / N. ° 433. Mic. A0589

A. H. / F / N. ° 434. Mic. A0589

A. H. / F / N. ° 435. Mic. A0590

A. H. / F / N. ° 436. Mic. A0590

A. H. / F / N. ° 437. Mic. A0590

**3. 海外历史档案馆馆藏澳门—帝汶文献**（A. H. U.，Macau – Timor）

SEMU / DGU / 1R / 002 / Cx. 0001, Governo da Provincia de Macau e Timor, Expediente Geral, N. ° 257 – N. ° 259. Mic. C0727

SEMU / DGU / 2R / 002 / Cx. 0001, Administração da Fazenda, 1879 – 1885, Expediente Geral, N. ° 59, N. ° 151, N. ° 133, N. ° 120. Mic. C0754

SEMU / DGU / 2R / 002 / Cx. 0002, Administração da Fazenda, 1879 – 1885, Expediente Geral. Mic. C0756

SEMU / DGU / 2R / 002 / Cx. 0002, Administração da Fazenda, 1886 – 1889, Expediente Geral. Mic. C0757

**4. 其他**

Carlos José Caldeira, "O Jogo do Latão, a Lotaria Chinesa, e os Edifícios Públicos em Macau", in Carlos Pinto Santos e Olando Neves (eds.), *De Longe à China: Macau na Historiografia e na Literatura Portuguesas*, Tomo II, Macau: Instituto Cultural de Macau, 1988.

Provincia de Macau, *Relatorio do Governo 1911*, Macao, Imprensa Nacional, 1912.

徐珂编撰：《清稗类钞》（第 10 册），北京：中华书局，1986 年标点本。

第一历史档案馆等编：《澳门历史问题档案文献汇编》（第2—6册），北京：人民出版社，1999年版。

汤开建、吴志良主编：《〈澳门宪报〉中文资料辑录（1850—1911）》，澳门：澳门基金会，2002年版。

## 二、研究论著

Colomban, Eudore de, *Resumo da História de Macau*, Macau: Jacinto José do Nascimento Moura, 1927.

Cónim, Custódio N. P. S. e Maria Fernanda Bragança Teixeira, *Macau e a Sua População 1500 - 2000: Aspectos Demográficos, Sociais e Económicos*, Macau, Direcção dos Serviços de Estatistica e Censos de Macau, 1999.

Gomes, Luis Gonzaga, *Efemérides da História de Macau*, Macau: Colecção Notícias de Macau, 1954.

Inso, Jaime de, *Macau: A Mais Antiga Colónia Europeia Extremo Oriente*, Macau: Escola Tipográfia do Orfanato, 1930.

Jesus, C. A. Montalto de, *Macau Histórico*, Macau: Primeira Edição Portuguesa de Versão Appreendida em 1926, Livros do Oriente, 1990.

Lessa, Almerindo, *A História e os Homens da Primeira República Democrática do Oriente*, Macau: Imprensa Nacional, 1974.

Machado, Álvaro de Melo, *Coisas de Macau*, Fac-simile da 1.ª Edição de 1913, Macau, Editora Multimédia Lda, 1997.

Marques, A. H. de Oliveira s (dir.), *História dos Portugueses no Extremo Oriente*, 3.º Volume, Macau e Timor: Do Antigo Regime à República, Lisboa: Fundação Oriente, 2000.

Pinto, A., "Gambling in Macau", in D. Cremer (ed.), *Macau: City of Commerce and Cultura*, Hong Kong: UEA Press Ltd., 1987.

Pires, Benjamim Videira, S. J., *Os Extremos Conciliam-se (Transculturação em Macau)*, Macau: Instituto Cultural de Macau, 1988.

Quental, Luis, "O Fantan em Macau no Século XIX", in *Macau*, II Série, N.º 4, Agosto 1992.

Silva, Beatriz Basto da, *Cronologia da História de Macau*, 3.º Volume, Século XIX, Macau: Direcção dos Serviços de Educação e Juvetude de Macau, 1995.

赵利峰、胡根著:《晚清澳门博彩业的兴起与发展》, 吴志良、金国平、汤开建主编:《澳门史新编》(第三册), 澳门: 澳门基金会, 2008年版。

张廷茂著:《晚清澳门专营制度探源》,《文化杂志》中文版第71期, 澳门文化局2009年夏季刊。

胡根著:《澳门近代博彩业史》, 广州: 广东人民出版社, 2009年版。

邓开颂著:《澳门历史(1840—1945)》, 澳门: 澳门历史学会, 1995年版。

郭双林、箫梅花著:《中国赌博史》, 台北: 文津出版社, 1996年版。

鲁言著:《香港赌博史》, 香港: 广角镜出版社, 1978年版。

# 后记

这本书的写作缘于一个很偶然的机会。

2007年以前，我对澳门历史的研究仅限于鸦片战争前的古代部分，尤其集中于澳门海上贸易史。虽然多年来也有一个将研究时段延伸至晚清、完成一部完整的“明清时期澳门海上贸易史”的念头，但一直没有机会付诸行动。2007年7月，澳门特区政府文化局批准了我申请的学术研究奖励课题“晚清澳门海上贸易研究”。这一立项资助使我有机会也有动力来实现多年来的愿望。鉴于晚清时期澳门管治权的改变，有关港口航运贸易的史料多以澳葡当局港口官员的葡语文献为载体。因此，为完成研究课题，我不得不逐页翻阅《澳门宪报》。在阅读过程中，除了搜集到完成课题所必需的航运贸易史料外，还常常在未被汉译的葡语文本中碰到其他方面的文献。因为要集中力量完成文化局的课题，未敢分心他顾，只是随手打印了几份有关澳门华人和专营制度方面的文献。结果惊奇地发现，这些文献尚未被有关的研究者所利用，这便勾起了我的研究兴趣。于是，在完成了文化局课题的初稿之后，我开始重读《澳门宪报》，分多个专题全面搜索其中的历史文献。这批未被汉译的文献涉及澳门历史的多个方面，包括澳门人口、财政收支、市政管理、公共工程、澳门华人、公共教育、社区卫生、专营承充、博彩专营、娼寮妓业、帝汶历史（含澳门与帝汶关系）等十多个类别，尤其以澳门华人、专营制度和澳葡财政方面的文献居多。

按理说，学术研究是不该跟风、凑热闹的。但是，面对一大批已经到手的重要资料，若将它们弃之不用，实在觉得可惜。于是，我便于2009年1月试着写了一篇《晚清澳门专营制度探源》（后刊于《文化杂志》中文版第71期）。鉴于番摊赌博专营在较长时间一直是各项专营中的“龙头老大”，又是现代赌场的直接源头，我便打算首先从番摊赌博专营开始研究，于2010年1月完成了《晚清澳门番摊赌博专营研究（1847—1880）》（将刊于《文化杂志》中文版第77期）。随着写作进程的推进，我逐渐萌生了出版一本番摊赌博专营研究专著的念头，经过几个月的努力，最终完成了呈现给读者的这本书，希望它对有关的研究有所推进。

博彩专营是澳门近现代历史中极为独特而复杂的现象，一部书无论如何也不可能把它研究得十分详尽、透彻。就番摊赌博专营而言，这本书充其量只是一个初步的研究，还有不少环节有待深入。博彩业研究的核心是法规体系的建立，而从社会层面对其加以考察，则是研究的难点所在，当然也是学界同仁以后努力的方向。书中错讹在所难免，期待着读者的批评指正。

在此书付梓之际，要感谢的人很多：老师、家人、朋友、同事。然而，我要特别感谢的是澳门特区文化局。自1997年以来，我已四次得到文化局的资助，完成了四项有关澳门历史的课题。正是文化局对“晚清澳门海上贸易研究”的资助，使我有机会走进澳门博彩专营研究领域，才有了这本书。澳门文化局是我学术研究的坚强后盾！

在我多年的研究中，澳门文化局所属图书馆和档案馆各位工作人员提供了热情周到的服务，尤其是中央图书馆的罗伟成先生和历史档案馆的刘鸿伟先生，耐心细致地帮我查找有关资料，极大地方便了我的研究工作，特此致谢。

暨南大学出版社的领导和同事对本书的出版给予了极大的支持，特别是责任编辑杜小陆先生和侯丽庆女士对书稿的加工和出版付出了艰辛的劳动，在此一并致谢。

张廷茂

2010年12月10日

于暨南大学羊城苑